MUSIC

WHERE IS MUSICALITY FROM

STUDIES ON NURTURING STUDENTS' MUSIC LITERACY

乐感从哪里来

——学生音乐素质的培养研究

周立清 著

中国出版集团公司
世界图书出版公司
广州·上海·西安·北京

图书在版编目（CIP）数据

乐感从哪里来：学生音乐素质的培养研究 / 周立清著. — 广州：世界图书出版广东有限公司，2017.5（2025.1重印）
ISBN 978-7-5192-3061-6

Ⅰ. ①乐… Ⅱ. ①周… Ⅲ. ①音乐教育—素质教育—教学研究—中小学 Ⅳ. ①G633.951.2

中国版本图书馆CIP数据核字（2017）第128459号

书　　名　乐感从哪里来——学生音乐素质的培养研究
　　　　　YUEGAN CONG NALI LAI XUESHENG YINYUE SUZHI DE PEIYANG YANJIU
著　　者　周立清
责任编辑　冯彦庄
装帧设计　黑眼圈工作室
出版发行　世界图书出版广东有限公司
地　　址　广州市新港西路大江冲 25 号
邮　　编　510300
电　　话　020-84460408
网　　址　http:// www.gdst.com.cn
邮　　箱　wpc_gdst@163.com
经　　销　新华书店
印　　刷　悦读天下（山东）印务有限公司
开　　本　710mm × 1000mm　1/16
印　　张　21.25
字　　数　355 千
版　　次　2017 年 5 月第 1 版　　2025 年 1 月第 2 次印刷
国际书号　ISBN　978-7-5192-3061-6
定　　价　98.00 元

前　言

音乐从物理学的角度来看是音响的艺术，从生理学的角度来看是听觉的艺术，从心理学的角度来看是情感的艺术，从时空的角度来看是时间的艺术，是美妙神奇而又令人不可思议的艺术。

音乐也是人类思想情感自我抒发和相互交流的一种特有的方式和形式，也是人类自娱或娱他的一种手段。神奇美妙的音乐时刻在拨动着我们的心弦，时而舒缓优美，时而激动神往，让人在绚丽多彩的审美情趣中怡然陶醉。

一、乐感是什么

从字面上解释，乐感就是我们“对音乐的感觉”（或对音乐的感知），也称音乐感。乐感是人们对音乐的感受及反应能力，是人在体验音乐时发自内心的一种自然反应，它不仅是感知，更是思维的过程。具体来讲是指人们对音乐艺术感知上的灵敏度、准确度、接受能力、模仿能力、理解能力、辨别能力、生活联想能力、艺术想象能力、艺术上平衡、对比、统一及变化的感知能力，并反映在音乐学习及音乐表演中，也关联反映在表达、组织、发展延伸及创造等各个方面。

乐感是一种复杂的心理活动，一般认为乐感包含以下要素：音高音准感、节拍节奏感、强弱力度感、调式调性感、语言语音感、音乐审美感、旋律感、音色感、曲式感、和声感、音乐记忆、音乐想象等。通过研究我们不难发现，音乐技术、技巧、技能及理论知识虽然重要，但音乐人普遍认为乐感似乎更重要，因为有了它，似乎就拿到了一枚打开音乐艺术殿堂大门的金钥匙；有了它，学习音乐及进行各种音乐实践活动事半功倍；有了它，音乐艺术魅力将能展现得更强大更震撼。乐感现已深入人心并得到了音乐界的广泛认可。

二、乐感从哪里来

乐感有着与生俱来的天赋，能否后天培养或进行自我研修？答案是肯定的。乐感是音乐的“生命”和“灵魂”，有一部分来自天赋，但更多的还是要依靠后天的培养。良好的乐感从哪里来？良好的乐感一定是建立在学生音乐素质培养的基础上，学生的音乐素质提高了，乐感也就更好了。

“素质”最初意义是指事物的主要成分或质量，“事物本来的性质”。现代辞书指出，“素”即构成的基本成分，“质”即事物的根本特点，素质可看作是一定的社会文化对人的行为的要求与规范在个人身上的内化，也可以看作是个体生理及心理结构与潜能向着一定社会化对人的行为要求与规范的方向定向发展和开发的结果。

所谓音乐素质有狭义和广义之分。狭义上指对音乐知识技能的掌握和感受欣赏音乐的能力。广义上还包含文学、戏剧、绘画、历史、民俗等多方面的知识及正确的世界观。

学生音乐素质培养就是学生在成长过程中，通过一系列的音乐手段培养出学生更高层次的音乐修养。比如说：基本乐理的学习、视唱练耳的训练、音乐欣赏，等等。因为基本乐理的学习是学生学习音乐的基础要求；视唱练耳能很好地锻炼学生的反应能力、记忆能力和对音的辨别能力，在学习中也是必不可少的；音乐欣赏就是通过让学生听或者看一些中外古今的优秀音乐作品，让他们深刻地理解这些作品，在提高理解力的同时从中得到音乐艺术的熏染，增进知识，对他们以后从事音乐创作也提供了好的素材，这样就会无形中得到乐感的培育。

学生音乐素质的提高还必须多接触音乐、多进行音乐实践。要在长期的艺术生活里，潜移默化中培养音准、节奏、力度、速度、音色、曲体等等的辨别能力及模仿能力，使自己在参加演出时，有着较强的力度感、速度感、音准感、节奏感，甚至还能即兴编曲。要养成“闻乐而思”、“闻乐见形”、“闻乐入境”、“闻乐知情”的好习惯，锻炼并提高自己艺术想象力。

三、乐感的提升要从学生音乐素质的培养开始

1. 学生音乐素质培养之基本动力

学生自觉进行音乐学习和音乐活动的基本动力是“自主音乐需要”，这是学生基本素养自主发展在音乐学科的具体体现。发展学生“自主音乐需要”有情感、认知和意志等不同的层次，其一是对音乐产生强烈的兴趣爱好，并将参加音乐学习和音乐活动作为获得快乐幸福、满足审美需求的一种途径；其二是在有音乐艺术实践体验的情况下，主动学习并将音乐作为保持心理健康和谐的工具；其三是把学习音乐作为提高文化修养、促进自我发展与自我完善的艺术追求，将参加音乐活动作为一种文明健康的生活方式。对于经过多年学校音乐教育的学生来说，“自主音乐需要”是学生音乐素质提高的源动力，主要表现为能积极参加各类音乐实践活动；对音乐具有一定的兴趣爱好；能经常用音乐带给自己快乐；能主动选择合适的音乐及音乐活动调节情绪、心理平和且心态积极；参加音乐活动时具有较高较主动的审美意识。

2. 学生音乐素质培养之欣赏能力

音乐欣赏顾名思义是欣赏者通过听觉对音乐进行聆听，并从中获得音乐美的享受、精神的愉悦和理性的满足的活动。当五星红旗冉冉升起，听到嘹亮的国歌雄壮奏响的时候，总是一次又一次热泪盈眶；当听到贝多芬命运交响之声敲击耳鼓的时候，内心会产生心灵的震颤；当柴可夫斯基那幽怨悲怆细腻婉转的乐声传来的时候，常常会发出“此曲只应天上有，人间能得几回闻”的感叹！这就是音乐欣赏。音乐欣赏有民族音乐、乡土音乐、外国音乐；有严肃音乐、通俗音乐、即兴式的爵士或摇滚音乐；有戏曲和说唱音乐、影视和舞蹈音乐、古典音乐、浪漫音乐、歌剧音乐等多种音乐形式。音乐欣赏的方式也是多种多样的，有纯音乐式的、综合体验式的、侧重于作品式的与侧重于表演式的，还有背景式的、刺激式的等。

音乐欣赏在无形之中使学生感受到生活的美、人的美、社会的美、自然的美，它促使学生的心灵净化以及人格的完善。音乐欣赏可以提高学生的文化水准和文化

心态，由于音乐所激发的情感是一种高级的审美情感，它可以升华为思维和理智，从而产生出充满激情的实践理性，这种理性认识超越了语言符号的层次，具有深刻的认识价值。对古今中外音乐精品的欣赏，不仅开阔了学生的知识视野，感知理解作品所涉及人物、历史、风土、人情等各种音乐的文化，而且在欣赏过程中的感受和理解会激起感性向理性的升华，也充满着形象思维与逻辑思维的交替作用。学生欣赏能力提高的同时音乐素质与素养也提高了。

3. 学生音乐素质培养之实践能力

音乐实践能力是学生音乐素养的重点。学生应具备的音乐实践能力主要包括音乐表达与表现能力、音乐欣赏与审美能力、音乐创造与想象能力、音乐交流与合作能力，其中核心是用音乐表达情感的能力。学生掌握音乐实践能力应以用为本，围绕学生在校时和毕业后经常进行的音乐活动，重点培养选择合适作品进行表达和交流的能力，感受和表现优秀作品的能力、即兴表演和创作的能力等。音乐能力的基础源于音乐实践经验，因此，学生应具有较丰富的歌唱和聆听经验积累，应熟悉经典音乐作品的情感内涵，应熟悉各类常用的音乐活动形式。作为音乐实践活动的基本技能，学生应能够较准确地歌唱若干首中外著名歌曲和公共活动常用歌曲，能视谱歌唱或演奏简单作品，能较好地融入集体歌唱或演奏等表演活动，以便在需要音乐的场合能够选用合适的形式与作品参与音乐活动。

4. 学生音乐素质培养之体验能力

音乐情感体验是指学生在听、唱、奏、动等音乐活动中，通过直接体验（音乐感知直接产生的情绪体验）和间接体验（音乐表象及联想产生的情感体验），用音乐表达与抒发情感，或从音乐感悟中激发情感，这是音乐从音响形式转化为情感本质的关键过程。音乐情感体验能力是重要的音乐素养。学生的音乐情感体验有三种主要实践形式：一是在音乐实践中体验美感；二是用音乐作品抒情咏志；三是通过音乐活动怡情养性。培养学生音乐情感体验能力应侧重阶段性音乐课的实际育人功能：学生在兴致所至时能选唱昂扬、欢乐、抒情的音乐作品抒发自己向上向善爱美的志向与感情；在心理失衡时能选听励志、和谐、优美的音乐作品调节情绪和修养性情；在参加集体音乐活动时能有意识地从优秀音乐作品中感悟美德、陶冶情操；能对日常生活中尤其是网络、演出和影视中的音乐做出正确的价值评判。

5. 学生音乐素质培养之文化理解力

音乐文化理解是重要的社会人文素养。“从广阔的人文视野来看，音乐本身就属于文化修养范畴，无论过去中国封建社会士大夫阶层的‘琴、棋、书、画’，还是当今发达国家等文理学院的音乐课程，都是一种高品位文化修养的显示和培养。文化素养中的音乐审美修养内涵是毋庸置疑的。”学生对音乐做必要的文化理解，有助于学生从社会发展的角度认识音乐，也有助于学生从音乐发展的角度认识社会。音乐文化理解应包括认知音乐的艺术形式和文化特征；了解音乐与其他艺术的关系；理解音乐发展与社会发展的相互影响。考虑到学生高中毕业后参加音乐实践活动的实际需要，学生对音乐的文化理解应以四个方面为重点：识别中国与世界音乐的主要种类与特征；认知音乐的主要形式、艺术特征与文化价值；了解音乐在舞蹈、戏剧、影视中的应用及它们的相互关系；知晓音乐发展的时代背景与社会意义。

6. 学生音乐素质培养之创新能力

音乐是一门极富创造性的艺术，是开启人类智能的一把金钥匙，是培养学生创造性人格及创新能力的有效途径之一。创新能力是人脑高级心理机能活动的反应，音乐创新也因其强烈清晰的个性特征而充满魅力，这是因为音乐充满着想象，学生在艺术欣赏、演唱、演奏中展开想象的翅膀，用想象力创造心目中的音乐画面形象及内心感受。培养学生音乐创造力并非要教给学生去创作完整的歌曲和乐曲，而是鼓励学生在音乐实践活动中创造性地表演音乐作品的内容，学习用简单的音乐技能来表达他们对生活的体验和感受，表达他们不同的情绪。在音乐教与学中，处处都有发挥学生创造性的机会。将音乐创造能力的培养贯穿于各个教与学的环节中，启发学生按照自己的感受创造性地进行艺术表现，既不用“标准答案”去束缚，也不按规定的情绪去表达音乐思想，这样，学生音乐素质的培养就会因创新而精彩，学生的音乐创新能力也会日益增强。

总而言之，学生音乐素质的培养对于音乐艺术有着十分重要的意义，学生良好乐感必须建立在音乐素质全面提高的基础上，学生的音乐素质提高了，乐感也就更好了。衷心祝愿每一位学习音乐的学生都能具有良好的音乐素质和乐感，也希望学生在音乐学习的道路上快乐前进、自由奔跑！

2017 年元旦

目　录

第一章 什么是乐感

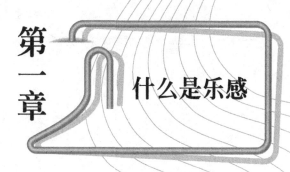

艺术启迪智慧，音乐照亮人生。

——周立清

第一节 乐感的基本概念和基本特性

一、乐感的含义与解释

什么叫作乐感呢？从字面上做简单的解释，那就是我们“对音乐的感觉”（或对音乐的感知），这个概念已经深入人心并完全得到音乐界的认可。而且我们不难发现，音乐技术、技巧、技能及理论知识虽然重要，但音乐人普遍认为乐感似乎更重要。因为有了它，学习音乐及进行各种音乐活动，会有事半功倍之效，并能展现更强大更震撼的音乐艺术魅力。

“乐感”的含义，具体讲是指人们对音乐艺术感知上的灵敏度、准确度，接受能力、模仿能力、理解能力、辨别能力、生活联想能力、艺术想象能力、艺术上平衡及对比、统一及变化的感知能力，并反映在音乐教学及音乐表演中，具体反映在表达能力、组织能力、发展延伸能力、创造能力等各个方面。

二、乐感的内容与对象

“乐感”——百度百科的解释是指对音乐的感知，这在音乐教育中是一个非常重要的内容。有了灵敏和丰富的乐感，会使你接触到美的音乐作品时，在心灵上反响更大；反之，耳闻仙乐却无动于衷，那就是缺乏灵敏和丰富的乐感了。具体内容包括：① 对音准的感觉。② 对节奏节拍的感觉。③ 对速度的感觉。这是音乐学习初级阶段非常强调的，特别是音准和节奏，未过关者大可不必学习更多的内容。④ 对音色的感觉。⑤ 对气息的感觉。⑥ 对强弱的感觉。⑦ 对发声器官的感觉。⑧ 对语言特别是咬字吐字的感觉。⑨ 对装饰音的感觉。⑩ 对音乐作品风格的感觉。⑪ 对音乐情感表现的感觉。⑫ 对调式调性和声和弦的感觉。⑬ 对生命灵魂的感觉。

通俗点就是听到乐曲是可以随节拍、音律而有所感知的感觉。（对于基础生来讲）每个人都有乐感，但是强弱不同。

三、乐感的特性与要素

乐感，也称音乐感、音乐质，泛指对音乐的感受及反应能力。也有人解释为：乐感，是人在体验音乐时有感于音乐而发自内心的一种激动并富有美感的情绪反应。一般认为乐感包括以下要素：音高感、节拍感、节奏感、力度感、音色感、曲式感、和声感、音乐记忆力、音乐想象力、音乐审美感等。乐感是一种复杂的心理活动，乐感的体现除了内心对音乐的感觉和理解外，更重要的是这种感觉和理解能力的流露和表现。没有乐感就表现不出乐思和情感，也就失去了音乐的意义和精彩。

第二节　乐感的重要性和意义

一、乐感在音乐学习中的重要性

我们常看到，当播放一曲美妙动听、活泼愉快的音乐时，同学们会有不同的反应。有的同学高兴得手舞足蹈，摇头晃脑。他们不仅能感受到音的高低、长短，还能体验到音乐所反映的情绪和思想感情，并与之产生共鸣，这些同学对音乐有较强的感受力。有的同学却反应比较迟钝，他们不能掌握乐曲的旋律与节奏，情绪上也没有什么变化。

音乐学习中的乐感问题，是困扰同学们学习的大问题。如果不能顺利解决，演奏或演唱出来的音乐是味同嚼蜡、平淡无奇，同学们学习积极性会受到很大打击，并逐渐失去对音乐学习的兴趣。没有了音乐的表现力，感动不了自己，因此也打动不了别人。

二、乐感在音乐表现中的核心地位

“乐感”也是音乐爱好者、音乐学习者、音乐教育者，乃至歌唱家、演奏家、作曲家等音乐家们经常提到的一个词，主要用来衡量或形容一个人的音乐理解能力和表现能力。这个词或许正是很多在音乐专业道路上苦苦求索之人心底的硬伤！为什么呢？因为乐感太重要了，是真正的核心，它掌握着一个人最终能否学好音乐、理解音乐、表现音乐和创造音乐的命脉！它决定着你即使攻克了所有的音乐演唱或演奏技术难题之后，是将自己单纯地变成一个操纵发音的机器，毫无神韵，还是最终能焕发出动人的艺术魅力，光荣绽放。

三、乐感在音乐教育中的现实意义

好的“乐感”对于感受音乐、理解音乐、表现音乐及提高音乐修养起着关键的引领作用。在音乐教学的实际过程中，训练和培养乐感是一项十分重要的内容，但一直又是个有待突破的“瓶颈”问题，许多音乐教师在各类音乐技能课教学中在“乐感”训练这方面往往举步维艰，无奈彷徨、束手无策。以至于很多音乐教育工作者长久以来也一直回避着这个关键词，以为学好技术是唯一的解决方案，但是以现有的科学对策，既不能将一切思想的感知与表现转化成数字来对学生的表现力做具体细化、量化的要求，又缺乏培养学生对于艺术之美深浅调和的灵性的参悟能力。最后的结果是耽误了学生，造出了一大堆生硬的发声机器，艺术的美感不言而喻。因此，探索并找到一套科学、高效的乐感训练的好方法，成了当前音乐教育领域亟待研究的一项重要课题。

第三节　乐感的量化

一、"乐感"与音乐要素整合的具体表现

对节拍的稳定性及变化、复合交替的感知能力；

对节奏与音型的疏密变换、复合、叠置、呼应等的感知能力；

对乐律、音阶、音高分辨准确度的感知能力；

对音区高低对比的辨别和感知能力；

对旋律（曲调）起伏、疏密、重复、移位、再现、变奏、高潮、韵味等等的感知能力；

对各种曲体组织结构，如乐句、乐段、（包括压缩、延伸、插句、重复）主题音调、变化再现、对比、对称、对仗、呼应、排比等等的感知能力；

对调式和调性，如动静、主属、明暗的感知，对调性交替、转折、变换、复合、叠置等等的感知能力；

对乐器组合中（包括人声）的纯音色及混合音色的浓淡、音区变换、层次、统一、对比等等的感知能力；

对速度及力度上的层次感及渐突感、变换、交替、对比的感知能力等。

二、"乐感"在思维活动与艺术想象中的反应

从音乐的本质来说，音乐是表现人们内心真实情感情的艺术，因此，乐感给人的感知，还应该是：

对于音乐所表现出来的感情，能感染到什么程度？能理解多少？即对整个乐曲内容的理解，对音响中所表现出来的感情——其综合属性、层次、转折等等的感知能力，以及你心灵的感受程度。

在聆听、演唱、演奏、指挥、作曲过程中，能否感知及辨别乐曲的风格？能否辨别出乐曲所具有的特色所在？

如接触到音乐，立即有正邪感、雅俗感、时代感、美丑感、良莠感等等。这是最起码的，这一点主要是对某些“音乐爱好者”而言。

如能具备上述诸项，那当然是一位乐感相当强的人，他必定会在学习音乐时接受特别快、感受特点多、想象能力特别丰富多样、模仿及创造力特别强，或在演奏演唱乐曲时，表演力、艺术感染力等都相当惊人。大部分音乐学习者多多少少都会存在一些不足之处，但也不要紧，只要多加注意，通过严格的训练也可以在音乐方面较全面地发展。

第四节　乐感的现象分析

一、从音乐欣赏的角度来看

音乐学习过程中，某些常见的乐感现象是随处可见的。有的同学虽已具备了一定的音乐知识，了解乐曲的大致内容和特点，但在音乐欣赏时听来听去就是难以进入更深的境界，或需要花相当长的时间及相当多的精力，才能稍有头绪。而某些同学一听到音乐，就能产生丰富生动的生活联想，能进行更丰富的艺术想象（带创造性的想象），并能很快地、较透彻地领悟到乐曲的特点和精髓所在，其关键是与每个学生所具备的生活阅历有关，与他们平时接触音乐的广度、深度有关，也与音乐理论基础知识的高下有关，于是反映在音乐作品表现上的乐感水平就不同了。因此要想更多地享受音乐的乐趣，能更快地更全面地感受乐曲的魅力，更多地更深地探知乐曲奥妙所在、真正得到音乐艺术的精髓与真谛，就必须要下定决心在培养乐感上多下工夫。

二、从音乐技能的学习来看

几个人同时努力地练习一首作品，花去的时间是相同的，而且也是由同一教师指导，为什么其中某些人一学就会，而另外的人却是难入其门或者效果不佳？如何能事半功倍地学习，取得令人羡慕的优异成绩，关键问题还是乐感方面。再看看，为什么同一首乐曲，有的同学演奏（唱），能沁人肺腑，极富艺术魅力，而另外一些同学演奏（唱）起来，就只有机械式的音符堆积，打字机式的罗列，缺乏诱人的活力、迷人的魅力，其关键问题还是平时只注重技术，而忽略或不重视对“乐感”的锻炼，因而影响了演奏（唱）的效果，对他们来说，应加强乐感的培养。因此，许多有经验的音乐家都把乐感喻为“乐者的灵魂”。有无这个灵魂，以及程度上的多少，都关系着艺术上的高与低、作品的成与败。

第二章 从“天生乐感”到“素质培养”

艺术是勇敢者的游戏，需要胆大而心细。

——周立清

第一节 乐感好像是天生的

一、乐感是音乐的“生命”和“灵魂”

乐感，是人对音乐的感受和反应。它作用于音乐表演中，就是音乐的“生命”和“灵魂”。这句话听上去，像是一种浪漫的比拟，但它恰恰是一种真实。有乐感的音乐表演活灵活现，生动优美，愉悦人心，没有乐感的音乐表演，平淡乏味，呆板机械，听久生厌。

音乐是一种表演的艺术，必须通过表演才能发挥它的艺术作用。表演者对音乐作品的情绪和意境要有良好的感觉（乐感），然后通过音乐表演去生动、优美地演绎和再现这份感受，从而打动听众，这才是真正的音乐表演艺术。

优秀的音乐人才，必须具备良好的乐感。即使是一位普通的音乐爱好者，如果有良好的乐感，也能够更好地感受和理解音乐，享受音乐，受益于音乐。

乐感在音乐实践中如此重要，但现实中乐感好的人并不太多，包括许多学了多年音乐的人群。主要原因一是乐感的好坏很大程度上与生俱来，二是后天的乐感优化缺少见效明显的教学方法，这导致的困难，不仅让中小学普通音乐教育和音乐特长生培养难以实现更有内涵的提升，音乐院校的教学更是深受影响，因为乐感好坏直接关系到学生专业能力的高低和将来的出路。由于乐感优化这么困难，久而久之就形成了一种观念，“乐感是天生的，天成自成，后天难以造就”，很多音乐工作者（当然也包括专业老师），都认同这一观念，在这种消极观念的影响下，现实中的乐感优化教学被极端地弱化。

二、乐感是不是与生俱来的天赋

乐感从哪里来？能否培养或进行自我研修？乐感，有一部分来自天赋，但更多的还要依靠平时多接触音乐，例如旧社会民间优秀乐师、优秀戏曲曲艺演员等，他们大部分未读过书，不识字，不识谱，更是从未上过音乐课，也未受过正规的视唱练耳的专门训练，只是从小跟随着民间社团生活。因日日夜夜观看及聆听前辈艺人或同台艺人的演出，在长期的艺术生活里，潜移默化中培养了音准、节奏、力度、速度、音色、曲体等等的辨别能力及模仿能力，使自己在参加演出时，也有着较强的力度感、速度感、音准感、节奏感，有的还能即兴编曲。因此，初学音乐的学生要争取多听中外古今的音乐，从中得到音乐艺术的熏染，增进知识，这样就会无形中培养乐感。同时，聆听音乐时，还要举一反三，养成“闻乐而思”、“闻乐见形”、“闻乐入境”、“闻乐知情”的好习惯，以提高自己的艺术想象力。

乐感的培养，也需要艺术环境与氛围。平时要广交音乐朋友，或得到良师的指导，在良好的音乐环境中得到熏陶及感染，在浓厚的音乐氛围中培养音准感、节奏感、内在和声感、内在音响感等等。另外，还要对音乐产生持续浓厚的兴趣，不断钻研，持之以恒。如碰到疑问，请老师或高手点拨，许多问题就会迎刃而解。应该看到熏陶的力量是巨大的，如果有音乐环境的熏陶，学习音乐的兴趣也会更加浓郁。

第二节　发挥天生乐感培养学生素质

一、学生音乐素质与音乐素养

近期在知网上搜索到许多关于学生的音乐素质与音乐素养的相关文章，如：《浅谈歌唱教学与欣赏教学中小学生音乐素养的培养》《试析小学生音乐素养的培养》《探索提升小学生音乐素养的有效策略》，等等。其中，《试析小学生音乐素养的培养》

一文指出：所谓音乐素养，包括音乐素质与音乐修养，不单纯是要有基础的、最一般的音乐知识与实践能力，还要有对音乐较高的认知能力与审美能力，提高音乐素养，可以加强学生的综合素质和对外部事物较深层的感悟能力。其主要影响因素有听觉、记忆力、想象与联想、情感与审美、节奏感旋律感和声感等。

在解读名家对音乐素养的界定以及相关资料后，笔者认为音乐素养就是学生在成长过程中，通过一系列的音乐手段培养出更高层次的音乐修养。比如说：基本乐理的学习、视唱练耳的训练、音乐欣赏等等。因为基本乐理的学习是学生学习音乐的基础的要求；视唱练耳能很好锻炼学生反应能力、记忆能力和对音的辨别能力，在学习中也是必不可少的；音乐欣赏就是通过让学生听或者看一些优秀的音乐作品，让他们深刻地理解这些作品，在提高理解力的同时对他们以后从事音乐创作也提供了好的素材。

二、学生音乐素质培养的源动力

自主音乐需要是学生自觉进行音乐学习和音乐活动的基本动力，也是学生自主发展素养在音乐学科的具体体现。发展学生自主音乐需要有情感、认知和意志等不同层次，其一是对音乐产生兴趣爱好，将参加学习音乐和音乐活动作为获得快乐生活、满足审美需求的一种途径；其二是在有实际体验的情况下，主动将音乐作为保持心理健康和谐的工具；其三是把学习音乐作为提高文化修养、促进自我发展与完善的自觉追求，将参加音乐活动作为一种文明生活的方式。对于经过多年学校音乐教育的学生来说，自主音乐需要主要表现在：能积极参加各类音乐活动；对音乐具有一定的兴趣爱好；能经常用音乐给自己带来快乐情绪；能主动选择合适的音乐活动调节情绪、平和心理；参加音乐活动时具有较主动的审美意识。

三、学生音乐素质培养之实践能力

音乐实践能力是学生音乐素养的重点。普通高中学生应具备的音乐实践能力主要包括音乐表达与表现能力、音乐欣赏与审美能力、音乐创造与想象能力、音乐交流与合作能力，其中核心是用音乐表达情感的能力。学生掌握音乐实践能力应以用为本，围绕学生在校时和毕业后经常进行的音乐活动，重点培养选择合适作品进行表达和交流的能力，感受和表现优秀作品的能力，即兴表演和创作的能力等。音乐能力的基础源于音乐实践经验，因此，学生应具有较丰富的歌唱和聆听经验积累，应熟悉经典音乐作品的情感内涵，应熟悉各类常用的音乐活动形式。作为音乐实践活动的基本技能，学生应能够较准确地歌唱若干首中外著名歌曲和公共活动常用歌曲，能视谱歌唱或演奏简单作品，能较好地融入集体歌唱或演奏等表演活动，以便在需要音乐的场合选用合适的形式与作品参与音乐活动。

四、学生音乐素质培养之体验能力

音乐情感体验是指学生在听、唱、奏、动等音乐活动中，通过直接体验（音乐感知直接产生的情绪体验）和间接体验（音乐表象及联想产生的情感体验），用音乐表达与抒发情感，或从音乐感悟中激发情感，这是音乐从音响形式转化为情感本质的关键过程。音乐情感体验能力是重要的音乐素养。学生的音乐情感体验有三种主要实践形式：一是在音乐实践中体验美感；二是用音乐作品抒情咏志；三是通过音乐活动怡情养性。培养学生音乐情感体验能力应侧重阶段性音乐课的实际育人功能：学生在兴致所至时能选唱昂扬、欢乐、抒情的音乐作品抒发自己向上向善爱美的志向与感情；在心理失衡时能选听励志、和谐、优美的音乐作品调节情绪和修养性情；在参加集体音乐活动时能有意识地从优秀音乐作品中感悟美德、陶冶情操；能对日常生活中尤其是网络、演出和影视中的音乐做出正确的价值评判。

五、学生音乐素质培养之文化理解力

音乐文化理解是重要的社会人文素养。高中学生对音乐做必要的文化理解，有助于学生从社会发展的角度认识音乐，也有助于学生从音乐发展的角度认识社会。音乐文化理解应包括认知音乐的艺术形式和文化特征；了解音乐与其他艺术的关系；理解音乐发展与社会发展的相互影响。考虑到学生高中毕业后参加音乐实践活动的实际需要，学生对音乐的文化理解应以四个方面为重点：识别中国与世界音乐的主要种类与特征；认知音乐的主要形式、艺术特征与文化价值；了解音乐在舞蹈、戏剧、影视中的应用及它们的相互关系；知晓音乐发展的时代背景与社会意义。

第三章 音乐欣赏中培养学生音乐素质

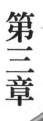

静心聆听彰显高贵品质，懂得欣赏崇尚良好品德。

——周立清

第一节 音乐欣赏的基本知识

一、音乐是什么

"音乐欣赏"是人们参与感知、体验和理解音乐所表现的内容的一种实践活动；也是人们对精神生活与审美需求的"消费"、"享受"的过程。

"欣赏音乐"必须先了解"音乐"。

每一首音乐作品，首先由作曲家构思——表现什么，如何表现？形成创作意图，然后写成乐谱，将要表现的思想、情绪、内容在谱面上记录、反映出来，这称为"一度创作"；歌唱家、演奏家、指挥家根据乐谱，在理解作曲家创作意图的基础上，尽可能准确地展示作品所刻画的音乐形象及作品的内涵，通过表演加以"再创造"，产生"音乐音响"，这称为"二度创作"；欣赏者积极、主动地通过听觉，去感受表演者通过音乐音响所表达的情绪、情感，随之产生情绪上的"共鸣"，能在脑海里形成生动的音乐形象，并能理性地去理解、认识作品所蕴含的思想内容，这称为"三度创作"，三者缺一不可。有了创作—表演—欣赏这三个环节，才是完整的音乐创作过程。由此可见，在音乐欣赏活动中，欣赏者作为"主体"，需要有积极的态度，需要对音乐艺术的有关知识进行初步的学习和基本的了解，就显得十分重要了。

绘画、舞蹈、雕塑、戏剧、文学等各种艺术门类，因其构成的元素、创作手法、表现形式的不同，各有其自身的、不可替代的艺术特性。"音乐"也具有和其他艺术形式完全不同、无法替代的艺术特性。

二、音乐的相关特性

1. 无语义性

文学作品是以文字为“工具”，来表现情绪、情感，思想、内容。它可以通过文字，具体地表述故事情节，细致地刻画人物形象，充分地描绘人物的心理活动，可以将要表现的内容描写得有声有色，使读者如亲历其境而一目了然。

“音乐”则是通过物体（包括人的声带、各种质材制成的乐器）有规律地振动所产生的“乐音”，根据所要表达的情绪、情感和思想、内容，有序、有组织地进行而形成的一种音响艺术形式。它不能直接表达概念，也不能表现具体的人物、具体的故事情节和具体的思想内容。音乐主要是“抒情”、“写意”，通过音乐音响以激起人们情感上的反应和共鸣，它在抒“情”的过程中，使人们感受、体验、了解它所表达的情绪、情感和思想、内容。

任何一首音乐作品（包括有歌词的歌曲）的曲调，不是也不可能是对所表现的内容做逐字、逐句的诠释。

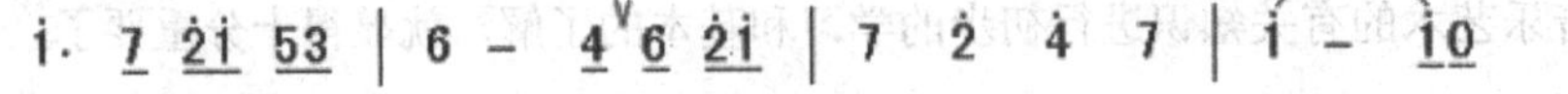

19世纪法国革命者E·鲍狄埃作词、P·狄盖特作曲的《国际歌》。若没有歌词，谁能从这片断曲调里听出“起来，饥寒交迫的奴隶，起来，全世界受苦的人！”的语义呢？但人们确实又可以从这庄严、厚实、有力的曲调中，体验到肃穆、凝重、悲壮，饱含着巨大精神力量的那种情绪情感。

再如：

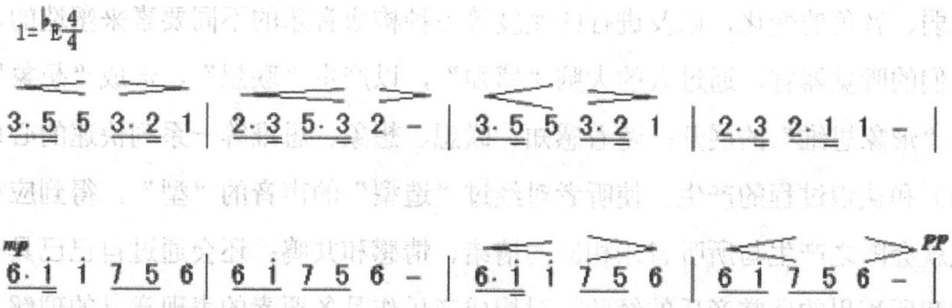

捷克作曲家安东尼·德伏夏克（Dvorak Antonin 1841-1904）1893 年所作 Op.95《e 小调第 9 交响曲》（*From the New World*——“自新大陆”，也有称“新世界”的）第二乐章慢板的第一主题。这一段旋律缓慢地平稳进行，多次重复，还运用了高 4 度的“模仿进行”手法，特别是许多小节还要求由弱至强又由强至弱地起伏进行，它让人们感受到了一种饱含深情的沉思，在旋律的不断重复和“模仿进行”中，刻画出层层递进、心潮起伏的不很平静的思绪。但由于它并没有标题、歌词的提示，人们不太可能听出它所表达的具体内容和情景。可是，当了解到作曲家是远离家乡，在美国创作这首作品的背景情况的时候，就会使听者理解和体验到，作品十分细腻地表达了作曲家深切的思乡之情。

许多器乐曲，特别是“无标题音乐”都没有歌词和标题的语义提示。人们在音乐欣赏活动过程中，要求音乐的每一小节、每一乐句都对所表达的内容，有“图解式”的“演绎”是不实际的，也是不可能的。有人说“语言的尽头是音乐”，有些用语言、文字表达不了的，才以音乐来表现，这正是音乐的长处，也是其固有的特性所在。因此，对于无语义性的音乐，欣赏者不应该像对文学作品或其他艺术作品那样，要求音乐音响具有“语言”、“文字”的功能。

2. 无视觉形象性

绘画是通过线条、色彩、明暗（光）处理等表现手法，来表现具象或抽象的人物和情（意）景；舞蹈是以表演者的“肢体动作”构成“舞蹈语汇”为表现手段，塑造各种人物形象和创设不同的场景来表达情绪、情感，思想内容。它们都是有形的“造型”艺术。

音乐是一种声音的艺术、听觉的艺术，是没有视觉形象的，它有赖于人们的听觉来感受和体验音乐。但同时它也是有“型”的，只不过它的“型”是通过声音的高低、快慢、强弱、音色的变化，以及进行的速度等各种构成音乐的不同要素来塑造的，它作用于人们的听觉器官，通过人的大脑“感知”，以产生“联想”，形成“想象”，促使人们“形象思维”的展开；随着感知、联想、想象、思维等一系列快速的心理现象（活动）和认识过程的产生，使听者对经过“造型”的声音的“型”，得到应有的体验，也就会随之产生与所听音乐相应的情绪、情感和共鸣；还会通过自己已具有的音乐知识和所积累的欣赏音乐的经验，对构成音乐作品各要素的表现意义的理解，做出由感性到理性的分析、判断和评价。随着听者认知的不断加深，情感、情绪就会逐渐丰富、多变，“音乐形象”也就不断地在脑海中明晰、具体起来。如：

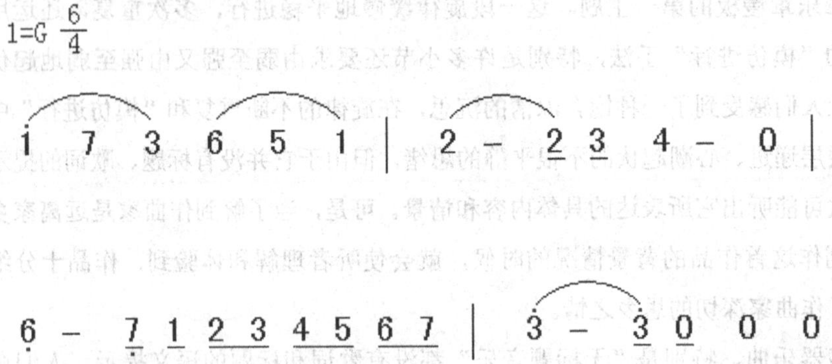

法国作曲家圣·桑（Camille Saint-Saens 1835-1921）于1886年所作的管弦乐组曲《动物狂欢节》中的第13首——《天鹅》。乐曲由钢琴以“琶音”轻轻地重复进行，显露出宁静、宽阔的水面“背景”，大提琴奏出缓慢、悠雅、恬静、舒展的旋律，是不是形象地描绘出了一群洁白可爱、纯净高贵的天鹅，浮游在碧波荡漾的平静湖面上，悠闲自得、嬉戏自如的生动画面？

音乐虽然没有视觉形象，但它通过各种“声音造型”所描绘的音乐形象，不是同样可以栩栩如生地、形象地表现着它需要表达的内容吗？同时也给欣赏者提供了极大的联想、想象空间。

3. 不确定性

上述两个特性，自然就产生了音乐的不确定性。音乐的无语义性，无视觉形象性，决定了欣赏者在欣赏音乐时，必然会具有强烈的主观性。由于欣赏者的学识、阅历、生活（成长）环境，掌握音乐知识的程度，以及欣赏能力、审美能力的差异，对音乐作品所表达的内容和意境，会产生不同的或不同程度的感受、体验和理解，这是毫无异议且十分自然的。如人们看一幅画，画中有房子、有树木、有池塘、有飞鸟……，这些有“形”的大家都看到了，认知是相同的，只是对其表达的意义可能有不同的理解。而不同的欣赏者听同一首音乐作品，会有各自的感受、体验和理解，因为它没有具体的视觉形象，也没有某些“语义”的提示。如：

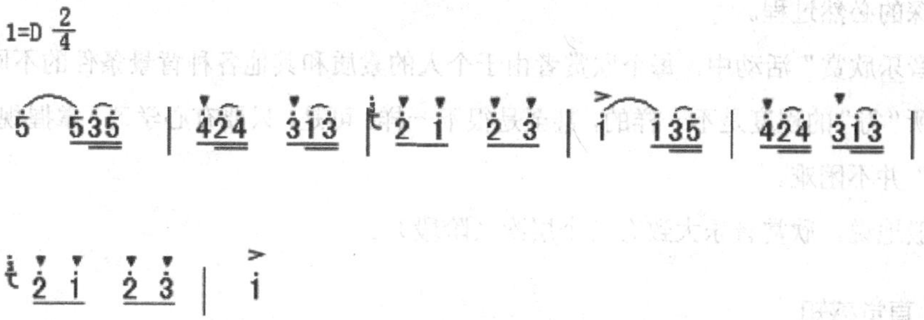

俄罗斯作曲家格林卡（Glinka Mikhall Ivanovitch 1804-1857）于1848年以欢快、热烈、快节奏的俄罗斯民间舞曲为素材所作的《卡玛琳斯卡亚幻想曲》的片断，当聆听这首欢快的乐曲时，有人理解为丰收的欢乐，有人感受是胜利的喜悦，有人想象是人们翩翩起舞，更有人联想到自己曾经经历过的某个喜庆场面……这些各异的感受或理解，就是音乐的不确定性使人们有着各不相同的感受和理解。这些不同的感受或理解又可能都是正确的，因为音乐的确表现了一种热烈的、欢快的、喜气洋洋的情绪。

音乐做各种各样的描绘，只能做到对所描绘对象的“近似”或“形似”，不可能像“照相”那样具体、真实、逼真，因此，非要对音乐表现的具体内容、情节弄个明白，是不切实际的，这就是音乐的不确定性。它给人们在欣赏音乐时，创造了极大的联想和想象的空间。因此，在欣赏一首音乐作品的时候，欣赏者可以看一点与该作品、作家的有关资料，作为参考，求得一点帮助，但绝不要依赖这些资料，要尽可能地展开自己独立的联想、想象，善于分析、思考，特别不要怀疑自己对所聆听的音乐作品的极宝贵的点滴心得，要充分相信自己的自我体验和感受。

随着欣赏者对音乐知识的增长和欣赏水平（能力）的提高，对所欣赏音乐作品的不断积累，其对音乐作品的感受和理解将会越来越容易，越来越深入。

三、音乐欣赏的层次

音乐，由于有不同于其他艺术门类的多种特性，对一般欣赏者来说似乎有点难以“捉摸”，不易入门。其实它与学习任何其他知识、技能一样，有个循序渐进、由浅入深的必然过程。

“音乐欣赏”活动中，每个欣赏者由于个人的素质和其他各种背景条件的不同，其欣赏所“得”的程度是不一样的，甚至是很不一样。可是，只要有心学习，掌握规律，“入门”并不困难。

一般地说，欣赏音乐大致有三个层次（阶段）。

1. 直觉感知

在音乐音响作用于人们的听觉器官时，欣赏者会对这种音响刺激做出直觉的反应——悦耳、好听或不悦耳、不好听。譬如，当我们在公园里或野外树林里或在其他任何地方听到各种鸟鸣声，虽然我们不懂“鸟的语言”，不知道这种鸣叫具体表达了什么，但直觉地感到悦耳、动听，很愿意听，没有谁会因为听不明白其所表达的具体内容，而拒绝听，不愿意去听。那么，当我们在听到生动、悦耳的某些音乐时，尽管还不明白它表达的是什么，为什么要“拒绝”或“不愿意”去听它呢？要知道，对音乐的直觉反应，虽然是浅层次的感知，但它是欣赏音乐的基础，是从“不知”到“有所知”的必由之路，是很宝贵、很重要的，这种直觉反应，绝不能在不经意中被忽略了。这是欣赏音乐的第一个层次，或称初步感知阶段。

2. 感性共鸣

当音乐音响作用于人们的听觉器官时，欣赏者除了做出悦耳、不悦耳的反应外，还能感受到音乐作品所表现的情绪、情感，是喜、是悲，是乐、是愁，是刚、是柔……。此时的欣赏者，已经超越了生理器官对客观的音乐音响所产生的直觉反应，有了感性的主观体验。由于这种体验带有一定的主观色彩，所以每个欣赏者的情绪、情感体验也会有所不同，激起情绪共鸣的程度也会有深有浅。尽管如此，欣赏者在听音乐时，已经从“直觉的感知”进入到“情感的共鸣”，听者已有所得，不会感到“不知所云”，欣赏能力已有了可喜的、难能可贵的长进。这是欣赏音乐的第二个层次，或称感性共鸣阶段。

3. 理性探知

当音乐音响作用于人们听觉器官时，欣赏者除能做出上述的感性反应外，还会较理性地产生积极的探知欲望，加深对音乐音响认识的兴趣，能从音乐作品的主题、作品的结构、作品所运用的各种表现手法中理解其所表现的思想、内容、意境，乃至深入地剖析、思考音乐作品所内含的某些理性思维。此时欣赏者的理智感，正在音乐欣赏的实践中，随着活跃的思维活动的进行和深入发生、发展着，它能积极地促进人们进一步去思考、探究、认识理解作品。这是欣赏音乐的第三个层次，或称理性探知阶段。

直觉感知、感性共鸣、理性探知，是欣赏音乐的三个层次，也是三个阶段。同时也反映了欣赏音乐是由低层次向高层次发展的实践过程。一般是从音响感知入手，逐步深入到情感共鸣，最后到认识理解作品的思想意境。即动听—动情—理解。

四、音乐欣赏的联动性

欣赏音乐和其他学习活动一样，有赖于某些活跃的心理活动，欣赏活动就意味着激发起这些心理活动的过程。欣赏音乐时，欣赏者的大脑思维不可能是空白的，总会有某种联想、想象。而联想、想象就是在欣赏音乐过程中极其重要而又必不可少的心理活动。

所谓“联想”。就是人们由此及彼，联系到具有相似（相关）因素的某些事件、某些情景的心理活动。如在日常生活里我们听到鸟鸣声，可能会由此及彼地联想到阳光、春天、树林、花丛等。

而“想象”，是个人在社会经历和经验积累的基础上，在脑海里出现一些新的“形象”的心理活动。当听到一段缓慢、低沉的音乐音响时，欣赏者会感到不祥的预兆，或阴沉的气氛，或紧张的情绪等。如：

伟大的德国作曲家贝多芬（Ludwig van Beethoven 1770-1827）于 1810 年为歌德写的戏剧《哀格蒙特》（“Egmont”）所配音乐中的第一段——“序曲”（Op.84）的引子，整个戏剧及配乐表现了 16 世纪尼德兰人民在民族英雄哀格蒙特领导下，反抗西班牙侵略者的英勇斗争的情景。

当人们听到一些优美、和谐的音乐时，欣赏者会感到安宁、祥和、悠闲等氛围，产生或舒心、或轻松、或平静等感觉。如：

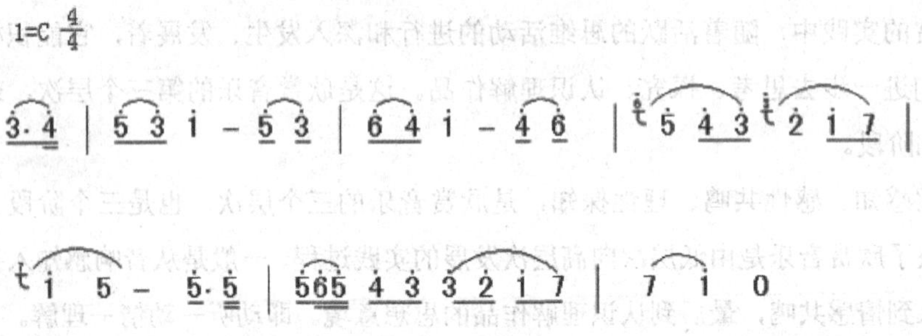

奥地利作曲家海顿（Franz Joseph Haydn 1732-1809）于 1762 年所作 Op.3，No.5《F 大调弦乐四重奏》第二乐章的开始部分，旋律流畅，色彩明朗，节奏轻快，给人以典雅质朴、舒心平静、悠闲自得的感受。

当人们听到进行曲式的音乐时，人们会想象出浩浩荡荡地迈着整齐步伐行进的队伍，或是胜利凯旋的场面，等等。如：

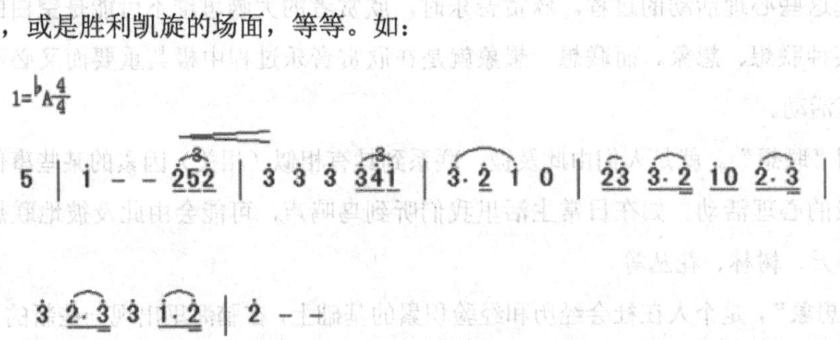

意大利作曲家威尔第（Giuseppe Verdi 1813-1901）1871 年所作歌剧《阿依达》中的选曲——《大进行曲》。表现了埃及将士出征迎敌、凯旋而归的盛大庆祝场面，也表现了将士们精神抖擞的英勇气概。

当人们听到节奏活泼的舞蹈音乐时，人们会想象出各种整齐的舞蹈动作和热烈的舞蹈场面等。如：

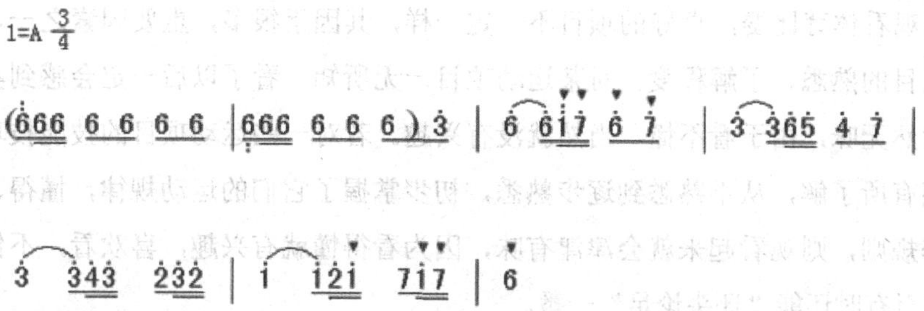

俄罗斯作曲家柴可夫斯基（Peter Ilyitch Tchaikovsky 1840-1898）1876年完成的舞剧《天鹅湖》第3幕中的“西班牙舞”，具有强烈的舞蹈节奏和浓厚的西班牙民族音调。

人们在欣赏音乐过程中，常常会引起记忆中看过的小说、电影、电视、绘画、舞蹈或其他艺术作品的片断的再现，或是过去生活中经历过的一些事件、情景的回忆，也还可能在此基础上，诱发出某些更生动、更具体的想象。联想、想象活动愈积极、愈丰富，就愈能加深对音乐作品的理解，愈能深入地感受音乐作品的真谛。这也就是我们通常说的，欣赏者在欣赏音乐的过程中，通过“联想”、“想象”等一系列心理活动后，形成对“欣赏对象”的感知、认识和理解，是对音乐作品的“三度创作”。因此，联想、想象在欣赏音乐过程中的重要作用是显而易见的。欣赏者在欣赏音乐的实践过程中，应该充分地、积极地调动并发挥自己的联想力和想象力，在长期欣赏实践的“锻炼”中，就必然会不断提高对音乐的感知、认识和理解能力，提高欣赏音乐的能力和水平。

第二节　欣赏音乐应具备的知识和能力

一、音乐欣赏的艺术规律

俗话说：“外行看热闹，内行看门道。”对任何事物若要“入门”，必须对该事物有一定的了解，否则，只能在“门”外“看热闹”而不得其门而入。

人们观看体育比赛，喜好的项目不一定一样，其因素很多，重要因素之一，是对运动项目的熟悉、了解程度。对某运动项目一无所知，看了以后一定会感到莫名其妙而索然无味，由于看不懂，当然就没有兴趣。若对一些运动项目的技能技巧从不了解到有所了解，从不熟悉到逐步熟悉，初步掌握了它们的运动规律，懂得、熟悉了比赛规则，则观看起来就会津津有味，因为看得懂就有兴趣，喜欢看，不仅能看懂，甚至有时还能“评头论足”一番。

音乐欣赏也一样，对音乐的特性，音乐的构成要素，音乐的表现手段、表现方法等基本常识，一无所知，那么对欣赏者来讲，纵然有欣赏音乐的迫切愿望，也不可能有所得。马克思曾说过：“对于非音乐的耳朵，再美的音乐也是没有意义的。”意思是说，要欣赏音乐，欣赏者必须具备一定的音乐知识和欣赏能力，要使自己有一对会听音乐的“耳朵”，才能在欣赏音乐的过程中有所得，才能真正“享受”、“消费”音乐。

二、音乐音响的辨别能力

有的工人师傅，一听机器发出的声响，就能辨别机器运转是否正常，或是毛病在哪里，这是由于他们通过长期的劳动实践，熟悉机器的结构，了解机器的性能及其运作规律的结果，而有的人就不一定具有这种辨别能力。

音乐是“声音的艺术”，是“音响的艺术”，其依靠音乐音响来传递内容。这种音响绝不仅仅是单纯“物理性”的，而是通过作曲家的艺术构思，运用各种作曲技巧，经过艺术创作构成音乐作品，再通过歌唱家、演奏家艺术加工的表演，使欣赏者接受到的是一种极具艺术性的、丰富多彩的、变化万千的、美妙的音乐音响。

所谓对音乐音响的辨别力，就是要能辨别构成音乐音响的音高、音值、音强、音色、进行速度等音乐基本要素的能力；熟悉、掌握音乐音响的“和声”、“调式调性”、“曲式结构”等音乐表现手段及其表现意义的能力。

对音乐音响的辨别能力如何，常常影响着欣赏者的欣赏能力和欣赏对象的范围。如有人只能辨别单声部旋律，那就会影响他对各种“合唱”，管弦乐队演奏的大、小乐曲等多声部音乐作品的欣赏。他只能听单声部的个人演唱或齐唱，而听演唱时也只能听到它的旋律，对于烘托独唱的背景、气氛，丰富歌唱表现力的伴奏（作为演唱整体的有机组成部分），都不可能整体地感受。

同样的道理，有人对各种不同乐器的音色、性能、表现力缺乏敏锐的辨别能力，自然就会影响对其乐器种类的识别和对器乐曲的欣赏。

各种形式的音乐音响结构，基本上是多声部的，而这多声部音响结构中，有多声部人声的合唱（二声部、三声部、四声部……），有多种乐器演奏的管弦乐曲（十几种乐器和打击乐，还可能有键盘乐器同时演奏）。若欣赏者在音乐音响辨别能力方面有所欠缺，那对许多中外古今的名著名篇就无法涉猎，无法“享受”，岂不遗憾！

由此可见，音乐音响辨别能力的高下直接影响着欣赏者对“欣赏对象”的接受和容纳的程度。因此，对有所追求的音乐欣赏者来讲，对音乐音响的辨别能力，特别是对多声部音响的仔细分析和正确的感知（辨别）能力的培养、锻炼，是十分重要且不可忽视的。

要培养、锻炼自己对音乐音响的辨别能力，学习了解一点有关的音乐知识是必要的，但更重要的还是要提高自己听觉的敏锐性、听觉的灵敏性和听觉分析能力。欣赏音乐作品，不仅要听到它的主旋律，还要能听出其他声部的进行，能辨别不同乐器的不同音色，能听辨各声部此起彼伏的交错进行等等。那么，除了学一点有关知识，请人讲解辅导以外，唯一有效的办法就是“欣赏实践”。因为对音乐的感受是主观的，是个体行为，是别人无法代劳或替代的，正如“梨子的滋味”讲是讲不清的，必须自己亲自尝一尝。因此，只有下工夫多听、反复听，用心地去比较、分析所接受的各种不同音乐音响的异同点，比较、分析得愈认真、愈细致愈好。久而久之，欣赏者的听觉会得到锻炼，对不同音乐音响的熟悉程度会越来越高，对音乐音响的辨别能力就会越来越敏锐，自然就会逐步提高对“欣赏对象”的正确感知能力，扩大“欣赏对象”的范围。

三、音乐音响的接受能力

音乐是“听觉的艺术”。要依靠人体器官耳朵来完成的。音乐是各种不同的音乐音响的展示。欣赏者在欣赏音乐时，应有一个良好的、安静的环境，避免其他声响对音乐音响的干扰；特别要求欣赏者，对欣赏对象要具有“注意”的“指向性”和“集中性”，以便更好地聆听、感知音乐。

欣赏音乐时的“注意”，应该是“有意注意”（不能作为“无意注意”的“背景音乐”来对待）。当听到音响结构较为复杂一些的作品时，可能欣赏者会“不知所云”，甚至产生某些畏难情绪，有听不下去的情况，此时欣赏者需要有一定的意志力，并将“注意力”有意识地集中（专心）并保持（指向性）在对音乐作品的聆听上，要坚持听下去，抓住并分析音乐音响的规律和特点，可适当地反复听几遍，来培养、发展欣赏者的“有意注意力”，逐渐形成良好的欣赏习惯。对于一首好的作品，或者自己喜欢的作品，多次听，经常听，用心地听，是逐步提高自己对欣赏对象的感知能力的有效途径。

音乐又是一种“时间艺术”。音乐音响是随时间的进行而运动的，有“转瞬即逝”的特点。因此，在欣赏音乐的过程中，欣赏者对欣赏对象必须具有一定的记忆能力。所谓记忆，先是“识记”，即首先识别不同音乐音响的不同点，速度的不同、音色的不同、情绪的不同、声部的多寡、演唱演奏的规模大小等，并将它们不断输入大脑这个“信息库”，在大脑中留下痕迹，遂在大脑这个“信息库”里，分类“保持”储（留）存，需要时再“忆”，即从大脑中提取储存着的有关信息。若欣赏者对运动着的音乐音响不能“记”，则就无法“忆”，也就是听了后面的忘了前面的，始终不能在动态的音乐运动中得到整体的印象和感受。这是一般欣赏者经常会遇见的问题，也是欣赏音乐时需要解决的关键问题。唯一的办法还是多听、反复听，在欣赏音乐的实践中锻炼、培养自己的识记能力。如果欣赏者在音乐欣赏的实践中，输入和储存的音乐作品，特别是一些作品的主题和精彩的旋律片段愈多，那么你掌握的“信息”就愈多，是一个“音乐信息量”的富有者，在欣赏音乐时，就可以随时“提取”有用的“信息”，由此及彼地通过联想、想象，更便捷、更好地领悟和享受各种音乐作品。

四、音乐知识的学习积累

音乐艺术是一个丰富多彩、品种繁多、非常广阔的领域。它主要是通过“人声”、“乐器”两类“工具”来展示的。

欣赏音乐就必须对人声和乐器的有关常识有所了解：了解不同人声的演唱形式及其表现特点；了解乐器的种类，它们的结构、音色、性能和不同的演奏方法；了解不同乐器、不同形式的乐队的组成，以及它们的表现特点等。

音乐是通过有组织的乐音为载体，来表现（达）情绪、情感、思想内容的。有组织的乐音主要是通过旋律、节奏、和声、调式、调性、曲式、配器等表现手段来展示的，要提高欣赏音乐的能力，就必须对上述各种表现手段进行初步的学习和了解。

任何音乐作品：从独唱、重唱、合唱到独奏、重奏、合奏，从民歌到艺术歌曲，从民间舞曲到芭蕾舞剧，从室内乐到交响曲，从巴洛克风格到现代新潮……，都是多种音乐表现手段组合的综合体。因此，音乐作品会涉及音乐的多种表现手段、各种体裁；以及音乐史、音乐家（作曲家、歌唱家、演奏家、指挥家）等方面的各种知识和有关资料；并对所欣赏的音乐作品的作家，所处的时代，产生作品的背景，特别是作曲家的社会经历、生活态度和创作思想等，都要有所了解。现在要取得这些资料很方便，只要在网上查询，需要什么样的资料都可以查到并下载，这对深层次的欣赏是十分必要的。一方面可以使欣赏者加深对作品的理解，另一个重要方面是能将每个音乐作品都放在一定的历史条件下，用历史唯物主义的观点去认识、解读。

马克思认为：“如果愿意欣赏艺术，你必须是一个有艺术修养的人。”所以，欣赏音乐应具备一定的知识、能力。首先这是必要的，是从“看热闹”到“看门道”必不可少的“入门”知识和技能；其次这也是可能的，一是多听，反复听，所谓“耳熟能详”，二是“学习”，知识和能力是在不断地欣赏实践和学习中积累起来的，反复实践，反复经验，就能逐渐积累，从而逐步提高自己欣赏音乐的能力，扩大音乐欣赏的对象和范围，成为一个拥有丰富音乐知识的音乐“消费者”。

五、音乐欣赏的文化修养

音乐作为一门艺术，和其他艺术门类一样，是一种“表现形态”，它反映着人们真切而丰富的思想、情感，客观而真实的社会生活，以及历史和现实的、多姿多彩的大千世界。

音乐作品所表现的是各个不同历史时期、不同社会阶层人们的生活、思想、情绪、情感等内容，有着广阔的表现空间和丰富多样的表现可能。可以说，音乐作品表现的内容，涉及方方面面，包含着人们社会生活中的“一切”。有政治的、战争的，历史的、地理的，宗教的、世俗的，神话的、童话的，人物的、动物的，爱情的、婚礼的，思念的、幻想的……

譬如：贝多芬的《第三交响曲》（英雄），就涉及政治、历史事件——法国资产阶级大革命和历史以及政治人物拿破仑。

又如：德国作曲家韩德尔（Georg Frideric Handel 1685-1759）所作的清唱剧《弥赛亚》，是以宗教内容为主体，以《圣经》里的故事为题材的大型声乐套曲。

再如：俄罗斯作曲家里姆斯基·科萨科夫（Nikolai Rimsky-Korsakov 1844-1908）所作的组曲《舍赫拉查达》，又名《天方夜谭》或《一千零一夜》，就是以广泛流传的民间故事为内容写作的。

还如：前苏联作曲家普罗科菲耶夫（Prokofiev.S.S.1891-1953）所作的交响童话《彼得与狼》；法国作曲家圣·桑的《动物狂欢节》；19世纪许多作曲家写的《幻想曲》、《狂想曲》等。

因此，任何音乐作品都会涉及音乐以外的多种多样的知识，包括社会（人文）科学和自然科学方面的知识。这说明了，仅有一点音乐方面的知识，要去全面地欣赏、深刻地理解"包罗万象"的各种音乐作品，是很不够的，一定要有点音乐"以外"的、其他方面的文化基础和文化修养才行。

要做到这点并不难，只要不是"文盲"，对大学或初、高中学过的课程尚有记忆，平时注意看报学习，就有了基本条件；在欣赏音乐时，遇到还需要了解、补充学习某些知识时，再去查阅需要的有关资料，这样不断地、点点滴滴地、长期地实践和积累，还有什么音乐作品不能被"消费"、"享受"的呢！

第三节　构成音乐的基本要素及其主要表现手段

一、音乐是怎样"表情达意"的

人们表达意念、交流思想最主要的工具是"语言"。语言作为工具，在表述时，有语音、语调、语流的变化，有抑、扬、顿、挫等不同的表现方法，它可以表达想要表达的一切理念、思想和情感。“音乐”也是人们表达、交流思想情感的一种手段，它同样能够“表情达意”。

在生活中，人们会接触到各种各样的音（声）响——大自然中的鸟鸣虫叫声，江河咆哮声，风雨雷电声……；现实生活中的机器轰鸣声，车船鸣笛声，走路脚步声，时钟、电脑运行的滴答声……，这些不同的音响，其声音有高有低，有长有短，有强有弱，进行得有快有慢，由于发声体或发声方式的不同，还产生着各不相同的音色，这些丰富多彩的音响会让人们产生着各种不同的感受和联想、想象，引起种种情绪、情感的反映。

音乐音响，实际上是作曲家高度集中、高度概括了自然的、社会生活的各种“音响”，通过构思，加以浓缩、提炼并以艺术的技巧、手法，进行典型化的加工而形成的。音乐音响之源就是人们的社会生活，音乐音响表现着人们的思想和意识、情绪和情感，它绝不是脱离人们的社会生活且神秘而不可知的，是完全可以被人们感知、认识、理解和接受的。

二、音乐构成的基本要素

我们在欣赏音乐时，不论是什么样的作品，是声乐的还是器乐的，小型的还是大型的，首先接受到的音乐音响是一些高低不同、长短不同、强弱不同、音色不同、进行速度不同的一群“乐音”。音的高低、长短、强弱、音色、进行速度是构成音乐作品的几个基本要素。它们是根据作者的创作意图，按一定规律组织起来，并能表达一定“乐意”和“情绪”的“乐音”群。

它们之所以能表达一定的“乐意”和“情绪”，是因为和生活中的语言一样，音乐也有“抑、扬、顿、挫”等变化。音的高低、长短、强弱、音色和进行速度等都是相对的，是相比较而存在的。有比较就有区别，有对比就能表现不同的情绪、情景和内容。如：“喜”和“怒”，“哀”和“乐”等各种不同的情绪、情感都是通过比较、对比而相对地呈现出来的。

1. 音的高低

在音乐中，能用到的“乐音”有很多，如普通的钢琴就有 88 个键，即 88 个音。

许多音（太高或太低）是人声唱不了的，只能由乐器来演奏。任何一个音，对比它低的音而言是相对的高音，对比它高的音而言则是相对的低音，高和低是相对的，没有绝对的高音，也没有绝对的低音。一群相对的高音，会使听者产生比较高亢、激动、开朗等情绪，一群相对的中音，会给人以相对平和、舒缓、悠闲等感觉，而一群相对的低音，会描绘出一种粗犷、低沉甚至恐怖的情景。正如人们情绪高涨、激动时，说话声音就会提高，反之亦然。当然，在现实生活中人们的情绪是复杂、多变，丰富、多样的，不是那么简单。但人们对不同音高的不同感觉，一般不太容易“错位”、“颠倒”，因为这些都是人们客观地、长期生活体验和经验积累的反映。

2. 音的长短

长音和短音也是相对、相比较而存在的。人们在日常生活中，常常有不少事可以从容不迫地、拖长了声调细细诉说、慢慢道来；又有些事需要快言快语，短促地、“连珠炮”似的一吐为快。音乐和语言一样，相对的长音常常能使听者感受到宽广、舒展、平静等情怀，相对的短音则常常能使人产生急促、紧张，或轻快、激动等情绪。在音乐作品中，相对的长音和相对的短音，有机地、交替地组合出现，自然能表现出各式各样的情景、情绪和意境。

3. 音的强弱

音的强、弱本身是相对的。人们生活里的许多活动如：呼吸、走步等都是一张一弛、一重一轻有规律地周期性出现的。音乐作品中的强和弱也是有规律的，这在音乐中称作“节拍”。由于强弱规律的周期不同，就产生了各种不同的“拍子”。所谓二拍子、三拍子等即是。不同的节拍，它们的强弱关系是不一样的。二拍子听起来很有力，有行进的感觉；三拍子则可以表现得活泼、轻快，常常带有舞蹈性。在音乐作品中，从弱到强的幅度是非常宽的，从pppp、ppp、pp、p、mp一直到mf、f、ff、sf，还有一些临时的、局部的强弱变化，它们所构成的音乐音响，将会“营造”出多姿多彩、变化万千、各不相同的情绪、情景来。

4. 音的“色彩”

人声，由于发声的生理器官的差别，发出的声音也就有童声、女声、男声等不同音色的区别，每个人也会有个体的差异，张三和李四的声音就不完全一样，有的如“银铃”般的清脆，有的如“洪钟”样的洪亮；不同的乐器，由于制作材料和演奏方法的不同，其发生的音色也是各不相同的。作曲家巧妙地运用不同的人声，不同音色的乐器，做各种不同的组合，来描写色彩缤纷的大千世界，表达人们喜、怒、哀、乐等各种各样的情绪、情感。

5. 音乐的进行速度

音乐以缓慢的速度进行，人们会产生一种宽阔的、悠闲的、沉思的等意境；音乐快速地进行，会使人感到轻快、急促、紧张等情绪。同一首乐曲以不同的速度演奏（唱），也可以表达不同的情绪、情感，如：《国际歌》的音乐用行进的速度演奏，就会产生有鼓动性的、号召性的，团结起来、勇往直前的情绪和感觉；若以较缓慢的速度演奏，就产生一种肃穆、庄严、从容不迫的情景。

速度的快和慢虽然也是相对的、相比较而存在的，但它还有一个值得人们注意的重要参考值：一般正常健康人的“心跳”（脉搏），是每分钟 60—70 次，由于个体的不同，有人会略高或略低于这个频率。若乐曲每分钟以 60—70 拍的速度进行，不快不慢，这种速度与人的心跳速度基本“同步”，人们听了以后会有平静、舒坦、和谐等感觉；若乐曲的速度慢于或快于人的心跳的速度，则又会使人产生各不相同的感觉。快速的音乐，甚至会使听者的心跳加快，情绪激动起来。

因此，“音高、音值、音强、音色和音乐进行速度”就成了构成音乐并能够“表情达意”的五个“基本要素”。

伟大的德国作曲家巴赫（Johann Sebastian Bach 1685-1750）作曲的 BWV 1068《D 大调第三管弦乐组曲》中的第二首 ——《咏叹调》。曾被改编成多种器乐独奏曲，以改编成的小提琴曲最受欢迎。改编者将原曲由 D 大调改为 C 大调，并让主旋律只在小提琴的 G 弦上演奏，故单独演奏时又名《G 弦上的咏叹调》。

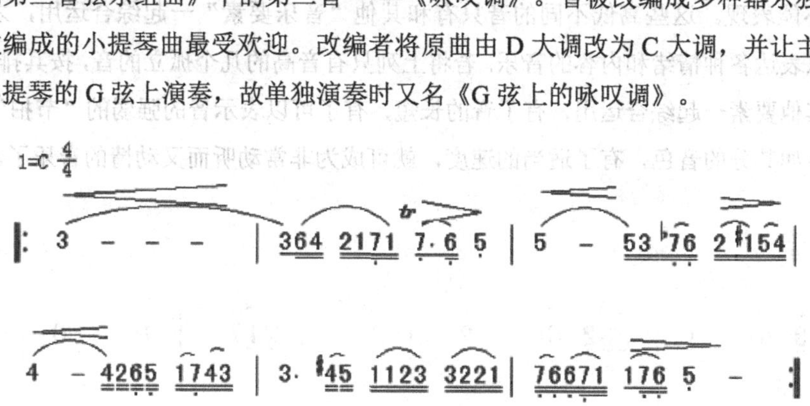

这一段乐曲，有长音有短音，以极缓慢的速度，使音乐有渐强、渐弱的起伏，音域也在不太宽的 9 度以内进行，表达了沉思、安静或带一点委婉、哀怨的情思。如：

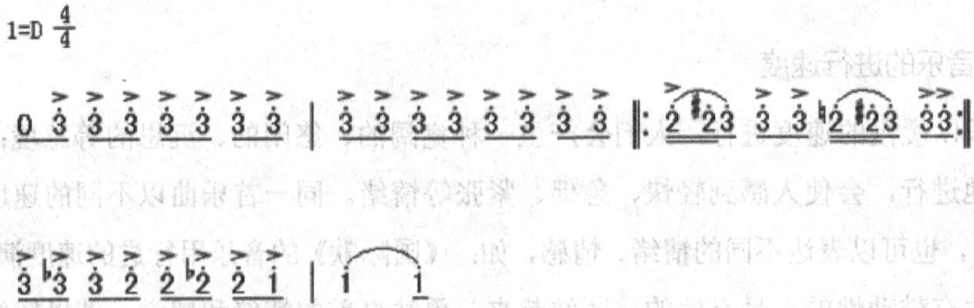

前苏联作曲家哈恰图良（Aram K Hachaturian 1903-1978）于 1941 年所作芭蕾舞剧《加雅涅》中的一首 ——“马刀舞”。以快速的急板（presto）、富有战斗性的一连串强烈的节奏和相对的高音，以木琴、木管乐器和圆号奏出的音乐主题，表现了高山少数民族坚韧、彪悍的性格。它的相对高音，相对强音和相对的短、快节奏，有使人兴奋、紧张、心跳加快的感觉。

关于构成音乐的几个“基本要素”之间的相互关系，以及它们的地位、作用，还可从下例做进一步的理解：

有这么几个音 ——“3 4 3 6 3 2 3 2 6 2 3 2 2 1”（请试唱一下），只有音的高低，没有音的长短、音的强弱、进行速度等构成音乐的其他“基本要素”，它能表达什么呢？实际上是一个一个“孤立”的音，是一组毫无意义的“音群”，什么也没有表达，什么也不能表现。这些高低不同的音只有和其他“音乐要素”一起综合运用，才能构成可以表达各种情绪和内容的音乐。若将上列只有音高的几个孤立的音，按其排序，通过与其他要素一起综合运用，有了音的长短，有了可以表示音的强弱的“节拍”，运用了恰如其分的音色，有了适当的速度，就可成为非常动听而又动情的音乐了。

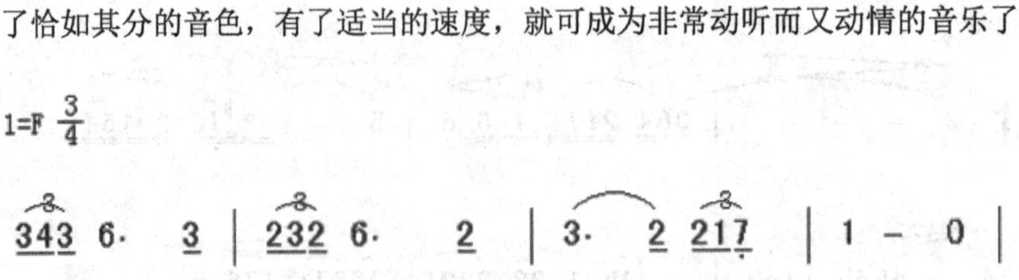

奥地利作曲家舒伯特（Franz Seraph Peter Schubert 1797-1828）所作著名的 D.957-4

《小夜曲》的开始句。与上列只有音高的几个音比较，真是天壤之别，一个是“不知所云”，一个是十分抒情地、细腻地表现了青年男女的爱慕之情。

由此可知，音的高低（音高），音的长短（音值），音的强弱（音强），音的色彩（音色）以及音乐的进行速度等，是构成音乐音响不可或缺的几个“基本要素”。也就是说，不论音乐作品的篇幅大小，每一首音乐作品里，都存在着这些被综合运用了的“基本要素”。

【欣赏提示】那么，我们在欣赏音乐的过程中，就必须要十分敏感地感受到这些“基本要素”的存在和变化。这是提高对音乐音响辨别能力的重要实践，也是欣赏音乐的重要基础。

三、音乐表现的主要手段

前文提到的是构成音乐必不可少的几个基本要素。但要真正构成一首音乐作品，仅有几种音乐要素的综合运用是不够的，还有赖于构成音乐的各种技巧和众多的音乐表现手段。如：旋律、节奏（包括节拍）、调式调性、和声、对位、配器等。它们和音乐的“基本要素”一样，也不是孤立地出现的，往往是在同一首音乐作品中，你中有我，我中有你，同时融合几种不同的表现手段。

1. 旋律（曲调）

“旋律”是塑造音乐形象最主要的手段之一。每一首旋律中均同时包含着节奏、节拍，调式、调性等表现手段。

旋律的展现是要占有“时间”的，是随着时间的流逝而进行，是先后出现的一根有“时间”长度的“线”——“旋律线”。

旋律线一般有“上行”和“下行”两种“走向”（也会有同音重复的进行）。其具体进行方式，又有“级进”和“跳进”之分：三度跳进称“小跳”，级进和小跳给听者的感觉是一种“平稳进行”；四度以上的跳进称“大跳”，感觉是“跳跃进行”。

旋律线做下行时，常常给人以低沉、哀伤、松弛等感觉。如：

德国伟大诗人歌德，以16世纪尼德兰人民在领袖哀格蒙特的领导下，抵抗西班牙侵略所进行的民族独立解放斗争为题材，写了戏剧《哀格蒙特》。贝多芬于1810年为该剧配了十段音乐，其中至今仍在国际乐坛被经常演奏的是第一段“序曲”。上例是序曲呈示部的主部主题。音乐急速下行达两个8度，紧接着是一个模仿句，再次强调两个8度下行所表现的带有苦难的音调，同时在悲痛、哀怨的情绪中又包含着反抗、斗争的精神。

旋律线做上行时，往往表现出热烈、兴奋、紧张等情绪。如：

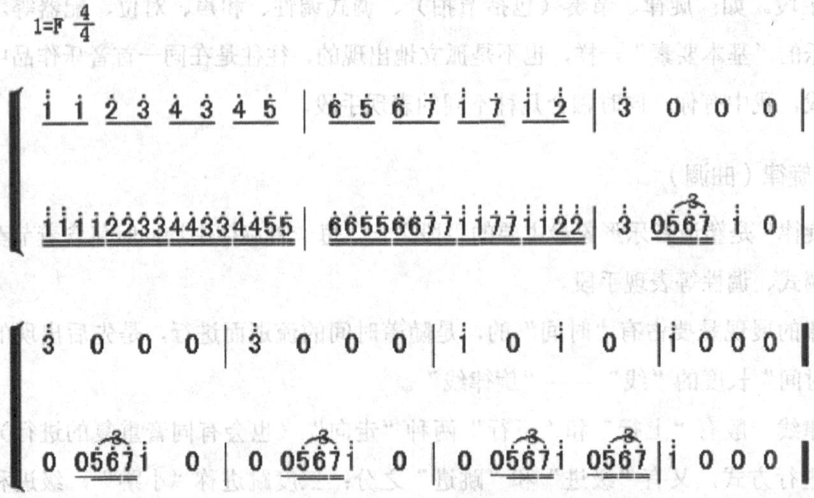

《哀格蒙特》序曲的结束句，整个乐队以快速的强力度演奏，旋律部分用长笛在高音区做级进的上行进行，第一小提琴随着长笛的音高，做快速的“重叠”演奏，最后由短笛在乐队的衬托下奏出5个断续、短促、快速的四音上行进行，都在主音上结束。表现了热烈的、辉煌的、壮丽的气氛，在悲剧性的故事中，表达了必胜的、

重获自由的坚强信念。

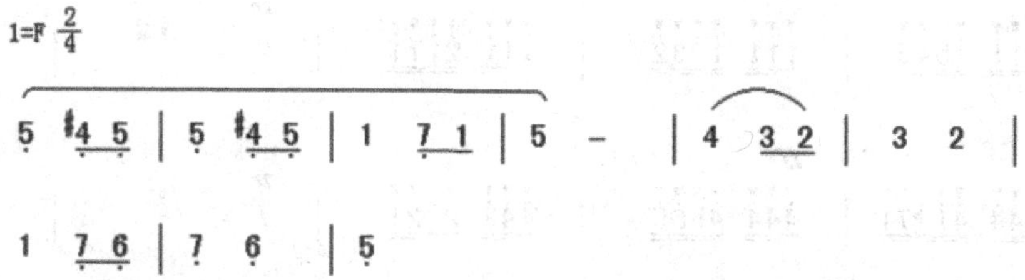

19 世纪俄罗斯钢琴家、作曲家安东尼·鲁宾斯坦（Rubinstein Anton 1829-1894）1852 年所作的钢琴曲《两支旋律》中的第一首，又名《F 大调旋律》（Op.3-1）。

《F 大调旋律》曾被改变为大提琴、小提琴、小号等许多乐器的独奏曲和管弦乐曲，是经常被演奏的曲目。此例的 1、2、4、5、6、7、8 小节都是级进进行，第 3 小节本身也是级进的，只是前后连接着一个 4 度和 5 度跳进，整个旋律是以级进为主，前 4 小节是缓慢地上行级进，后 4 小节是缓慢地下行级进，听起来旋律线的起伏不是很大，显得很安宁、优美，委婉流畅，非常动听。

在音乐作品中不可能只有上、下行，级进、跳进，作曲家总是根据所要表达的情绪、意境，将音乐的各个基本要素和各种表现手法，做不同的组合而进行创作的。其所构成的旋律，就有了表现起伏不定、多姿多彩的情绪和内容，塑造多种多样音乐形象的广阔空间和可能。

【欣赏提示】因此，欣赏者在欣赏音乐时，要注意旋律的走向，特别要抓住旋律中精彩的片断，这些片断往往是所要表现的音乐形象的具体体现。

2. 节　奏

“节奏”是塑造音乐形象的又一重要手段。在音乐音响的运动中、相对的长音和相对的短音交替进行，形成一种“时值”的节奏；音乐展示过程中的强（拍）音和弱（拍）音周期（规律）性出现，形成一种“强弱”的节奏；音乐进行的不同速度，形成一种快或慢的“速度”节奏。这些“节奏”的运用，对音乐形象的塑造是至关重要的。

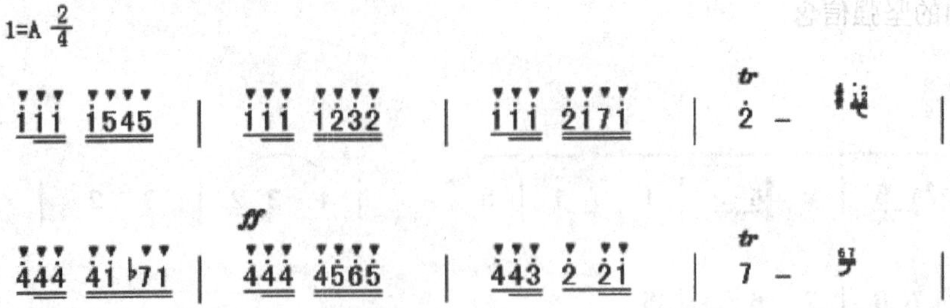

法国作曲家比才（Georges Bizet 1838-1875）1874 年创作的、脍炙人口的歌剧《卡门》序曲的开始部分。它运用了相对的短音符（大量的十六分音符）和少量相对长音符这种“时值”节奏，且带有二拍子“进行曲”特点的“强弱”节奏，进行速度相对较快的“速度”节奏，这些节奏，使音乐充满活力，生动形象地描绘出西班牙斗牛场上那种兴奋、狂热的场面，表现了“斗牛士”英勇、潇洒、勇往直前的英雄气概。

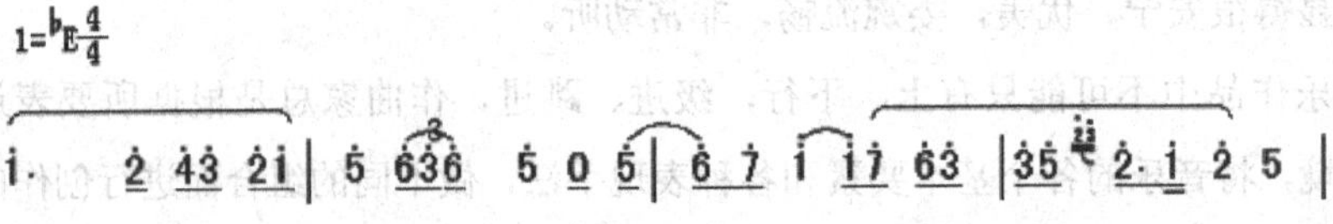

歌剧《卡门》二、三幕之间的幕间曲（间奏曲）。这样的“时值”组合、四拍子的“节拍”，进行速度又相对地缓慢，这些节奏就没有前例那么强烈，相对地比较柔和、优美，表现出卡门性格中温情的一面。

从上面两例可以听出，前一例是二拍子，一强一弱的交替，进行速度稍快，后一例是四拍子，强、弱、次强、弱的交替，且进行速度稍慢，从音乐音响给人们的听觉感受，前例较具“刚性”，而后例则相对的“柔性”一点。

音乐在进行过程中都会有周期性的强、弱拍的出现。音乐作品每小节的“拍”数，是有设定的如：二拍子、四拍子、三拍子、六拍子等。不同的拍子，其强、弱拍出现的周期（规律）是不一样的。

二拍子：一小节内有两个拍子，一个强拍，一个弱拍。一般表现的情绪、情感会热（强）烈一点，带一点“刚性”。很多进行曲都是用的二拍子。从前面列举二拍子的例子中，也就可以理解。

6=c　2/4

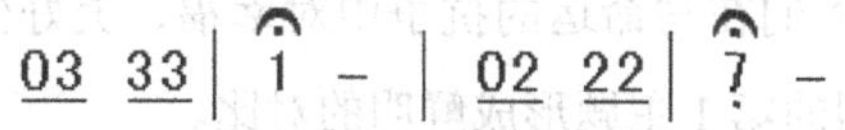

贝多芬于1808年完成的Op.67《第五交响曲》（命运）第1乐章的第1主题，用的是c小调，2/4拍子，它激昂、有力，表现了向封建势力、向“命运”进行不屈斗争的坚强意志。充分体现了二拍子强有力的节奏特点。又如：

1=D $\frac{2}{4}$

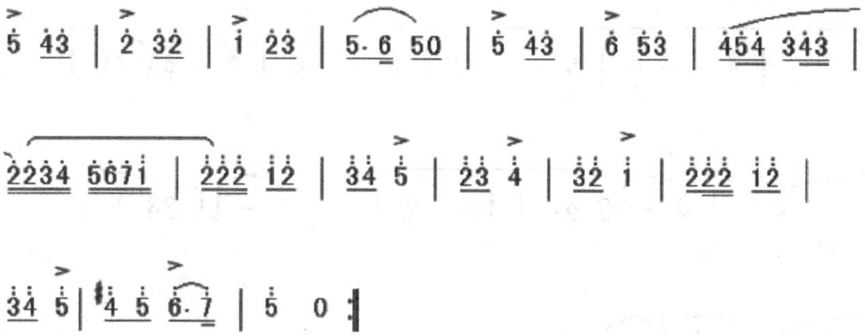

奥地利作曲家舒伯特（Franz Schubert 1797-1828）于1818年所作的Op.51-1，D.733-1“四手联弹”钢琴曲《军队进行曲》，共三首，此为第一首的主题，2/4拍子的音乐进行，还在有些拍子上加了“强声”记号，更显得有力、明快、有精神。

二拍子能表现热烈的、激昂的、有力的、有精神的情绪，这只是相对的，不是绝对的。如：

1=♭E $\frac{2}{4}$

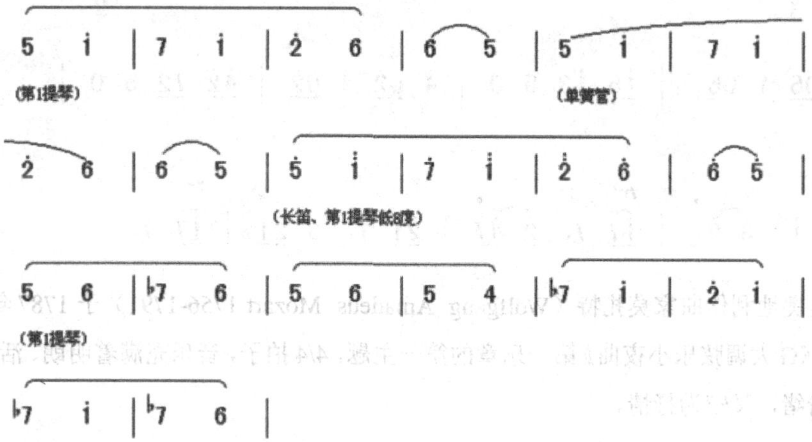

贝多芬《第五交响曲》（命运）第1乐章的第2主题，用的是bE大调，它是一个充满温柔、抒情、优美的主题，表现了人们在与命运的抗争中对幸福、美好生活的向往和追求。虽然同是二拍子，恰与强烈的第1主题形成鲜明的对比。

四拍子：一小节有四个拍子，只有一个强拍，三个非强拍（有一个次强拍），相对于二拍子，其强烈的程度稍弱，一般能表现安宁、平静的气氛，也可以表现某些庄严的、歌颂性的情绪、情感。

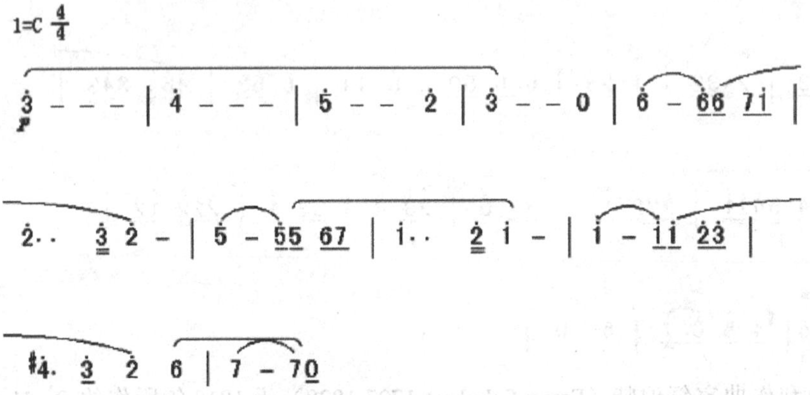

法国作曲家古诺（Charles Gounod 1818-1893）于1859年作的声乐曲《圣母颂》，是一首“颂歌”。4/4拍子，速度缓慢，级进多于跳进，表达了一种宁静、虔诚、赞美的情思。后曾被改变成由小提琴、长笛、大提琴、竖琴等乐器演奏的独奏曲，管弦乐曲和合唱曲。

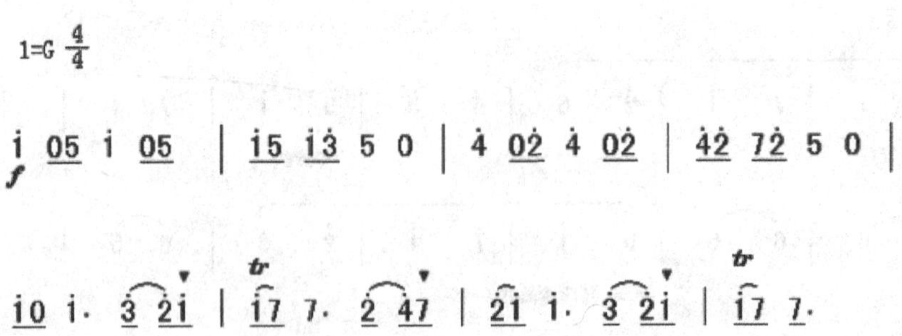

这是奥地利作曲家莫扎特（Wolfgang Amadeus Mozart 1756-1791）于1787年所作K.525《G大调弦乐小夜曲》第一乐章的第一主题，4/4拍子，音乐充满着明朗、活泼、轻松的情绪，又较为抒情。

四拍子有时也能相对地表现宏伟、辉煌的场面，如：

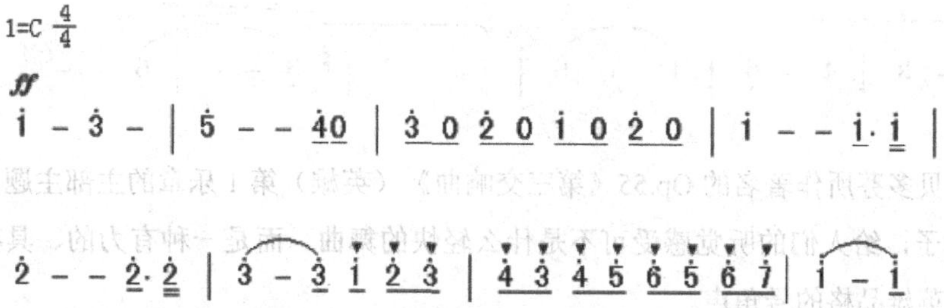

贝多芬《第五交响曲》第 4 乐章的开始部分，由乐队全奏，表现了通过斗争取得胜利的雄伟、辉煌的宏大场面。

三拍子：一小节内有三个拍子，也只有一个强拍。相对于二拍子、四拍子会更“柔”一点，音乐进行的速度有的快，有的慢，一般表现的情绪、情感会比较热烈、轻快、活泼，往往带有舞蹈性。“圆舞曲”就是三拍子的，还有一些舞曲如“小步舞曲”、“波洛涅兹”（波兰舞曲）、“玛祖卡”舞曲等也都是三拍子的。如：

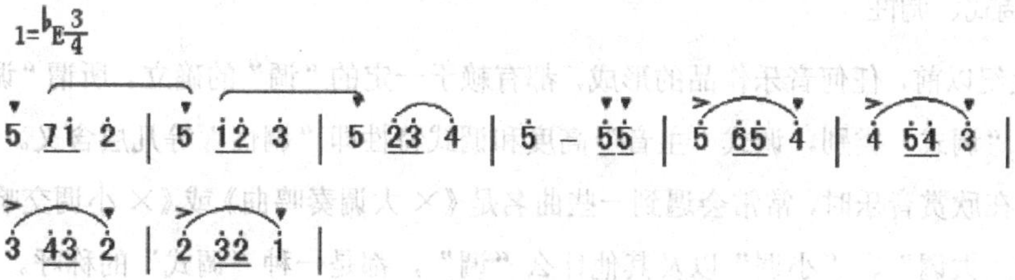

波兰作曲家肖邦所作 Op.18《bE 大调华丽大圆舞曲》旋律的开始部分，是一首曲调华丽多彩、轻快、活泼富有技巧性的“音乐会圆舞曲”（“圆舞曲”有舞蹈性的，也有专为音乐会演奏而创作的）。

奥地利作曲家莫扎特于 1780 年完成的 K.334《D 大调第 17 嬉戏曲》的第三乐章——“小步舞曲”的开始部分，音乐显得活泼、轻快。

但也有例外，如：

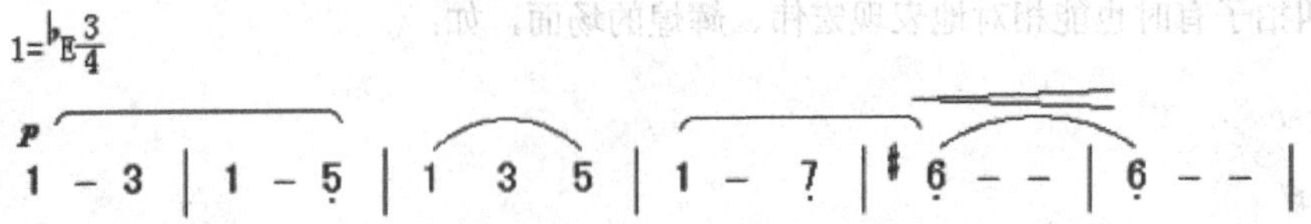

这是贝多芬所作著名的Op.55《第三交响曲》（英雄）第1乐章的主部主题，虽然是三拍子，给人们的听觉感受可不是什么轻快的舞曲，而是一种有力的、具有勇敢坚定的英雄品格的号角声。

“节奏”（包括各种不同的“时值”节奏、“强弱”节奏、“速度”节奏）与“旋律”等其他音乐表现手段一起，可以创作、塑造出各种各样的音乐形象和表现出各种各样的思想、情绪。由此可见，节奏对于塑造音乐形象的作用是不可低估的。

【欣赏提示】欣赏者在欣赏音乐时，应该仔细地捕捉作品所展现出时值的、强弱的、速度的各种节奏特点，以及它们的变化，以加深对作品的感受和理解。

3. 调式、调性

20世纪以前，任何音乐作品的形成，都有赖于一定的“调”的确立。所谓“调”，是包含有“调式”类别，调式“主音”高度和调式特性即“调性”等几层含义。

我们在欣赏音乐时，常常会遇到一些曲名是《× 大调奏鸣曲》或《× 小调交响曲》等等。这“大调”、“小调”以及其他什么“调”，都是一种“调式”的称呼。

构成音乐的基本元素是“1 2 3 4 5 6 7”七个“基本音”，也就是以c d e f g a b为音名的七个音（键盘乐器上从c开始的7个白键）。它们不是孤立、无序地出现的，而是要确立一个中心音（主音），按照一定的音关系组成体系，形成一个“调式”的形态而存在的。调式音由低到高的排列称为“音阶”。

世界上那么多民族、国家，自古至今不知道有过多少种“调式”存在而被应用过。不过自欧洲中世纪以后，十六七世纪逐步形成大、小调体系以来，欧洲绝大部分作曲家，普遍地在自己的作品中应用大、小调体系（20世纪以来，主张无调性的作曲家的作品则另当别论）。

“大调”，是以1为“主音”，1 2 3 4 5 6 7是它的“调式”音。其“调式”的结构特点，除3-4、7-i是“半音”关系外，其他相邻两音之间都是“全音”关系。凡是按这种音关系模式组成的“调式”就称为“大调式”。大调式中还有变化了的“和声大调”、“旋律大调”等，由于接触很少，拟省略不叙。

以C音为主音（“1”）构成的大调式，称为“C大调”，以G音为主音（“1”）构成的大调式，称为“G大调”……。如前文提到海顿的《F大调弦乐四重奏》，就是以F音为主音构成的大调式来写作的。

“1”在大调式中是具有极高的稳定性，被称为“稳定音”，3和5两音也具有一定的稳定属性，2 4 6 7 是“不稳定音”，或称为“动感音”。不稳定音会有一种要求继续“运动”的动感，倾向于进行到稳定音。2 3 4 5 6 7各音，都会从不同方向倾向于3、5或1这个稳定的主音，才能给人的听觉以平衡、稳定、完满的感觉。如：

0 3̇ 2̇ 1̇ | 5 3 | 5 6 7 |

请试唱一下，音乐在这里能停顿下来吗？因为7是非常“活泼”的、具有强烈进行倾向的不稳定音，只有接下去进行到稳定音1̇ - |，音乐才有稳定感，请再试唱一下。

任何音乐作品都是在稳定—不稳定—稳定这样相对的“动”与“静”的不断循环往复中发展着、进行着。

“小调”，是以6为“主音”，6̣ 7̣ 1 2 3 4 ♯5 6是它的“调式”音，此调式又称“和声小调”。其“调式”的结构特点是包含有三个半音关系：7̣-1　3-4　♯5-6，还有一个增二度关系4-♯5，其他相邻之间的两音均为“全音”。凡是按这种音关系模式组成的“调式”称“小调式”。除“和声小调”外，还有“旋律小调”和“自然小调”。

“6”在此调式中是“稳定音”，1和3两音也具有一定的稳定属性，其余的音都是有动感的“不稳定音”。

以a音为主音（“6”）构成的小调式，一般称为“a小调”，以d音为主音（“6”）构成的小调式，称为“d小调”。如前文所提到德伏夏克的《e小调第9交响曲》，就是以e音为主音构成的小调式进行写作的。

由于各种调式结构的不同、主音高度的不同，调式中各音对主音的倾向性和各调式音之间的相互关系的不同，就形成了各个“调”具有各自的特性——“调性”。

18世纪中叶以后，作曲家在一首作品中，除以某调为“主（原）调”外，常常还会出现其他（新）的“调”，从一个大调转到另一个大调或某一个小调，从一个小调转到另一个小调或某一个大调。这种手法称为“转调”。很多作品还常常不止转一个调，19 世纪的音乐作品经常频繁地转调。因为，大调给人的感觉相对地较明朗，小调给人的感觉相对地较柔和。不同的调式和不同的调式音高（调式主音），也就是调式内的不同音关系，使每个作品的调性就有了诸多的变化，加之或多或少的转调，常常使人们听到的音乐音响有一种“新意”和“新鲜感”。更增强了音乐的表现力。如：

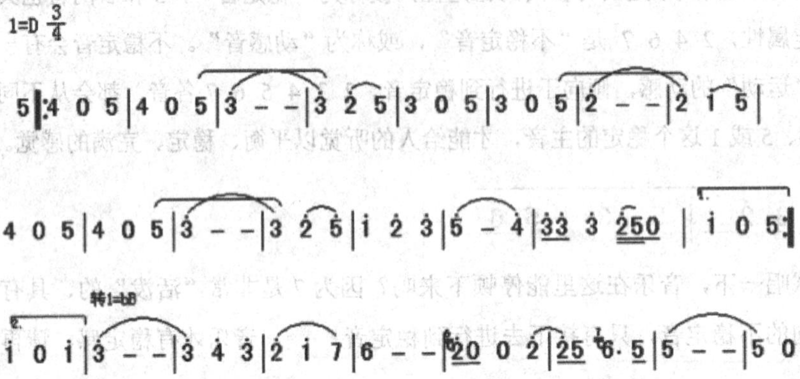

奥地利作曲家约翰·施特劳斯（Johann Strauss 1825-1899）所作的圆舞曲——《蓝色多瑙河》的片段，上例是该作品中的第 2 首小圆舞曲，开始是 D 大调，旋律轻快、流畅，反复一次后即转入 bB 大调，虽前后调都是大调式，但调式主音的高度已经转（变）了，前调 i 的音高已等于后调 3 的音高（请试唱一下），旋律已在新的调性、新的调式的音高上进行，给欣赏者“又一村”的新鲜感，也使作品有了更丰富的音响和表现力。

《蓝色多瑙河》这首圆舞曲为引子—5 首小圆舞曲—尾声，其调性布局依次为：A—D—bB—D—G—F—A—D—F—D，正式转调 9 次，先后用过 5 个调，有的调出现 4 次，有的出现 2 次，有的出现 1 次。充分展现了转调技巧的运用给作品带来的魅力。

【欣赏提示】因此，欣赏者在欣赏音乐时，对音乐中调性的变化，应有足够的注意。并细细品味转调前后音乐在色彩、情绪上的变化，以及自己的不同感受。

4. 和　　声

“和声”是“主调音乐”的一种表现手段。在多声部音乐中，纵向若干声部结合所产生的音乐音响，称为“和声”。“和声”是一门独立的学科——“和声学”。这里没有可能也没有必要对“和声学”做专门的学习和讲解。

我们所欣赏的音乐作品，基本上都是多声部的。除了有以呈示旋律为主的旋律声部外，还有纵向的若干声部在同时进行。它可以衬托、丰富、强化主旋律所要表达的情绪和内容；又由于其音乐音响是纵向、立体进行的，使音乐产生了一定的“厚度”感，音乐可以表现得更加丰满。如德伏夏克的《e小调第9交响曲》（自新大陆）第二乐章的第1主题：

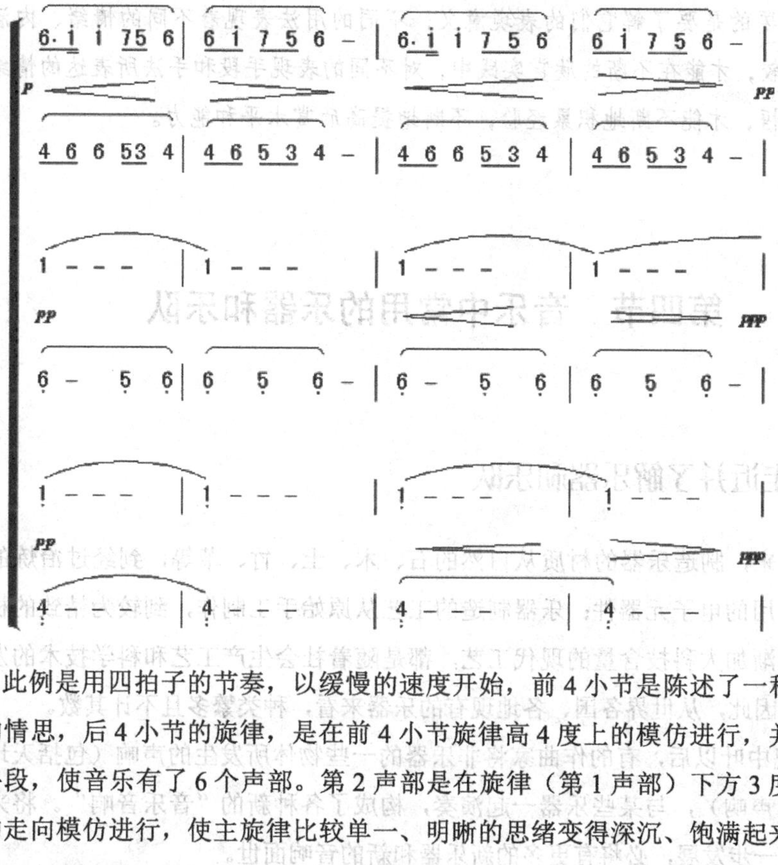

此例是用四拍子的节奏，以缓慢的速度开始，前4小节是陈述了一种思恋、怀念的情思，后4小节的旋律，是在前4小节旋律高4度上的模仿进行，并用了和声的手段，使音乐有了6个声部。第2声部是在旋律（第1声部）下方3度，依着旋律的走向模仿进行，使主旋律比较单一、明晰的思绪变得深沉、饱满起来，再加上下面四个声部相对长音的衬托，音乐显得和谐、厚实、丰满，有了相对厚度的立体感，强化了音乐的感染力。

多声部的纵向结合，由于各声部使用的音的不同，就会产生“协和”的或者“不协和”的音响，根据需要它可以表现各种不同的情绪和内容，协和的音响可以使听者有宁静、和谐、轻松、从容不迫等感受，不协和的音响会使人产生不安、不祥、紧张、邪恶甚至恐怖的感觉。

前面曾经提到过，音乐始终是在“稳定”和“不稳定”的转换过程中进行，现在可以说音乐也是在协和—不协和—协和的不断交替的过程中进行完成的。

音乐的表现手段（方法），还有“复调”、“配器”、“织体”等，这些主要是写作音乐作品的技术、技巧手段，拟省略不叙。

【欣赏提示】了解音乐的基本要素、音乐的主要表现手段是必要的，但，还是不够的，重要的是要了解它们的表现意义，不同的用法表现着不同的情绪、内涵。多听、多比较，才能在不断的欣赏实践中，对不同的表现手段和手法所表达的情绪、内涵有所领悟，才能不断地积累经验，不断地提高欣赏水平和能力。

第四节　音乐中常用的乐器和乐队

一、走近并了解乐器和乐队

有史以来，制造乐器的材质从自然的石、木、土、竹、革等，到经过冶炼的金属及目前使用的电子元器件；乐器制造的工艺从原始手工制作，到较为精致的机器加工，到逐渐加大科技含量的现代工艺，都是随着社会生产工艺和科学技术的发展而发展的。因此，从世界各国、各地现有的乐器来看，种类繁多且不计其数。

20世纪中叶以后，有的作曲家将非乐器的一些物体所发生的声响（包括天地自然间的自然声响），与某些乐器一起演奏，构成了各种新的“音乐音响”。将来随着社会的进一步发展，必将有更多的新乐器和新的音响面世。

在当今五花八门的乐器世界里，现只就欧洲古典音乐欣赏中经常接触到的乐器和乐队做一初步的、简单的介绍。

二、常用的乐器及其分类

由于制造乐器所用的材料不同、发出声音的音色不同、其所含的音域及音高不同、演奏的方法不同以及乐器的体积不同，人们就将常用的乐器分成以下几类。

1. 弦 乐 器

有小提琴、中提琴、大提琴、倍大提琴（也称低音提琴）等。这些乐器都是木制的琴身，现在也有用其他材料制作的，在琴身上绷四根弦，以琴弓摩擦或手指拨动琴弦发声。

小提琴（violin）：属高音乐器，音色华丽、音域宽广，声音清而亮，极富表现力，在乐队中常作为演奏主要旋律的乐器。

中提琴（viola）：属中音乐器，声音圆润、含蓄、深沉，且柔而“厚”，有“磁性感”。

大提琴（cello）和倍大提琴（bass或double bass）：属低音乐器，声音柔和、低沉而丰满。大提琴演奏员一般是坐着演奏，倍大提琴的演奏员一般是站着演奏，也有脚不离地坐在高凳上演奏的。

除上述各种提琴外，还有一种常用的大型拨弦乐器——竖琴（harp）。在竖琴架上设有48根长短不同的弦，还有若干个踏板可调节音高，演奏者以双手拨弦，其音色柔美，清澈如流水。

2. 木管乐器

有长笛、双簧管、单簧管、大管等。这些乐器都是管状的，开始产生时都用木质材料制作，故称“木管乐器”。现在有些已被新的制作材料取代，如长笛已用金属来制作，个别的甚至用黄金或象牙制成，其他几种乐器也已用金属做部件和装饰。但仍称它们为“木管乐器”。

长笛（flute）：属高音乐器，音色明亮、清澈，声音甜美，犹如轻快、灵巧的鸟鸣，表现力很强。相近似的乐器还有“短笛”（piccolo）。

双簧管（oboe）：属中、高音乐器，音色柔和、清新、抒情，有浓郁的田园、乡村氛围的色彩。演出间隙时常以其a1音为乐队“调音”的标准音。相近似的乐器还有“英国管”（English horn）。

单簧管（clarinet）：又称“竖笛”或“黑管”，属中音乐器，从低音到高音，其音色比较丰富，低音辽阔、中音优美、高音尖锐。相近似的乐器还有“萨克斯管”（saxophone）。

大管（bassoon）：又称“巴松管”，它和低音大管同属低音乐器，其音色变化较大，高音挺拔、有力，中音温柔、甜美，低音深沉、严峻。

3. 铜管乐器

有小号、圆号、长号、大号等。这些乐器也是管状的，都是用铜质材料制作的，故称“铜管乐器”。

小号（trumpet）：属高音乐器，声音嘹亮、高亢，铿锵有力，具有“英雄”性格。有时可加上“弱音器”，则声音又变得柔和而另有光彩。相近似的乐器有“短号”（cornet）。

圆号（horn 或 Franch horn）：又称“法国号”，属中音乐器，音色朦胧、柔和，圆润、高雅，由于它的音色十分接近弦乐器和木管乐器，它常被作曲家们用作弦乐器和木管乐器之间衔接演奏的“连接”或“过渡”。

长号（trombone）：又称“拉管”、“伸缩喇叭”。也属中音乐器，其演奏方法是用“推”、“拉”套管来改变乐器号管的长度，而发出不同高低的声音，声音威武、壮丽。通过对号管的“伸缩”，还能演奏出音乐中有特殊需要的“滑音”来。

大号（tuba）：属低音乐器，声音低沉、浑厚。演奏员是将其抱着吹奏的。

4. 键盘乐器

钢琴、钢片琴、木琴等。这些乐器都设置有键盘，故称为“键盘乐器”，但其结构不完全相同。

钢琴（piano）：一般从低音到高音有 88 个键，琴键按 12 平均律半音排列，7 个白键 5 个黑键为一组，共有 7 组半，音域较宽。演奏者弹奏黑白键，联动音槌，敲击琴弦而发声。还有 2—3 个踏板可控制音量大小及延音和制音，表现力特强。

木琴（xylophone）：是用长短不同的硬木条（片）组成，每根木条有固定的、不同的音高，如钢琴键盘那样排列，木条下安装不同长短的管子，用木制或硬橡胶制的琴槌敲击木琴键的方法演奏。

钟琴（glockenspiel）：也有叫“钢片琴”、“铝片琴”的，与木琴很相似，不过用的不是木条，是金属片。也如钢琴键盘那样排列，用软、硬不同的槌头敲击钟琴键的方法来演奏。

5. 打击乐器

是通过敲击、碰撞、摇晃等手法发声的有关物体，专为演奏音乐用的称为“打击乐器”。大体可分两类：一类是可变音高的，另一类是不可变音高的。

可变音高的有：

（1）定音鼓：一种在鼓面周围有若干个螺旋装置，在鼓身下还装有踏板，用以调节音的高低。鼓槌头可根据音乐表现的需要以毡、海绵或其他物质包裹以发出不同的声音。其由弱到强的音量幅度相当宽广，弱音微妙而柔软，强音则似雷鸣般的气势磅礴。

（2）排钟：“管式钟琴”，是由一系列长短不等的金属管，悬挂在一个框架上，以木槌敲击发声，声音清脆、动听。

不可变音高的有：

（1）皮革类：大军鼓、小军鼓、铃鼓……

（2）金属类：铙钹、锣、碰铃、三角铁或称三角铃……

（3）木制类：木鱼、响板（响筒）……

乐队里很少用或基本不用的还有“弹拨乐器”，如：吉他（guitar）、曼陀林（mandolin）等，拟不赘述。

三、常见的乐队及其分类

1. 管弦乐队（orehestra）

“管弦乐队”又称交响乐队。是以管乐（包括木管、铜管）、弦乐和打击乐为主体，编制较大的乐队的统称。

管弦乐队（交响乐队）一般由弦乐、木管、铜管、打击乐 4 个乐器组组成，除打击乐器组外，其他乐器组基本上都分为 4 个声部，也有多于或少于 4 个声部的。（分别以 I、II、III、IV 表示 4 个声部）

（1）弦乐组：

I—— 小提琴 1（第一小提琴）

II—— 小提琴 2（第二小提琴）

III—— 中提琴

IV—— 大提琴，倍大提琴

弦乐组占乐队乐器总数的 60% 左右。

（2）木管组：

I—— 长笛（有时还有短笛）

II—— 双簧管（有时还有英国管）

III—— 单簧管

IV—— 大管

木管组占乐队乐器总数的 15% 左右。

（3）铜管组：

I—— 小号（短号）

II—— 圆号

II—— 长号

IV—— 大号

铜管组占乐队乐器总数的 15% 左右。

（4）打击乐组：由定音鼓，大、小鼓，三角铁，钹，锣，木鱼，响板等乐器组成，占乐队乐器数的 10% 左右。

打击乐组的演奏员，往往一人可兼奏几件打击乐器。

根据作品的需要，乐队中乐器的使用会有增、减。如增加钢琴、竖琴、木琴等。

交响乐队或管弦乐队的“编制”，有“二管制”、“三管制”、“四管制”的说法。所谓“× 管制”一般是以木管乐器的数目来确定的，如乐队用了 2 支长笛、2 支双簧管、2 支单簧管、2 支大管，就称“二管制”乐队，如木管乐器各用 3 支或 4 支，则称“三管制”或“四管制”，木管乐器的增加或减少，为求得乐队各乐器组之间音量的平衡、协调，其他乐器组的乐器数也相应地增加、减少。同时也表明乐队规模的大、小。

交响乐队或管弦乐队的人数，有二三十人的，也有一百多人的。18 世纪中、下叶的乐队只二三十人，18 世纪末至 19 世纪初，贝多芬的交响曲就用了四五十人的乐队，现代的乐队一般都是 80—120 人，甚至更多。

2. 管乐队（band）、铜管乐队、军乐队

“管乐队”又称“吹奏乐队”。是以木管乐器和铜管乐器为主，加上部分打击乐器组成的乐队。以铜管乐器为主，有时加一些木管乐器组成的称“铜管乐队”；演奏“典礼音乐”和鼓舞军队士气为主的管乐队称“军乐队”。

由于管乐队的演奏者可以站立吹奏，且声音洪亮，可以在室外和广场演奏，也能在行进中演奏。当然也可以在室内或音乐厅演奏。

还有以弦乐器为主的“弦乐队”，以打击乐器为主的“打击乐队”，由各国、各民族特有的乐器组成的各种民族乐队或混合乐队。

以上各种乐队都可能根据演奏乐曲的需要，增加少量的其他组别的乐器。

各种乐器的不同音色，不同的演奏技巧和演奏方法，各种乐器的不同组合以及乐队规模的大小，其表现力及所能表现的意境是各不相同的，甚至大相径庭。如前面提到圣·桑的《天鹅》，是以“大提琴”为主奏的，若用“长笛”或“小号”来演奏，还能否刻画出水中“天鹅”的可爱形象？若再用规模庞大的乐队来演奏，又将会是一种什么情景呢？

【欣赏提示】欣赏者不仅应识别、了解各种乐器和乐队，还应努力在“欣赏实践”过程中，逐步掌握、辨别各种乐器的音色特点，加深对不同乐器、不同乐队的了解，了解它们的表现手段、表现方法和由此而表达的情绪、内涵，以不断提升自己的欣赏能力和欣赏水平。

第五节 音乐作品的曲式结构

一、音乐作品的“篇章结构”

音乐作品与其他艺术作品一样，有它本身的体裁和结构样式。“文学”有长、中、短篇小说，各种诗体、文体和其他各种文学体裁，字、词、句是它们构成的基本元素，

文学还讲究“布局”和篇章结构；“绘画”有油画、国画、水彩（粉）画、壁画、版画、漫画、连环画等等不同的画种，线条、色彩、光线是它运用的基本元素，它也有自己的构图原则。各异的文体、不同的画种这些表现“形式”，都是在表现相应内容的过程中形成的。一定的内容，要有一定的形式来表现，不同的内容，就有了不同的表现形式。

“起、承、转、合”是许多艺术作品，表达情绪、情感，思想内容常用的、带规律性的一种表现手法。每一件艺术作品，首先是呈现作品的主题，有对主题的对应或补充，接着是对主题的发展或变化，最后是互相（前后、上下、左右）呼应，统一、圆满地结束。作品的“结构形式”与“表达内容”的统一，两者“相辅相成”，才是完美的艺术。所以任何艺术种类（包括音乐）的结构“形式”与其所表现的“内容”都是同等重要的。

音乐家们创作的音乐作品也不例外，也讲究形式与内容的统一。

二、重复、变化，对比、统一的构成原则

音乐作品是一种“时间”艺术，是在时间的进行中展示的。虽然也可以反复地听、局部地听，但由于音乐毕竟是“无语义”、“无视觉形象”的，且具有“不确定性”等特性，是要依赖于人们的听觉来感受、体验和理解的。所以在构成音乐的过程中，为加深欣赏者的听觉（音乐）记忆，音乐在陈述、展示、表现的方法上，总是以“重复、变化”和“对比、统一”为其基本原则（文学作品的谴字、用词、造句一般是忌讳重复的），对某些音乐素材的反复出现、反复运用是其重要的特征：可以是完全重复，也可以是带有一点变化的重复；可以在原音乐素材的基础上升高或降低若干度（或反向）做模仿进行——“模进”；可以在不脱离原音乐素材的基础上，做旋律的、节奏的、节拍的、调性的、和声的等种种变化——“变奏”进行。

音乐作品的结构形式，是一门独立的“学科”——曲式学。同样的没有可能也没有必要在这里就曲式学进行专门的学习和探讨。根据音乐艺术的基本特点，构成音乐的基本规律和欣赏音乐的需要，对音乐的结构形式做些常识性的介绍还是必要的。如：

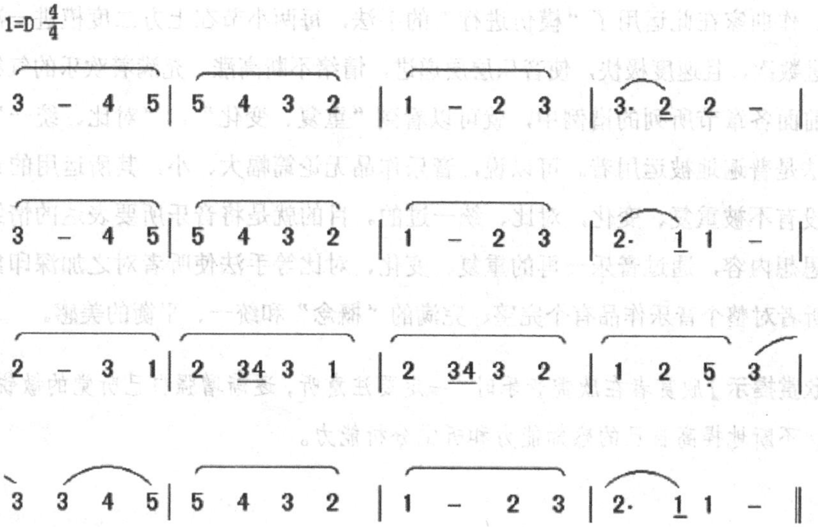

贝多芬的伟大作品之一，Op.125《第9交响曲》（合唱）第四乐章的第一主题，也是广大音乐爱好者所熟知的《欢乐颂》的主旋律。开始由大提琴和倍大提琴奏出。工工整整的16小节，除第12小节中有2—5是下行5度跳进外，其余基本用的是级进进行。第12小节中的5是前一句的句末音，后面的3是另一句的开始音，这个6度大跳，实际上它的“跳跃性”已被“中断”而弱化了。5—8小节是1—4小节的重复，只是最后有一点变化，13—16小节又重复了一次，整个16小节，有12小节（3个4小节）是用了相同的音乐素材，只是9—12小节是对比性的4小节。这16小节，以句为单位可图示为a—a—b—a。音域是在一个8度以内，由于是以平稳的级进为主，又有多次重复，因此，这16小节《欢乐颂》的主旋律被人们深深地印在了脑海之中，并十分清晰地感受到了希望人们相亲相爱、欢乐和平的强烈愿望。又如：

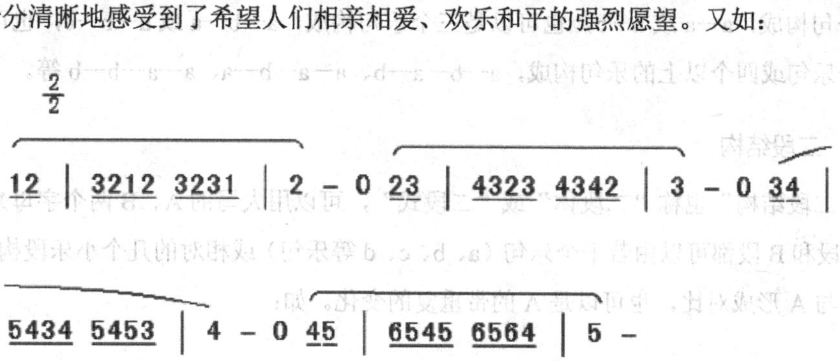

奥地利作曲家莫扎特于1786年4月完成的歌剧K.492《费加罗的婚礼》中的序

曲片断。作曲家在此运用了“模仿进行”的手法，每两小节在上方二度模进一次，连续模进数次，且速度极快，使音乐层层递进，情绪不断高涨，充满着欢乐的气氛。

从前面各章节所列的谱例中，就可以看到“重复、变化”，“对比、统一”的表现手法是普遍地被运用着。可以说，音乐作品无论篇幅大、小，其所运用的音乐素材，没有不被重复、变化，对比、统一过的。目的就是将音乐所要表达的情绪、情感、思想内容，通过音乐一再的重复、变化、对比等手法使听者对之加深印象，也是使听者对整个音乐作品有个完整、完满的“概念”和统一、平衡的美感。

【欣赏提示】欣赏者在欣赏音乐时，一定要注意听，逐渐增强自己听觉的敏锐性、灵敏性，不断地提高自己的感知能力和听觉分析能力。

三、音乐作品的乐段结构

对所用音乐素材的重复、变化，对比、统一，只局限在较小的音乐结构单位——分句或乐句。扩大一点就是“乐段”和“乐章”，犹如文学作品的“段落”与“章节”。大型的音乐作品有单乐章的，如交响诗、序曲等；有多乐章的，如组曲、奏鸣曲、交响曲、协奏曲等。每个乐章都由若干乐段构成。一般每个乐段可以是一段结构，也可以是二段结构、三段结构组成（还有多段结构的）。

1. 一段结构

“一段结构”也称“一段体”或“一段式”，可用大写字母A来表示。可以是两个乐句构成，a—a或a—b，也可以是三个乐句构成，a—b—a或a—b—c，也可以是四个乐句或四个以上的乐句构成，a—b—a—b、a—a—b—a、a—a—b—b等。

2. 二段结构

“二段结构”也称“二段体”或“二段式”，可以用大写的A、B两个字母来表示。A段和B段都可以由若干个乐句（a、b、c、d等乐句）或相对的几个小乐段构成，B可以与A形成对比，也可以是A的带重复的变化。如：

索尔维格之歌

挪威作曲家爱德华·格里格（Grieg Edvard Haserup 1843-1907），为挪威著名文学家易卜生创作的五幕幻想寓言剧——《培尔·金特》的配乐，共配了22段音乐。作曲家从中精选了8段，改编为《培尔·金特》“第一”和“第二”两套组曲，后成为欧洲音乐史上的传史之作。《索尔维格之歌》是第二组曲中的第四首。索尔维格是位可爱的农家姑娘，深爱着放荡不羁、在外流浪的农村小伙子培尔·金特，这段音乐表现了索尔维格对心爱之人的思念之情（请哼唱几遍）。这是一首明显的A、B式的二段结构作品。A段是a小调，4/4拍子，速度为行板，由a—a—b—b四个4小节乐句构成，旋律走向主要是级进和小跳，显得平稳而抒情；B段转为A大调，改成 3/4 拍子，速度为小快板，与 A 段在调性、旋律、节奏、节拍、速度等诸多表现手段都有明显的对比，大调旋律显得更为明朗、有期盼、有希望。

3. 三段结构

“三段结构”也称“三段体”或“三段式”，一般用大写的 A、B、A 来表示（也有用 A、B、C 的）。因为在三段结构的音乐作品中，第三个段落一般是第一段落的再现（重复）。每一段也是可以由若干乐句和相对小的几个乐段构成。

以上三种结构可以分别地构成独立的乐曲，也可以是大型乐曲中的相对独立的一个乐段。

四、大型的曲式结构

音乐作品中的组曲、套曲都是篇幅较长、结构庞大、曲式复杂的乐曲。但我们仍然可以从“重复、变化，对比、统一”这种音乐表现的基本手法中，通过听觉分析，将“庞大”的、“复杂”的曲式结构“简约化”、“符号化”，再转化为音乐记忆，使复杂的可以变得不再复杂。现简要介绍如下。

1. 变奏曲式

“变奏曲式”是先出现一个自成段落的“主题”，然后通过不同手法对主题的旋律、节奏、节拍、和声、调式调性等加以变(形)奏，变奏次数少则 3—4 次、5—6 次，多则数十次（贝多芬就写过有 32 次变奏的）。使主题能得到多方面的变化和发展，由于每一变奏基本上不脱离“主题”（原音乐素材），所以使整个乐曲既有“变化”的新意，又有相对完满的统一。这是作曲家们在音乐作品中常用的一种“曲式”结构。其图示为：A A1 A2 A3……

奥地利作曲家舒伯特于 1817 年创作了歌曲《鳟鱼》，表现了对小鳟鱼不幸遭遇的同情和对渴望自由的期盼。两年后，又以歌曲中的部分旋律作为“主题”写成“变奏曲”，作为 Op.114《鳟鱼钢琴五重奏》（钢琴与一组弦乐四重奏）中的第四乐章。

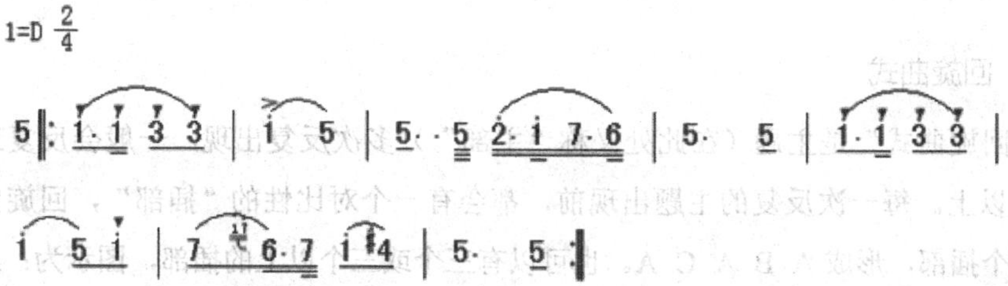

此谱例即是歌曲《鳟鱼》中用来做“变奏曲”主题的一部分。全曲共有5次变奏，第1变奏是在钢琴的高音区上进行：

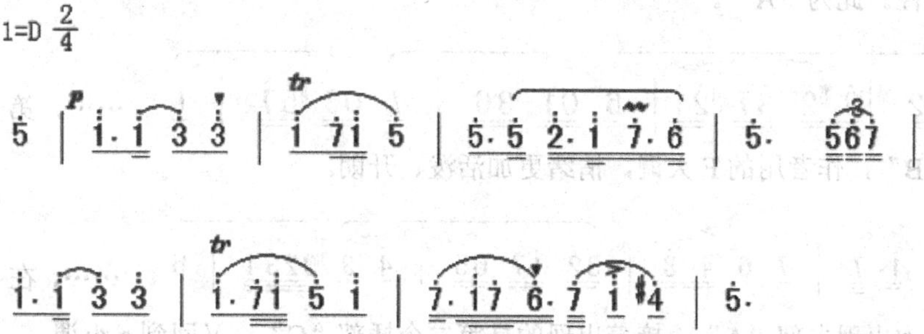

请注意音乐进行中，运用了各种不同的演奏“记号”（强弱记号，顿音、颤音、波音、连线等记号），使原音乐主题有了明显的变化（请试唱一下），听者会有新鲜的感受。

第2变奏是由中提琴主奏，第3变奏是由大提琴和倍大提琴主奏，第4变奏时主题由D大调改为d小调，节奏、力度也有了变化：

原主题D大调 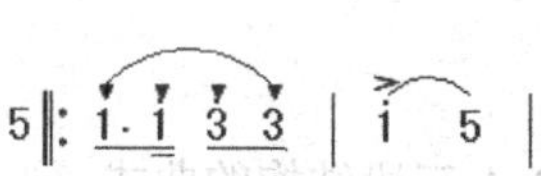

此变奏为d小调 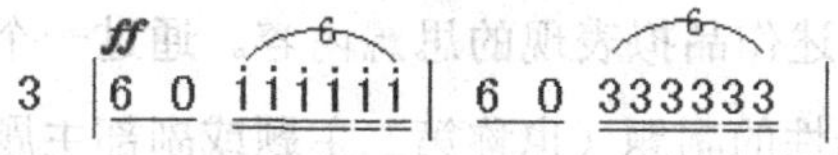

第5变奏由大提琴主奏，调式调性又都有变化。

每一次变奏，除主奏乐器对主题旋律进行变奏外，其他乐器同时做相应的陪衬和呼应。

此曲的图示可为：A A1 A2 A3 A4 A5

2. 回旋曲式

“回旋曲式”是主题（在此处又称“主部”）多次反复出现，一般会反复三次或三次以上。每一次反复的主题出现前，都会有一个对比性的“插部”，回旋曲至少有两个插部，形成A B A C A。也可以有三个或三个以上的插部，图示为：A B A C A D A……A。最后主题又一次再现，以统一、结束全曲。

贝多芬作于1810年的钢琴曲WoO.59《致爱丽丝》，就是一首回旋曲式的小品，主部先后出现了三次，用了两个插部。主部为a小调，3/8拍子。旋律明快、流畅，极富歌唱性。此为“A”。

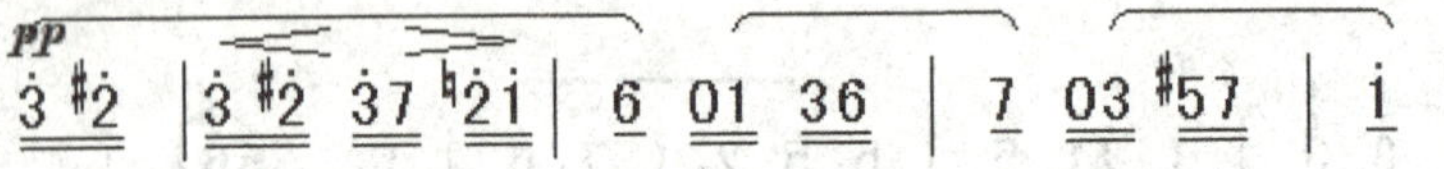

……，第一个插部为“B”，作者用的F大调，情绪更加活泼、开朗。

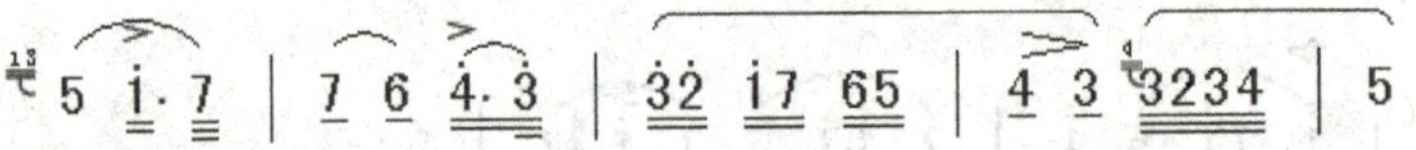

……，在“B”之后，再次出现主部“A”，接着出现的是第二个插部“C”，又回到a小调，

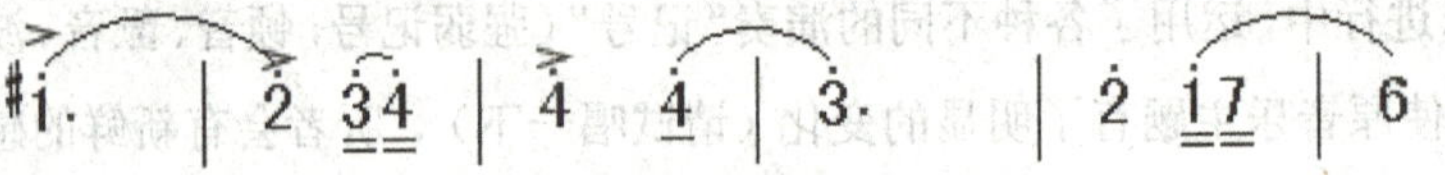

……，最后又再现一次主题，在美好的回忆中轻柔地结束全曲。

此曲的图示为A B A C A

3. 奏鸣曲式

“奏鸣曲式”是一种大型的A B A三段结构的曲式。

A段是呈示部，陈述作品拟表现的思想内容。通过一个主题（也称第一主题或主部主题）和一个对比性的副题（也称第二主题或副部主题）呈示出来。这种对比不仅表现在旋律上，在调性上也有明确的对比。若主题是以主调（可以是任何一个大、小调）呈示，副题则应转入新调，一般是以主调上5度的属调或是关系调、同名调来展示。这是A段呈示部的主体。另外还可能在主部主题前，即乐曲一开始有一个“引子”（有的没有），在主部主题与副部主题之间会有一个“插句”，也称“连接部”，在副部主题后会有一个“结束句”，也称“结束部”。

呈示部：（引子）—主部—（连接部）—副部—结束部

B段是展开部，也称发展部，犹如文章中“转”的手法。主要是以呈示部的主题为素材，通过调性的、旋律的和其他各种变化手段，充分地加以变化、发展，将主、副部呈示的“对比性”的思想内容，进一步地展示和“剖析”，使听者感到有一种“新意”。

第二个A段是再现部（也称复示部），基本上是呈示部A段的再现。使音乐通过呈示、展开以后，求得全曲首尾的统一。其中很重要的一点是主、副部的再现，都出现在主调上，不再如呈示部那样有对比性的调性出现。主、副部的调性一致，是再现部的重要特征之一，也是全曲得以统一，“起、承、转、合”最后“合”的重要因素。全曲结束时，常常会有一个或长、或短的尾声——“结束部”，使乐曲终止得更完满。

“奏鸣曲式”在欧洲古典音乐中，具有极其重要的地位。由于它根据人们听觉对音乐的要求，充分体现了“重复、变化，对比、统一”的基本表现手法，且其结构又较完整：呈示、展开、再现；两个对比的主题（或许是矛盾的冲突，或许是情绪的对比）；调性的变化、对比、发展；引子、插部、结束部的运用等。18世纪以来的作曲家们，在自己的作品中，大量地运用了这一曲式结构，往往用作“室内乐”（即各种“重奏”）、奏鸣曲、交响曲、协奏曲等大型套曲中的第一乐章，也有用在其他乐章的。19世纪的序曲、交响诗等单乐章的作品，也常常用“奏鸣曲式”写成。其重要性可见一斑。

【欣赏提示】在音乐欣赏实践中，要仔细听辨并逐步熟悉、了解音乐作品的曲式结构，这是十分重要的。更重要的是要感受、理解作品之所以运用这样的结构形式的原因，其所表达的情绪和内涵；以及这种结构的对称、对比，变化、统一，均衡、稳定……的“结构美”、“形式美”。

第六节　音乐作品的体裁

一、常见欧洲古典音乐作品的“品种”

欧洲“文艺复兴”以前，就声乐和器乐而论，声乐占主导地位。由于当时的生产工艺不甚发达，乐器制造技术的局限，乐器种类不是很多，乐器的音域也不宽，主要是为歌唱、舞蹈做伴奏，专门的“器乐”曲相对较少。

“文艺复兴”时期及以后，由于冲破了宗教的桎梏，人们的精神世界、科学技术、社会生产力得到了一次解放，社会各方面都有了很大的变化，特别是在文化艺术领域（包括音乐）有了不同寻常的进步。又由于生产工艺的发展，乐器制作、乐器种类及“器乐音乐”也得到迅速的发展，由乐器、乐队演奏的器乐曲逐渐多了起来，迎来了器乐音乐的兴盛时期，并出现了许多不同的乐曲体裁样式。

二、欧洲古典音乐中常见的器乐曲体裁

1. 组曲（Suite）

“组曲”是由若干首不同风格、具有相对独立性的舞曲组成的管弦乐曲或钢琴套曲。

第一首一般为“阿勒曼德”（Allemande）舞曲，起源于德国，是安静、平稳、中速的四拍子；

第二首为“库朗”（Courante）舞曲，起源于法国，是活泼、快速的三拍子；

第三首为“萨拉班德”（Sarabande）舞曲，流行于西班牙，是慢速的三拍子，第二拍常为强音；

最后一首一般为“基格”（Gigue）舞曲，相传起源于意大利，是一种急速的三拍子舞曲。

除上述四首相对（不是绝对）固定的舞曲外，有时在组曲开始时有一短小的“序曲”（前奏曲），在第二首或第三首之后，插入一两首其他舞曲，或“小步舞曲”（Menuet），或“加伏特”（Gavotte）舞曲，或“布莱”（Bourree）舞曲等。

组曲内各舞曲之所以这样排序，主要是使组曲的整体以及曲与曲之间在速度上、节拍上有所对比、变化。如上述四种舞曲从速度上的排列看，是中—快—慢—更快（急速），其“调性”却是统一的，即组曲包含的所有舞曲，都是用统一的一个“调”。这种“组曲”也称为“古组曲”或“德国组曲”。它为后来多乐章体裁的音乐奠定了基础。巴赫曾写过许多这样的组曲。前面提到的《G 弦上的咏叹调》，就是巴赫《D 大调第三管弦乐组曲》中的第二首。

19 世纪以来，有作曲家从歌剧、舞剧、戏剧音乐中摘选若干精彩的段落，形成一种仍能基本概括剧情的“组曲”。称为“情节组曲”或“现代组曲”的。如：

精选自法国作曲家比才的歌剧《卡门》的《卡门组曲》；

精选自俄罗斯作曲家柴可夫斯基的舞剧《天鹅湖》、《胡桃夹子》的《天鹅湖组曲》（Op.20a）和《胡桃夹子组曲》（Op.71a）；

精选自挪威作曲家格利格的戏剧音乐《培尔·金特》的《培尔·金特》第一组曲（Op.46）、第二组曲（Op.55）；

…………

也有根据特定内容而专门写作的组曲，如里姆斯基·科萨科夫作曲的 Op.35《舍赫拉查达》等。

2. 室内乐（Chamber music）

“室内乐”原来是指在王公贵族们的客厅里（非教堂、剧院、音乐厅、广场）演奏的音乐。现在一般是指每个声部只用一件乐器演奏的音乐，主要是指各种“重奏”。如：“二重奏”、“三重奏”等。

有以两把小提琴（分两个声部），中提琴，大提琴四件乐器组成的“弦乐四重奏”；

以钢琴加“弦乐四重奏”组成的“钢琴五重奏”；

以小提琴、大提琴、钢琴组成的“钢琴三重奏”；

木管或铜管“三重奏”、“五重奏”、“六重奏”等。

由于是小型演奏，且每个声部都有相对的独立性，主要靠演奏员之间的默契，故不设“指挥”。

“室内乐”一般是有三个或三个以上乐章的多乐章结构。18 世纪下半叶、19 世纪上半叶比较盛行。海顿、莫扎特、贝多芬等大师都写了大量的“室内乐”作品，特别是“弦乐四重奏”。如：

海顿的 Op.3，N0.5《F 大调弦乐四重奏》；

莫扎特的 K 525《G 大调弦乐小夜曲》；

柴可夫斯基的 Op.11《第一弦乐四重奏》；

…………

3. 奏鸣曲（Sonata）

“奏鸣曲”是一种乐曲体裁，而前文提到的“奏鸣曲式”（sonata form）是构成音乐的一种结构模式。奏鸣曲里可以用“奏鸣曲式”作为一个乐章。其他大型音乐体裁，如下面要讲到的“协奏曲”、“交响曲”等，也有用到“奏鸣曲式”的。因此，“奏鸣曲”不等同于“奏鸣曲式”，两者不能混淆。

16、17 世纪时，统称器乐曲为“奏鸣曲”。18 世纪初，意大利作曲家多·斯卡拉蒂（Domenico Scarlatti 1685-1757）曾写过许多单乐章的古钢琴奏鸣曲。

18 世纪中、下叶，海顿、莫扎特、贝多芬等写了大量奏鸣曲，为现代“奏鸣曲”体裁奠定了基础。形成了有三个相对独立的乐章构成的器乐独奏套曲。如：“钢琴奏鸣曲”，或一件乐器独奏由钢琴等其他乐器伴奏的“小提琴奏鸣曲”、“长笛奏鸣曲”等。它们几个乐章的格局大体是：第一乐章，快板，“奏鸣曲式”结构；第二乐章，慢板，“三段式”或“变奏曲”结构；第三乐章快板或急板，用“小步舞曲”或“诙谐曲”或“奏鸣曲式”或“回旋曲式”结构……

现在我们接触到的“奏鸣曲”，其三个乐章的速度安排一般是“快—慢—快”，但也不是一成不变的。贝多芬的 Op.27，No.2《#c 小调钢琴奏鸣曲》（月光），全曲三个乐章，第一乐章是 #c 小调，2/2 拍子，以和缓的慢板代替了“奏鸣曲式”的快板，第二乐章是 bD 大调，3/4 拍子的“三段式”结构的小快板，而不是通常的慢板，第三乐章回到 #c 小调，用 4/4 拍子的“奏鸣曲式”，是热烈的急板，形成了慢—快—更快的结构，打破了奏鸣曲各乐章“快—慢—快”的格局。

由于奏鸣曲能在多乐章的结构里，有变化、对比，又能和谐统一，较好地通过音乐陈述思想内容，所以这种体裁得到18世纪以后的许多作曲家的青睐，产生了大量的“钢琴奏鸣曲”和其他乐器的“奏鸣曲”。

贝多芬作的奏鸣曲，计有“钢琴奏鸣曲”32首，“小提琴奏鸣曲”10首，“大提琴奏鸣曲”5首等。其他作曲家的作品不再列举。

4. 协奏曲（Concerto）

独奏乐器与管弦乐队处于同等演奏地位（非处于从属的伴奏地位）的器乐套曲称“协奏曲”（过去有称“竞奏曲”的）。“钢琴协奏曲”是钢琴独奏、管弦乐队协奏，“小提琴协奏曲”是小提琴独奏、管弦乐队协奏，“长号协奏曲”是长号独奏、管弦乐队协奏……有两件或两件以上乐器独奏与管弦乐队一起演奏的称“大协奏曲”。

协奏曲一般为三个乐章，三个乐章的排序、结构与奏鸣曲相仿。第一乐章为快速的奏鸣曲式，第二乐章为抒情性的慢板，浪漫曲或变奏曲式，第三乐章为急速的奏鸣曲式，或回旋曲式，或变奏曲式。

其与奏鸣曲相比，除演奏形式和规模不同外，在第一乐章结束前，往往有一段乐队中止演奏，由独奏者当场即兴发挥，充分展现独奏者演奏技巧的“华彩乐段”。第二、三乐章结束前，有时也有“华彩”的演奏段落，一般不如第一乐章的华彩乐段精彩。自贝多芬开始，华彩乐段多由作曲家写成乐谱，让演奏者按谱演奏，不再是演奏者的即兴表演了。

贝多芬的Op.73《第五钢琴协奏曲》（皇帝），Op.61《D大调小提琴协奏曲》；柴可夫斯基的Op.23《第一钢琴协奏曲》，Op.35《D大调小提琴协奏曲》等都是经典名曲。

5. 交响曲（Symphony）

首先了解一下什么是“交响乐”？什么是“交响曲”？

交响（音）乐是一种统称，泛指由较大型的管弦乐队演奏的音乐，包括后文要提到的如“序曲”、“交响诗”等。有称“管弦乐组曲”为“交响组曲”的，称“管弦乐队伴奏”为“交响乐队伴奏”的。广义地讲，“交响曲”也是“交响（音）乐”的一种。

而“交响曲”是专指有相对固定格式，区别于其他乐曲的一种音乐体裁。是18

世纪中、下叶逐渐形成的管弦乐作品。奥地利作曲家海顿曾写了100多首交响曲，确立了现代交响曲的规范体裁。“交响曲”通常是由4个乐章组成。每个乐章的构成与“奏鸣曲”相似（有交响曲是“管弦乐演奏的奏鸣曲”的说法），不过篇幅更庞大，结构更复杂。

第一乐章是快板，音乐在两个不同性格、带有戏剧性、矛盾性主题的变化、对比中发展而形成。一般用“奏鸣曲式”表现。

第二乐章是慢板，更多的是内心情感、理性思考的表达，是抒情的乐章。

第三乐章一般是中速或快板，常由比较生动、活泼的小步舞曲、谐谑曲等构成。

第四乐章是快板或很快的快板，往往表达一种乐观的、自信的，或胜利的、有希望的思想和情景，多用“回旋曲式”或“奏鸣曲式”的结构形态来表现。

交响曲的篇幅、容量比较大，它的音色丰富、复杂多变，作曲家要想表达的情绪、情感、思想、理念，都能通过交响曲加以表现。交响曲在历史发展的过程中，其固有的格式也随之而发展、变化。根据表达内容的需要，作曲家们往往对交响曲相对固定的4个乐章的格式有所突破。如贝多芬的Op.68《第6交响曲》（田园）就有5个乐章；舒伯特的D759《第八交响曲》（未完成）又只有2个乐章；不少作曲家都写过多于或少于4个乐章的交响曲作品。还有对快、慢结构做变通布局的，如柴可夫斯基的Op.74《第6交响曲》（悲怆），就将“慢板”放在了最后一个乐章。还有在交响曲中加入人声“独唱”、“重唱”、“合唱”的，贝多芬的Op.125《第9（合唱）交响曲》便是。

6. 序曲（Overture）

“序曲”最早是歌剧或戏剧的开场音乐，一般是单乐章的三段式结构。历史上有“意大利序曲”和“法兰西序曲”之分，意大利作曲家斯卡拉蒂所作的序曲是快—慢—快三段式，而法国作曲家吕里所作的序曲正好相反，是慢—快—慢三段式，据此，就有了“意大利序曲”和“法兰西序曲”的说法。

作为歌剧或戏剧的序曲，往往是概括着剧情的精华，如莫扎特的K492《费加罗的婚礼》序曲，贝多芬的《哀格蒙特》序曲，比才的《卡门》序曲等都是经典之作，因此，常脱离剧作而被单独演奏。

19世纪中叶，有不少作曲家用这种体裁写了一些专为音乐会演奏的，非歌剧、戏剧的独立序曲，称为“音乐会序曲”，如：柴可夫斯基的Op.49《1812年序曲》，勃拉姆斯的Op.80《大学庆典序曲》等。

7. 交响诗（Symphonic poem）

“交响诗”多以文学、诗歌、戏剧、传说、绘画等内容为题材，许多是以著名作家、诗人、画家（雨果、歌德、米开朗基罗等）的作品内容为蓝本的。一般是具有抒情性、戏剧性、描述性特点的有标题的音乐，是在“奏鸣曲式”基础上，又不拘一格地、可以相对地自由发挥的单乐章的交响音乐。

19世纪中下叶，“交响诗”是作曲家们比较热衷写作的一种“体裁”。匈牙利作曲家、钢琴家李斯特（Liszt franz 1811-1886）是这一体裁的先行者，他作的“交响诗”有19首之多。他曾以雨果的诗作写了《马捷帕》交响诗（第6首），根据希腊神话故事写了《普罗米修斯》交响诗（第5首），以匈牙利画家齐契的画作内容写了《从摇篮到坟墓》交响诗（第13首）等。

其后不少作曲家在写作过程中又发展了这一体裁。如捷克作曲家斯美塔那（Smetana bedrich 1824-1884）的《我的祖国》，是由6首交响诗组成的，被称为“交响诗套曲”。还有“音诗”、“音画”、“交响童话”等都与“交响诗”没有太严格的区别。如俄罗斯作曲家莫索尔斯基（Mussorgsky. M. P 1839-1881）的《荒山之夜》，鲍罗廷（Borodin. A. P 1833-1887）的《在中亚西亚草原上》，芬兰作曲家西贝柳斯（Sibelius·Jean 1865-1957）的Op.26《芬兰颂》，柴可夫斯基的《罗密欧与朱丽叶》等。

除上述几种主要的乐曲体裁外，还有“随想曲”（Capriccio）、“狂想曲”（Rhapsodie）、“幻想曲”（Fantasia）等，这些都不是大型套曲。它们之间并无严格的区分，一般都带有即兴性，有的融入了民间音乐的音调，总体来讲结构都比较自由，不受各种程式的约束。如：柴可夫斯基的Op.45《意大利随想曲》、李斯特的《匈牙利狂想曲》、格林卡的《卡玛琳斯卡亚》幻想曲等。

另外还有如：“小步舞曲”（Menuet）、“圆舞曲”（Waltz）、“玛祖卡”（Mazurka）、“波洛涅兹”（Polonaise）等许多不同的舞曲，它们各有“节拍”的不同、强拍位置的不同、速度的不同、地域风格的不同。

乐曲体裁的形成，是音乐理论家对大量音乐作品的研究、总结、归纳的结果，应该说是带有一定的规律性，但在实际作品中又不是不能变的。作曲家们在创作实践中，可以依据某一体裁进行创作，也可以参考后而有所突破、变化，也有许多是“另起炉灶”的。随着人类历史的发展，社会文明程度的提高，作曲家们还会不断地创造出各种新的体裁样式来。

【欣赏提示】所以在欣赏过程中，欣赏者只能“参照”，不能机械地拿“乐曲体裁”去一一“对照”。

三、欧洲古典音乐中常见的声乐体裁

1. 声乐套曲（vocal divertimento）

“声乐套曲”是由若干首独唱、重唱、合唱的声乐作品组成的。“清唱剧”、“康塔塔”等就是声乐套曲。也有以若干首独唱曲组成的。如奥地利的舒伯特就创作有三套著名的“声乐套曲”——1823 年作的 D.795《美丽的磨坊女》有 20 曲，其中第一首“流浪”为大家所熟悉；1827 年作的 D.911《冬之旅》有 24 曲，其中第五首“菩提树”流传较广；1828 年作的 D.957《天鹅之歌》有 14 曲，其中第四首“小夜曲”较著名。

2. 清唱剧（Oratorio）

“清唱剧”也有称“神剧”的，因其题材多为《圣经》故事。是一种大型的声乐套曲，从十几首到几十首不等。以“唱”为主，只唱不演，实际并不是“剧”。演唱形式有合唱、重唱、独唱等。如：韩德尔的《弥赛亚》，海顿的《创世纪》、《四季》……

19 世纪清唱剧的题材有所扩大，即除宗教题材外，有历史的或世俗的、现实的题材，往往带有诗史性和戏剧性。有合唱、齐唱、对唱、重唱、独唱、领唱、朗诵等形式。

3. 康塔塔（cantata）

“康塔塔”类似“清唱剧”，是一种多乐章的世俗音乐，也是一种由独唱、重唱、合唱组成的、由管弦乐队伴奏的声乐套曲。规模稍小于“清唱剧”，也有称为“大合唱”的。

4. 歌剧（Opera）、喜歌剧、轻歌剧

“歌剧”是有剧情、有歌唱、有表演、有舞蹈、有乐队伴奏、有灯光布景等因素的综合，并以歌唱为主的一种戏剧艺术。其表演形式有说白、独唱（咏叹调、宣叙调……）、重唱、合唱及序曲、舞曲、幕间曲等。16世纪末产生于意大利，后流行于欧洲。

17世纪末至18世纪中，盛行于意大利那不勒斯的“歌剧”，是以唱为主，演员在演唱时，为表现美妙的声音（美声）和演唱技巧，可以即兴地增加“花腔”性的华彩乐句，也常常可以中断“剧情”来接受听者的掌声，颇为当时的宫廷贵族所称道，当然也有不少反对者，认为这样的歌剧只是供歌唱家们炫耀技巧的一组声乐曲，而牺牲或削弱了戏剧表现力的深刻性和不可替代性。18世纪末即逐渐衰落。

18世纪中、下叶到19世纪，由于歌剧逐渐流行于欧洲，便产生了一批歌剧作家，不少作曲家摆脱了意大利传统歌剧的创作模式，有所突破、有所创新，使欧洲的歌剧艺术达到了一个新的高峰。此时的歌剧故事情节丰富、人物角色众多、音乐更深入地刻画着人物形象与性格。剧中只有唱没有说白，有较大的场面和庞大的乐队伴奏，追求华丽、辉煌的效果，有人称为“大歌剧”；在歌剧幕间加演独立的歌舞表演或滑稽短剧，用以演变、发展，并以民间流行的闹剧、讽刺剧为内容，剧情诙谐、旋律流畅的歌剧，有人称为“喜歌剧”；对19世纪成型的一种带喜剧性、结构篇幅短小、大多为独幕的歌剧，有人称为“轻歌剧”或“小歌剧”。

如今仍有许多经典之作，经常在世界各地（包括中国）的音乐舞台和歌剧院上演，有的还久演不衰。如：

莫扎特的《费加罗的婚礼》；

瓦格纳（Richard Wagner 1813-1883）的《漂泊的荷兰人》、《纽伦堡的名歌手》；

罗西尼（Gioachino Antonio Rossini 1792-1868）的《塞维利亚的理发师》、《威廉·退尔》；

威尔第（Giuseppe Verdi 1813-1901）的《茶花女》、《阿伊达》；

比才的《卡门》；

普契尼（Giacomo Puccini 1858-1924）的《艺术家的生涯》（即《波希米亚人》）、《绣花女》、《蝴蝶夫人》、《托斯卡》、《图兰多特》等。

另外，还有一些宗教的，平时很少听到的如“弥撒曲”、“受难曲”、“安魂曲”、“牧歌”等，也是一些声乐体裁，因接触不会很多，不再一一介绍。

第七节　欧洲古典音乐的风格流派

一、欧洲古典音乐风格流派的发展

在欧洲，不同的历史时期和不同的地域，产生过许多不同的音乐乐（流）派。这些乐（流）派都有着不同的艺术特征和深刻的历史烙印，对欧洲音乐的发展和进步起到过或大或小的历史作用。17 世纪以前，由于有些流派存在的时间较短、人数较少、地域限制、内容局限等因素，又由于当时音乐作品印刷、传递、保存等条件的限制，流传至今的作品少而又少。

“中世纪”之后，特别是“文艺复兴”后的欧洲，教会统治一切的时代已经远去，宗教对社会生活的影响逐渐减弱，以人为本的“人本（道）主义”取代了以神为中心的“神道主义”。从此，欧洲的政治、经济、科学、文化以及社会生活的各个方面都有了巨大的进步。“世俗”音乐的发展，使教会音乐的影响也渐渐地缩小。原来制约音乐发展的印刷、传递等条件也有了明显的改善和提高，使音乐和其他艺术——文学、绘画、戏剧、建筑、雕塑等一起得到了应有的发展。

历史上，有许多作曲家，依据政治、经济、科技、文化等社会生活所反映、形成的“人文思想”，创作了许多伟大的作品。他们在一定历史阶段所形成的音乐乐（流）派，均具有鲜明的时代特色，并推动着社会的进步，极大地拓宽了音乐表现的内容，使音乐创作的技术、表现手法也发生着深刻的变化。欧洲古典音乐主要的几个“乐（流）派”的简要介绍如下。

二、巴洛克时期音乐风格（Baroque music）

“Baroque”仅指17世纪风行于欧洲的一种艺术风格。以后对有别于中世纪教会音乐的，新的、极富表现力的、相对生动的音乐称为“巴洛克音乐”。其基本特征是：作品的结构严谨，气势宽广，高贵华丽，且富于“装饰”。反映了当时世俗音乐生动的新的风格，与旧的、相对“静”的教会音乐相比，有着强烈的风格上的对比，颇为当时的贵族们所欣赏和推崇。

巴洛克音乐作为一个音乐流派，其主要人物有意大利的蒙特威尔第（Claudio Monteverdi 1567-1643）、法国的吕里（J. B. Lully 1632-1687）、意大利的维伐尔地（Antonio Vivaldi 1675-1741）等，最有成就又有杰出贡献的代表人物则是韩德尔和巴赫。

“欧洲音乐史”一般将1600—1750年认为是“巴洛克音乐”时期，因为是16世纪以后产生的此乐（流）派，就定1600年为起始年，由于巴赫是巴洛克音乐的杰出代表，故以他逝世的1750年作为巴洛克音乐的一个历史时期的结束时间。

现在可以经常听到的作（精）品有：

维伐尔地的小提琴协奏曲Op.8 No.1—4《四季》，特别是第一首《春》；

韩德尔的管弦乐曲《水上音乐》、清唱剧《弥赛亚》中的合唱《哈利路亚》；

巴赫的BWV1047《第二勃兰登堡协奏曲》、管弦乐组曲2号、3号，《平均律钢琴曲集》。

三、维也纳古典乐派风格（Classical，Classicism）

“古典乐派”是特指资本主义上升时期，以维也纳为中心所形成的一个乐派，也称“维也纳古典乐派”。通过欧洲的启蒙运动和法国的资产阶级大革命，打破了“僧侣、贵族、市民”三个等级的“等级制度”。在此背景下，古典乐派的基本特征是：内容上较为理性，力图摆脱封建贵族的思想束缚，反映新兴市民阶层的精神面貌；在形式上讲究作品的结构严谨、工整、均衡；在创作技法上加强了音乐中的对比、矛盾、冲突，增强了音乐的表现力；并确立了奏鸣曲、交响曲等体裁形式。对欧洲和其他国家的音乐发展产生着深远的影响。

古典乐派的杰出代表，是活跃在奥（地利）国维也纳的奥地利作曲家海顿、莫扎特和德国的贝多芬，他们作为"天才的、不朽的作曲家"，创造了大量的不朽之作，有许多作品，在当前的世界音乐舞台上，演出频率仍是最高的。有不少也是我们普通中国听众所耳熟能详。

"欧洲音乐史"一般将1750—1827(1820)年认为是"古典乐派"时期。为了能与"巴洛克音乐"时期的年代衔接上，所以将古典乐派的起始年定为1750年，又由于贝多芬是古典乐派的杰出代表，故将贝多芬逝世的1827年作为古典乐派的结束。

我们现在能经常听到的作（精）品有：

海顿的《第94交响曲》（惊愕）第2乐章，其他交响曲及室内乐；

莫扎特的K550《第40交响曲》，K492歌剧《费加罗的婚礼》中的"序曲"、"咏叹调"，以及一些协奏曲和室内乐；

贝多芬的Op.67《第五交响曲》（命运）、Op.68《第6交响曲》（田园）、Op.55《第三交响曲》（英雄）、Op.125《第9交响曲》（合唱）、Op.61《D大调小提琴协奏曲》、Op.84《哀格蒙特》序曲、Op.13《第8c小调钢琴奏鸣曲》（悲怆）、Op.27 No.2《第14 #c小调钢琴奏鸣曲》（月光）、Op.57《第23 f小调钢琴奏鸣曲》（热情）。

（"古典乐派"是专指音乐发展史上的一个特定的流派，即"维也纳古典乐派"。一般统称的"古典音乐"，是泛指20世纪以前的欧洲音乐，是与20世纪的"现代音乐"相对应的一种说法。）

四、浪漫主义乐派风格（Romantic，Romanticism）

19世纪的欧洲社会，人们追求着资产阶级民主和人的个性解放，盛行着浪漫主义思潮。由此也形成了音乐领域的浪漫乐派，它既传承着古典乐派的精华，又反对其音乐中的理性思维和严谨的结构形式。因此，浪漫乐派的基本特征是内容上强调个人的主观意识，注重表现人们的日常生活，以表达个人内心世界为主；在情绪情感上，着重于抒情性、幻想性；在形式上，多单乐章的小品，不拘泥于前人所确立的曲式结构，多有突破、创新，结构形式甚为自由。

"欧洲音乐史"一般将18世纪20年代到19世纪末、20世纪初认为是"浪漫乐派”时期。浪漫乐派在近一个世纪里出现了很多名家名作，在此不能一一列举，我们能经常听到他们作品的有：

奥地利舒伯特的几百首“艺术歌曲”，著名的有《小夜曲》、《魔王》、《鳟鱼》、《野玫瑰》、《流浪者》、《第八（未完成）交响曲》；

德国门德尔松（Felix Mendelssohn Bartholdy 1809-1847）的钢琴曲“无词歌”中的Op.62 No.6《春之歌》、Op.64《e小调小提琴协奏曲》、Op.21序曲《仲夏夜之梦》等;

波兰的肖邦（Fryderyk Franciszek Chopin 1810-1849），主要是钢琴作品，有Op.18 No.12《革命练习曲》、Op.18 No.5《黑键练习曲》、Op.53《军队波兰舞曲》（bA大调波兰舞曲）及一些《圆舞曲》、《夜曲》、《玛祖卡》舞曲等;

匈牙利李斯特（Liszt Franz 1811-1886）的交响诗《塔索》、《前奏曲》，钢琴曲《匈牙利狂想曲二号》、《爱之梦》等；

法国圣·桑（Camille Saint-Saens 1835-1921）的Op.28小提琴与乐队《引子与回旋随想曲》、组曲《动物狂欢节》等;

法国比才的歌剧《卡门》、管弦乐组曲《阿莱城姑娘》等；

俄罗斯柴可夫斯基的Op.49《1812年序曲》、Op.35《D大调小提琴协奏曲》、Op.23《降b小调第一钢琴协奏曲》、Op.74《第六（悲怆）交响乐》，歌剧《叶甫盖尼·奥涅金》，Op.20a《天鹅湖》组曲，Op.71a《胡桃夹子》组曲，Op.66a《睡美人》组曲；

奥地利约翰·施特劳斯（Johann Strauss 1825-1899）的《圆舞曲》有几百首之多，大家比较熟悉的有Op.317《蓝色多瑙河》、Op.410《春之声圆舞曲》、Op.325《维也纳森林的故事》、Op.437《皇帝圆舞曲》、Op.316《艺术家的生涯》等。

五、民族乐派风格（Nationalism）

“民族乐派”又称“国民乐派”，是浪漫乐派中、后期在欧洲兴起的一个流派。民族乐派可以说是把浪漫主义的个人的、主观的意识扩大为民族意识，强调反映本民族的历史、人物故事、民间传说、风土人情，运用本民族的民间音乐素材，结合西欧的音乐创作技法，创作出极具民族精神和民族特色的音乐作品。

在俄罗斯，格林卡是先行者，后有巴拉基列夫（Balakirev M. A. 1837-1910）、穆索尔斯基（Mussorgsky M. P. 1839-1881）、里姆斯基·科萨科夫

（Rimaky-Korsakov N. A.）、鲍罗廷（Borodin A. P. 1833-1887）、居伊（Cui C. A. 1835-1918）五位形成的“强力集团”，又称“巴拉基列夫小组”或“五人团”。他们受当时革命民主主义思想的影响，以反映俄罗斯人民的生活、反抗沙皇的封建统治，发扬和促进俄罗斯民族音乐为宗旨，深刻地影响着后来的俄罗斯音乐。

在东欧有捷克的斯美塔那（Bedrich Smetana 1824-1884）、德伏夏克；

匈牙利的巴尔托克（Bartok Bela 1881-1945）；

罗马尼亚的艾奈斯库（George Enescu 1881-1955）；

北欧有挪威的格里格（Edvard Grieg 1843-1907）、芬兰的西贝柳斯（Jean Sibelius 1865-1957）等。

可选听的作品有：

俄罗斯格林卡的歌剧《伊凡·苏萨宁》选曲、《鲁斯兰与柳德米拉》序曲，管弦乐曲《卡玛林斯卡娅幻想曲》等；

穆索尔斯基的管弦乐曲《荒山之夜》、组曲《展览会中的图画》、讽刺歌曲《跳蚤之歌》等；

里姆斯基·科萨科夫的Op.35交响组曲《舍赫拉查达》（又名“天方夜谭”或“一千另一夜”）、Op.34《西班牙随想曲》等；

捷克斯美塔那的交响组曲《我的祖国》、歌剧《被出卖的新嫁娘》选曲等；

德伏夏克的Op.95《e小调第9交响曲》（自新大陆）、Op.104《b小调大提琴协奏曲》、《斯拉夫舞曲》、歌剧《水仙女》选曲等；

挪威格里格的Op.46《培尔·金特》第一组曲、Op.55第二组曲；

芬兰西贝柳斯的Op.26音诗《芬兰颂》。

20世纪前后，还有“印象（主义）乐派”。20世纪以来的现代派音乐，在音乐创作理论和技法上，又有了许多新的手法。如“十二音体系”、“序列音乐”、“具体音乐”、“偶然音乐”、“电子音乐”等，上列各种流派及新的创作理论、技法，因非“古典”范围，故从略。

【欣赏提示】在音乐欣赏实践过程中，认真地听辨各个不同乐派的不同点，是至关重要的，它们通过不同的表现手段（旋律的、节奏的、和声的），不同的曲式结构，表现着不同的情绪、内容，不同的时代特征，不同的音乐风格。听到一个音乐作品，大体能意识到是哪个时代，哪个乐派的作品，就相当不错了，若再进一步能听出是哪位作曲家的作品，那就达到了相当的水平。这不是做不到的，“世上无难事，只怕有心人”。

第八节 音乐欣赏中的常识与素养

一、纯音乐与无标题音乐

“纯音乐”即“无标题音乐”，它既无文字标题做提示，又无歌词做内容的表述，实际上也不是文字、语言所能达意的一种音乐。一般都是由乐器演奏的纯器乐音乐。它常以音乐作品的“调名 + 体裁”作为曲名，如：《A 大调钢琴奏鸣曲》、《F 大调弦乐四重奏》、《D 大调小提琴协奏曲》等，有时还加上作品的排序号如：《e 小调第 9 交响曲》等。

正由于没有标题，听者有了更广阔的联想空间和想象余地。虽然不知道作品表达的具体内容，但音乐通过其基本要素及各种表现手法，仍然能使欣赏者感受到音乐所表达出的情绪、情感和音乐作品的形式美、结构美。

二、标题音乐

“标题音乐”是“无标题音乐”、“纯音乐”的对应词，是指有文字（文学性）作标题的音乐作品。音乐作品有了标题，就大体提示了该作品所表现的内容；标题还可以帮助、诱导听者充分地发挥自己的想象力。同时，又由于概括作品内容的“标题”总有一定的局限性，因此，听者又不能完全受标题的“束缚”，而“过分地”依赖于标题的提示去感受、理解音乐。

标题音乐虽然在 18 世纪前就偶有出现，但直到 19 世纪浪漫乐派时期，才被作曲家们大量运用。如：柴可夫斯基的《1812 年序曲》，圣·桑的《动物狂欢节》，莫索尔斯基的《展览会上的图画》，斯特劳斯的许多圆舞曲——《蓝色多瑙河》、《维也纳森林的故事》等，以及《雷电波尔卡》等许多波尔卡舞曲。

以上列举的都是“标题音乐”，“标题”提示着作品相对具体的内容。除此之外还有一种“标题性音乐”，只提示一个大概念、大范围，没有具体内容的指示。如：柴可夫斯基的《第6（悲怆）交响曲》，就是“标题性”的，仅提示、表达了悲剧性的情绪、情感，并不像他的《1812年序曲》那样，表明着是描绘一场具体的战争过程与情景。

三、主调音乐与复调音乐

音乐产生时的原始形态，是单声的，一个人唱或众人一起唱，都只有一个声部——“单声部”（单声音乐）。随着社会生活的发展、变化、进步，单声部的音乐已不足以反映、表达人们变化着的思想、情感，才逐渐地发展成有丰富表现力的“多声部”。“多声部”在漫长的历史进程中，又经历了“复调音乐”和“主调音乐”两个阶段。

“复调音乐”属于多声部音乐，是“主调音乐”的对称。是由两个或两个以上旋律同时进行的有机整体。各声部旋律的横向进行，有着相对的独立性，各声部的纵向之间，又形成“和声”关系。是以“对位法”为其创作技法。经过若干个世纪的发展，到18世纪，可以说巴赫将“复调音乐”发展到了一个无可比拟的高峰。

“主调音乐”也是多声部音乐，是“复调音乐”的对称。有一个声部旋律性最强，常为高声部，又称“旋律”声部（“旋律”当然也可以在其他声部），除旋律声部外，其他声部起陪衬、烘托、修饰、补充的作用。是以“和声学”的法则为其创作技法。

巴赫之后，由于多声部“主调音乐”的兴起、发展，“复调音乐”为主的时代，逐渐让位于以“和声”为主要表现手段的“主调音乐”。18世纪中叶至今仍盛行着“主调音乐”。“复调音乐”处于相对次要的地位。

四、音乐素养之名词解析

1. 主　题

“主题”，是音乐作品中最性格化、最典型、最具表现力，且具有相对独立、完整乐思的音乐片段。不同的作品，其主题的长短不一，短的2—4小节，如贝多芬《c小调第五交响曲》第1乐章的第1主题长的：

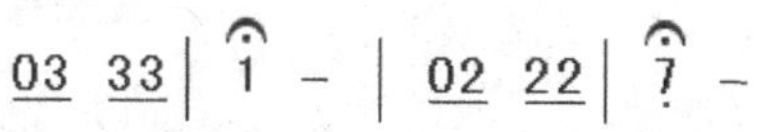

可以有8小节以上；每首音乐作品的主题多少不一，少则一两个，多则十几个；在大型套曲里，每个乐章都有几个主题，还有主部主题、副部主题等。下例为舒伯特《b小调第八交响曲》（未完成）第1乐章的第1主题（主部主题）：

6=b 3/4

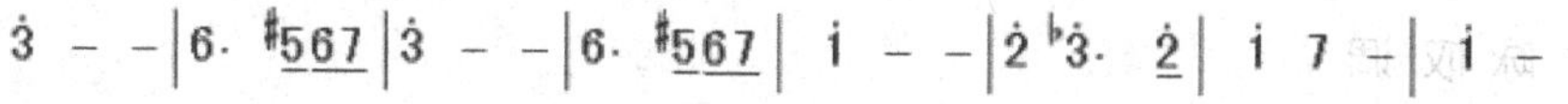

第1乐章的第2主题（副部主题）是：

1=G 3/4

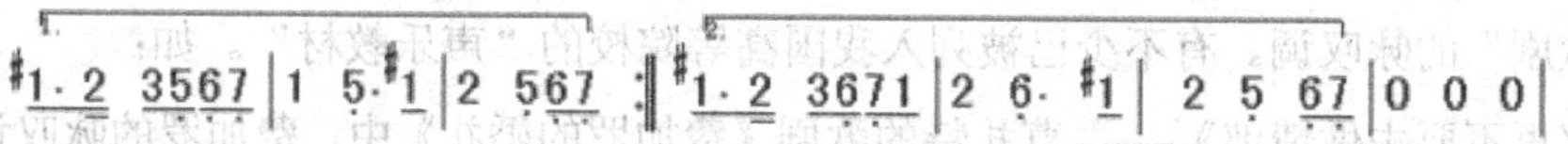

这两个主题的性格鲜明，表现力也强，一个深沉、哀怨，以“小调式”叙述，一个优美、明快，以“大调式”表现，形成了两个音乐形象的强烈对比。

2. 无 词 歌

“无词歌”又称“无言歌”。其实它不是“歌”，是一种抒情的、极富歌唱性的钢琴小品，是德国作曲家门德尔松首创的一种钢琴曲体裁，他写了8卷共48首“无词歌”，其中有《春之歌》、《威尼斯船歌》等名作。

3. 圆舞曲与维也纳圆舞曲

“圆舞曲”（waltz 华尔兹）是源于奥地利民间的一种三拍子舞曲，主要用于为舞蹈伴奏。老约翰·斯特劳斯在此基础上，将其发展成由3—5首小圆舞曲为主体，加上序奏与结尾的一种新的曲体结构形式，后被称为“维也纳圆舞曲”，以区别于一般的“圆舞曲”。小约翰·斯特劳斯又加以实践、发展，写了大量的此类作品，使“维也纳圆舞曲”逐渐成为独立的器乐体裁。李斯特、肖邦、柴可夫斯基等都有此类作品。

4. 宣叙调

“宣叙调”（Recitative）是歌剧、清唱剧等大型声乐作品中，带有朗诵性的曲调。其节奏较自由，伴奏简单，常在咏叹调之前，起到引出“咏叹调”的作用。

另有一种“说话式”的宣叙调，其特点是将歌词在同一音高上做快节奏的吐字，由于缺乏曲调性、抒情性，有称为“干燥宣叙调”的。

5. 咏叹调

“咏叹调”（Air）是歌剧、清唱剧、康塔塔的重要组成部分。一般是由主要角色（主要演员）演唱的难度较高，能充分、细腻地抒发感情的独唱曲。常以宣叙调表明情节，咏叹调加以艺术表现。

许多脍炙人口的“咏叹调”，除了随“歌剧”演出外，常被歌唱家们选作独唱曲目演唱。可以说每一场音乐演唱会（特别是独唱音乐会）的节目单上，都会有几首“歌剧”的咏叹调。有不少已被列入我国高等院校的“声乐教材”。如：

《再不要去做情郎》——莫扎特的歌剧《费加罗的婚礼》中，费加罗的咏叹调，由男中音演唱。

《你们可知道什么是爱情》——莫扎特的歌剧《费加罗的婚礼》中，凯鲁比诺的咏叹调，由女中音演唱。

《在普罗文察地方》——威尔第的歌剧《茶花女》中，乔治·阿芒的咏叹调，由男中音演唱。

《女人善变》——威尔第的歌剧《弄臣》中，曼图亚公爵的咏叹调，由男高音演唱。

《爱情像一只顽皮的小鸟》——比才的歌剧《卡门》中，卡门的咏叹调，由女中音演唱。

《你曾对我发誓》——斯美塔那的歌剧《被出卖的新嫁娘》中，玛申卡的咏叹调，由女高音演唱。

《连斯基的咏叹调》——柴可夫斯基的歌剧《叶甫根尼·奥涅金》中，连斯基的咏叹调，由男高音演唱。

《月亮颂》——德伏夏克的歌剧《水仙女》中，水仙女的咏叹调，由女高音演唱。

《冰凉的小手》——普契尼的歌剧《艺术家的生涯》中，鲁道夫的咏叹调，由男高音演唱。

《人们叫我咪咪》——普契尼的歌剧《艺术家的生涯》中，绣花女咪咪的咏叹调，由女高音演唱。

《为艺术，为爱情》——普契尼的歌剧《托斯卡》中，托斯卡的咏叹调，由女高音演唱。

《星光灿烂》——普契尼的歌剧《托斯卡》中，卡瓦拉多西的咏叹调，由男高音演唱。

《晴朗的一天》——普契尼的歌剧《蝴蝶夫人》中，巧巧桑的咏叹调，由女高音演唱。

《今夜无人入睡》——普契尼的歌剧《图兰多特》中，卡拉夫的咏叹调，由男高音演唱。

6. 乐队的首席

管弦乐队（交响乐队）每个乐器组的各个“声部”，一般都有一名“首席”。“首席”是个“职务”，犹如合唱队里四个声部的声部长一样。

整个乐队有一个“首席”，他也是第一小提琴声部的“首席”，座位在第一小提琴声部第一排靠舞台口、离“指挥”最近的那个位置。他是协助“指挥者”进行排练、演出的助手。“指挥”不在时，由“首席”带领乐队活动。

我们常常可以看到演出结束时，“指挥”会和“首席”握握手，以对他的协助表示感谢；独唱者、独奏者在演（奏）唱结束时，也会和“指挥”、“首席”握手，对他们的合作表示谢意。

另外，“首席小提琴”是整个乐队的“首席”，“第一小提琴”是弦乐组的一个声部，相对于“第二小提琴”声部。“首席小提琴”是指负有职责的演奏员，“第一小提琴”是指乐队中的一个声部，两个不同的概念，不能混淆。

7. 作品 Op 编号

（1）“Op.”是 Opus（作品）的缩写，是一种“符号”。在 Op. 后面加一个序数，就成为“作品编号”，“Op.2”表示第 2 号作品，有的在作品编号后还加有一个序号如“Op.2，No.3”则表示第 2 号作品中的第 3 首。

历史上许多作曲家写了大量的音乐作品，特别是“无标题音乐”作品的曲名，会有雷同和重复，如海顿的《F大调弦乐四重奏》就有3首，《C大调弦乐四重奏》有6首，其他作品、其他作曲家也有类似情况。因此，为对同一曲名的若干作品做出区分，每个作品就必须有一个作品号，如海顿的3首《F大调弦乐四重奏》编号分别为：“Op.3，No.5”、“Op.74，No.2”、“Op.77，No2”。这样就将3首同名作品明确地区别开了。

（2）“B W V”是德文Bach Werke Verzeichnis（巴赫作品目录）的缩写，专用于巴赫作品的编号。如巴赫的《勃兰登堡协奏曲》共有6首，其作品编号为“B W V1046-1051”。

（3）“K”是Kochel（克歇尔）的缩写。克歇尔是奥地利音乐学者，莫扎特作品目录的编辑者。“K”是专用于莫扎特作品编号的“符号”。如：“K492”就是莫扎特的《费加罗的婚礼》的作品号。

（4）“D”是奥地利音乐学者Deutsch（多伊奇）的缩写，是舒伯特作品目录的编辑者。“D”是舒伯特作品编号的专用“符号”，如：他的《第八（未完成）交响曲》其编号为D.759。

（5）W o O”是德文Werk ohne Opus（无编号作品）的缩写。专用于贝多芬原无编号作品的新编号。如：《致爱丽丝》原无编号，现编号为“W o O59”。

第九节　中国音乐的发展

中国音乐很早已经掌握七声音阶，但一直偏好比较和谐的五声音阶，重点在五声中发展音乐，同时追求旋律、节奏变化，轻视和声。中国音乐的发展方向和西方音乐不同，西方音乐从古希腊的五声音阶逐渐发展到七声音阶，直到十二平均律；从单声部发展到运用和声。所以西方音乐如果说像一堵厚重的墙壁，上面轮廓如同旋律，砖石如同墙体，即使轮廓平直只要有和声也是墙，正像亨德尔的某些作品。中国音乐则不同，好像用线条画出的中国画，如果没有轮廓（旋律）则不成其为音乐，但和声是可有可无的。所以西方人听中国音乐“如同飘在空中的线”，而从未接触西方音乐的中国人则觉得西方音乐如同“混杂的噪声”。正式的中国音乐历史文字记载始于周朝。

一、中国古代音乐的发展

（一）史前古乐概况

中华民族音乐的蒙昧时期早于华夏族的始祖神轩辕黄帝 2 000 余年。距今 7 000—6 700 余年的新石器时代，先民们可能已经可以烧制陶埙，挖制骨哨。这些原始的乐器毋庸置疑地告诉人们，当时的人类已经具备对乐音的审美能力。远古的音乐文化根据古代文献记载具有歌、舞、乐互相结合的特点。葛天氏氏族中的所谓“三人操牛尾，投足以歌八阕”的乐舞就是最好的说明。当时，人们所歌咏的内容，诸如“敬天常”、“奋五谷”、“总禽兽之极”反映了先民们对农业、畜牧业以及天地自然规律的认识。这些歌、舞、乐互为一体的原始乐舞还与原始氏族的图腾崇拜相联系。例如黄帝氏族曾以云为图腾，他的乐舞就叫作《云门》。关于原始的歌曲形式，可见《吕氏春秋》所记涂山氏之女所作的《候人歌》。这首歌的歌词仅只“候人兮猗”一句，而只有“候人”二字有实意。这便是音乐的萌芽，是一种孕而未化的语言。河南舞阳县贾湖遗址的骨笛溯源于距今 8 000 年左右，是全世界最古老的吹奏乐器。其中的一支七孔骨笛保存得非常完整，专家们进行过实验，发现仍然能使用该骨笛演奏音乐，能发出七声音阶。但中国古代基本上只使用五声音阶。

（二）古代音乐综述

中国古代“诗歌”是不分的，即文学和音乐是紧密相连的。现存最早的汉语诗歌总集《诗经》中的诗篇当时都配有曲调，为人民大众口头传唱的。这个传统一直延续下去，比如汉代的官方诗歌集成，就叫《汉乐府》，唐诗、宋词当时也都能歌唱。甚至到了今天，也有流行音乐家为古诗谱曲演唱，如苏轼描写中秋佳节的《水调歌头》，还有李白的《静夜思》。

中国古代对音乐家比较轻视，不像对待画家，因为中国画和书法联系紧密，画家属于文人士大夫阶层，在宋朝时甚至可以“以画考官”（其实也是因为宋徽宗个人对绘画的极度爱好）。乐手地位较低，只是供贵族娱乐的“伶人”。唐朝时著名歌手李龟年也没有什么政治地位，现在的人知道他也是因为他常出现在唐诗中，受人赞扬。

中国古代的“士大夫”阶层认为，一个有修养的人应该精通“琴棋书画”，所谓的“琴”就是流传至今的古琴。不过古琴只限于士大夫独自欣赏，不能对公众演出。古琴音量较小，也是唯一地位较高的乐器。

总结：中国古代的音乐理论发展较慢，在“正史”中地位不高，没有能留下更多的书面资料。但音乐和文学一样，是古代知识分子阶层的必修课，在古代中国人的日常生活中无疑有着重要地位；民间则更是充满了多彩的旋律。

（三）中国古代各时期音乐发展的特点

1. 夏商时期音乐

夏商两代是奴隶制社会时期。从古典文献记载来看，这时的乐舞已经渐渐脱离原始氏族乐舞为氏族共有的特点，它们更多地为奴隶主所占有。从内容上看，它们渐渐离开了原始的图腾崇拜，转为对征服自然的人的颂歌。例如夏禹治水，造福人民，于是便出现了歌颂夏禹的乐舞《大夏》。夏桀无道，商汤伐之，于是便有了歌颂商汤伐桀的乐舞《大蠖》。商代巫风盛行，于是出现了专司祭祀的巫（女巫）和觋（男巫）。他们为奴隶主所豢养，在行祭时舞蹈、歌唱，是最早以音乐为职业的人。奴隶主以乐舞来祭祀天帝、祖先，同时又以乐舞来放纵自身的享受。他们死后还要以乐人殉葬，这种残酷的殉杀制度一方面暴露了奴隶主的残酷统治，而另一个方面在客观上也反映出生产力较原始时代的进步，从而使音乐文化具备了迅速发展的条件。据史料记载，在夏代已经有用鳄鱼皮蒙制的鼍鼓。商代已经发现有木腔蟒皮鼓和双鸟饕餮纹铜鼓，以及制作精良的脱胎于石桦犁的石磬。青铜时代影响所及，商代还出现了编钟、编铙乐器，它们大多为三枚一组。各类打击乐器的出现体现了乐器史上击乐器发展在前的特点。始于公元前 5 000 余年的体鸣乐器陶埙从当时的单音孔、二音孔发展到五音孔，它已可以发出十二个半音的音列。根据陶埙发音推断，中国民族音乐思维的基础五声音阶出现在新石器时代的晚期，而七声至少在商、殷时已经出现。

2. 周代时期音乐

西周和东周是奴隶制社会日趋衰亡、封建制社会因素日趋增长的历史时期。西周时期宫廷首先建立了完备的礼乐制度。在宴享娱乐中不同地位的官员规定有不同的地位、舞队的编制。总结前历代史诗性质的典章乐舞，可以看到所谓“六代乐舞”，即黄帝时的《云门》、尧时的《咸池》、舜时的《韶》、禹时的《大夏》、商时的《大蠖》、周时的《大武》。周代还有采风制度，收集民歌，以观风俗、察民情。赖于此，保留下大量的民歌，经春秋时孔子的删定，形成了中国第一部诗歌总集——《诗经》。它收有自西周初到春秋中叶五百多年的入乐诗歌一共三百零五篇。《诗经》中最优秀的部分是“风”。它们是流传于以河南省为中心，包括附近数省的十五国民歌。此外还有文人创作的“大雅”、“小雅”，以及史诗性的祭祀歌曲“颂”这几种体裁。就其流传下来的文字分析，《诗经》中的歌曲可以概括为十种曲式结构。作为歌曲尾部的高潮部分，已有专门的名称“乱”。在《诗经》成书前后，著名的爱国诗人屈原根据楚地的祭祀歌曲编成《九歌》，具有浓重的楚文化特征。至此，两种不同音乐风格的作品南北交相辉映成趣。

周代时期民间音乐生活涉及社会生活的十几个侧面，十分活跃。世传伯牙弹琴，钟子期知音的故事即始于此时。这反映出演奏技术、作曲技术以及人们欣赏水平的提高。古琴演奏中，琴人还总结出“得之于心，方能应之于器”的演奏心理感受。著名的歌唱乐人秦青的歌唱据记载能够“声振林木，响遏飞云”。更有民间歌女韩娥，歌后“余音绕梁，三日不绝”。这些都是声乐技术上的高度成就。

周代音乐文化高度发达的成就还可以1978年湖北随县出土的战国曾侯乙墓葬中的古乐器为重要标志。这座可以和埃及金字塔媲美的地下音乐宝库提供了当时宫廷礼乐制度的模式，这里出土的八种一百二十四件乐器，按照周代的“八音”乐器分类法（金、石、丝、竹、匏、土、革、木），几乎各类乐器应有尽有。其中最为重要的六十四件编钟乐器，分上、中、下三层编列，总重量达5 000余千克，总音域可达五个八度。由于这套编钟具有商周编钟一钟发两音的特性，其中部音区十二个半音齐备，可以旋宫转调，从而证实了先秦文献关于旋宫记载的可靠。曾侯乙墓钟、磬乐器上还有铭文，内容为各诸侯国之间的乐律理论，反映着周代乐律学的高度成就。在周代，十二律的理论已经确立。五声阶名（宫、商、角、徵、羽）也已经确立。这时，人们已经知道五声或七声音阶中以宫音为主，宫音位置改变就叫旋宫，这样就可以达到转调的效果。律学上突出的成就见于《管子一地员篇》所记载的“三分损益法”。就是以宫音的弦长为基础，增加三分之一（益一），得到宫音下方的纯四度征音；征音的弦长减去三分之一（损一），得到征音上方的纯五度商音；依次继续推算就得到五声音阶各音的弦长。按照此法算全八度内十二个半音（十二律）的弦长，就构成了“三分损益律制”。这种律制由于是以自然的五度音程相生而成，每一次相生而成的音均较十二平均律的五度微高，这样相生十二次得不到始发律的高八度音，造成所谓“黄钟不能还原”，给旋宫转调造成不便。但这种充分体现单音音乐旋律美感的律制一直延续至今。

3. 秦汉时期音乐

秦汉时开始出现“乐府”。它继承了周代的采风制度，搜集、整理、改编民间音乐，也集中了大量乐工在宴享、郊祀、朝贺等场合演奏。这些用作演唱的歌词，被称为乐府诗。乐府，后来又被引申为泛指各种入乐或不入乐的歌词，甚至一些戏曲和气越也都称为乐府。

汉代主要的歌曲形式是相和歌。它从最初的“一人唱，三人”的清唱，渐次发展为有丝、竹乐器伴奏的“相和大曲”，并且具“艳一趋一乱”的曲体结构，它对隋唐时的歌舞大曲有着重要影响。汉代在西北边疆兴起了鼓吹乐。它以不同编制的吹管乐器和打击乐器构成多种鼓吹形式，如横吹、骑吹、黄门鼓吹等等。它们或在马上演奏，或在行进中演奏，用于军乐礼仪、宫廷宴饮以及民间娱乐。今日尚存的民间吹打乐，当有汉代鼓吹的遗绪。在汉代还有“百戏”出现，它是将歌舞、杂技、角抵（相扑）合在一起表演的节目。汉代律学上的成就是京房以三分损益的方法将八度音程华划为六十律。这种理论在音乐实践上虽无意义，但体现了律学思维的精微性。从理论上达到了五十三平均律的效果。

4. 三国两晋南北朝时期音乐

由相和歌发展起来的清商乐在北方得到曹魏政权的重视，设置清商署。两晋之交的战乱，使清商乐流入南方，与南方的吴歌、西曲融合。在北魏时，这种南北融合的清商乐又回到北方，从而成为流传全国的重要乐种。汉代以来，随着丝绸之路的畅通，西域诸国的歌曲已开始传入内地。北凉时吕光将在隋唐燕乐中占有重要位置的龟兹（今新疆库车）乐带到内地。由此可见当时各族人民在音乐上的交流已经十分普及了。

这时，传统音乐文化的代表性乐器古琴趋于成熟，这主要表现为：在汉代已经出现了题解琴曲标题的古琴专著《琴操》。三国时著名的琴家嵇康在其所著《琴操》一书中有“徽以中山之玉”的记载。这说明当时的人们已经知道古琴上徽位泛音的产生。当时，出现了一大批文人琴家相继出现，如嵇康、阮籍等，《广陵散》（《聂政刺秦王》）、《猗兰操》、《酒狂》等一批著名曲目问世。

南北朝末年还盛行一种有故事情节，有角色和化妆表演，载歌载舞，同时兼有伴唱和管弦伴奏的歌舞戏。这已经是一种小型的雏形戏曲。

这一时期律学上的重要成就，包括晋代荀瑁找到管乐器的“管口校正数”。南朝宋何承天在三分损益法上，以等差叠加的办法，创立了十分接近十二平均律的新律。他的努力初步解决了三分损益律黄钟不能还原的难题。

5. 隋唐时期音乐

隋唐两代，政权统一，特别是唐代，政治稳定，经济兴旺，统治者奉行开放政策，勇于吸收外城文化，加上魏晋以来已经孕育着的各族音乐文化融合打基础，终于萌发了以歌舞音乐为主要标志的音乐艺术的全面发展的高峰。

唐代宫廷宴享的音乐，称作“燕乐”。隋、唐时期的七步乐、九部乐就属于燕乐。它们分别是各族以及部分外国的民间音乐，主要有清商乐（汉族）、西凉（今甘肃）乐、高昌（今吐鲁番）乐、龟兹（今库车）乐、康国（今俄国萨马尔汉）乐、安国（今俄国布哈拉）乐、天竺（今印度）乐、高丽（今朝鲜）乐等。其中龟兹乐、西凉乐更为重要。燕乐还分为坐部伎和立部伎演奏，根据白居易的《立部伎》诗，坐部伎的演奏员水平高于立部伎。

风靡一时的唐代歌舞大曲是燕乐中独树一帜的奇葩。它继承了相和大曲的传统，融会了九部乐中各族音乐的精华，形成了散序－中序或拍序－破或舞遍的结构形式。见于《教坊录》著录的唐大曲曲名共有46个，其中《霓裳羽衣舞》为皇帝音乐家唐玄宗所作，又兼有清雅的法曲风格，为世人所称道。著名诗人白居易写有描绘该大曲演出过程的生动诗篇《霓裳羽衣舞歌》。

唐代音乐文化的繁荣还表现为有一系列音乐教育的机构，如教坊、梨园、大乐署、鼓吹署以及专门教习幼童的梨园别教园。这些机构以严密的考绩造就了一批批才华出众的音乐家。文学史上堪称一绝的唐诗在当时是可以入乐歌唱的。当时歌伎曾以能歌名家诗为快；诗人也以自己的诗作入乐后流传之广来衡量自己的写作水平。在唐代的乐队中，琵琶是主要乐器之一。它已经与今日的琵琶形制相差无几。现在福建南曲和日本的琵琶，在形制上和演奏方法上还保留着唐琵琶的某些特点。

受到龟兹音乐理论的影响，唐代出现了八十四调，燕乐二十八调的乐学理论。唐代曹柔还创立了减字谱的古琴记谱法，一直沿用至近代。

6. 宋金元时期音乐

宋金元时期音乐文化的发展以市民音乐的勃兴为重要标志，较隋唐音乐得到更为深入的发展。随着都市商品经济的繁荣，适应市民阶层文化生活的游艺场“瓦舍”、“勾栏”应运而生。在“瓦舍”、“勾栏”中人们可以听到叫声、嘌唱、小唱、唱赚等艺术歌曲的演唱；也可以看到说唱类音乐种类崖词、陶真、鼓子词、诸宫调，以及杂剧、院本的表演；可谓争奇斗艳、百花齐放。这当中唱赚中的缠令、缠达两种曲式结构对后世戏曲以及器乐的曲式结构有着一定的影响。而鼓子词则影响到后世的说唱音乐鼓词。诸宫调是这一时期成熟起来的大型说唱曲种。其中歌唱占了较重的分量。

承隋唐曲子词发展的遗绪，宋代词调音乐获得了空前的发展。这种长短句的歌唱文学体裁可以分为引、慢、近、拍、令等等词牌形式。在填词的手法上已经有了“摊破”、“减字”、“偷声”等。南宋姜夔是既会作词又能依词度曲的著名词家、音乐家。他有十七首自度曲和一首减字谱的琴歌《古怨》传世。这些作品多表达了作者关怀祖国人民的心情，描绘出清幽悲凉的意境，如《扬州慢》、《鬲溪梅令》、《杏花天影》等等。宋代郭楚望的代表作《潇湘水云》开古琴流派之先河。作品表现了作者爱恋祖国山河的盎然意趣。在弓弦乐器的发展长河中，宋代出现了“马尾胡琴”的记载。

到了元代，民族乐器三弦的出现值得注意。在乐学理论上，宋代出现了燕乐音阶的记载。同时，早期的工尺谱谱式也在张炎《词源》和沈括的《梦溪笔谈》中出现。近代通行的一种工尺谱直接导源于此时。宋代还是中国戏曲趋于成熟的时代。它的标志是南宋时南戏的出现。南戏又称温州杂剧、永嘉杂剧，其音乐丰富而自然。最初时一些民间小调，演唱时可以不受宫调的限制。后来发展为曲牌体戏曲音乐时，还出现了组织不同曲牌的若干乐句构成一种新曲牌的“集曲”形式。南戏在演唱形式上已有独唱、对唱、合唱等多种。传世的三种南戏剧本《张协状元》等见于《永乐大曲》。戏曲艺术在元代出现了以元杂剧为代表的高峰。元杂剧的兴盛最初在北方，渐次向南方发展，与南方戏曲发生交融。代表性的元杂剧作家有关汉卿、马致远、郑光祖、白朴，另外还有王实甫、乔吉甫，世称六大家。典型作品如关汉卿的《窦娥冤》、《单刀会》，王实甫的《西厢记》。元杂剧有严格的结构，即每部作品由四折（幕）一楔子（序幕或者过场）构成。一折内限用同一宫调，一韵到底，常由一个角色（末或旦）主唱，这些规则，有时也有突破，如王实甫的《西厢记》达五本二十折。元杂剧对南方戏曲的影响，促成南戏（元明之际叫作传奇）的进一步成熟。出现了一系列典型剧作，如《拜月庭》、《琵琶记》等等。这些剧本经历代流传，至今仍在上演。当时南北曲的风格已经初步确立，以七声音阶为主的北曲沉雄；以五声音阶为主的南曲柔婉。随着元代戏曲艺术的发展，出现了最早的总结戏曲演唱理论的专著，即燕南之庵的《唱论》，而周德清的《中原音韵》则是北曲最早的韵书，他把北方语言分为十九个韵部，并且把字调分为阴平、阳平、上声、去声四种。这对后世音韵学的研究以及戏曲说唱音乐的发展均有很大的影响。

7. 明清时期音乐

由于明清社会已经具有资本主义经济因素的萌芽，市民阶层日益壮大，音乐文化的发展更具有世俗化的特点。明代的民间小曲内容丰富，虽然良莠不齐，但其影响之广，已经达到“不论男女”，“人人习之”的程度。由此，私人收集编辑，刊刻小曲成风，而且从民歌小曲到唱本、戏文、琴曲，均有私人刊本问世。如冯梦龙编辑的《山歌》，朱权编辑的最早的琴曲《神奇秘谱》等。

明清时期说唱音乐异彩纷呈。其中南方的弹词、北方的鼓词，以及牌子曲、琴书、道情类的说唱曲种更为重要。南方秀丽的弹词以苏州弹词影响最大。在清代，苏州出现了以陈遇干为代表的苍凉雄劲的陈调；以马如飞为代表的爽直酣畅的马调；以俞秀山为代表的秀丽柔婉的俞调这三个重要流派。以后又繁衍出许多新的流派。北方的鼓词以山东大鼓、冀中的木板大鼓、西河大鼓、京韵大鼓较为重要。而牌子曲类的说唱有单弦、河南大调曲子等；琴书类说唱有山东琴书、四川扬琴等；道情类说唱有浙江道情、陕西道情、湖北渔鼓等，少数民族也出现了一些说唱曲，如蒙古说书、白族的大本曲。明清时期歌舞音乐在各族人民中有较大的发展，如汉族的各种秧歌、维吾尔族灯木卡姆、藏族的囊玛、壮族的铜鼓舞、傣族的孔雀舞、彝族的跳月、苗族的芦笙舞等等。以声腔的流布为特点，明清戏曲音乐出现了新的发展高峰。明初四大声腔有海盐、余姚、弋阳、昆山诸腔，其中的昆山腔经由江苏太仓魏良甫等人的改革，以曲调细腻流畅，发音讲究字头、字腹、字尾而赢得人们的喜爱。昆山腔又经过南北曲的汇流，形成了一时为戏曲之冠的昆剧。最早的昆剧剧目是明梁辰鱼的《浣纱记》，其余重要的剧目如明汤显祖的《牡丹亭》、清洪升的《长生殿》等。弋阳腔以其灵活多变的特点对各地的方言小戏发生重要影响，使得各地小戏日益增多，如各种高腔戏。明末清初，北方以陕西西秦腔为代表的梆子腔得到很快的发展，它影响到山西的蒲州梆子、陕西的同州梆子、河北梆子、河南梆子。这种高亢、豪爽的梆子腔在北方各省经久不衰。晚清，由西皮和二黄两种基本曲调构成的皮黄腔，在北京初步形成，由此，产生了影响遍及全国的京剧。明清时期，器乐的发展表现为民间出现了多种器乐合奏的形式。如北京的智化寺管乐、河北吹歌、江南丝竹、十番锣鼓等等。明代的《平沙落雁》、清代的《流水》等琴曲以及一批丰富的琴歌《阳关三叠》、《胡笳十八拍》等广为流传。琵琶乐曲自元末明初有《海青拿天鹅》以及《十面埋伏》等名曲问世，至清代还出现了华秋萍编辑的最早的《琵琶谱》。明代末叶，著名的乐律学家朱载育计算出十二平均律的相邻两个律（半音）间的长度比值，精确到二十五位数字，这一律学上的成就在世界上是首创。

二、中国近现代音乐的发展

（一）中国近代音乐

19世纪末，中国被迫开放南方沿海，开始接触西方音乐和乐器，广东音乐首当其冲，首先吸收西方和声方法，创造了新乐器扬琴和木琴，发展了乐队合奏的音乐，至今广东音乐仍然有其独特的魅力，是中西结合比较成功的典范。

1838—1903年（即狭义的“学堂乐歌”运动兴起前的六十多年），教会音乐也对中国现代音乐教育产生了巨大影响。在鸦片战争后，传教士赴华数量增加，西方传教士在中国传教时，往往用唱圣诗作为辅助方法，因此半音等概念都得到了传播。

民间音乐家为中国乐器的演奏发展创造了新的阶段，二胡作曲家刘天华创作了大量的二胡独奏曲，如《良宵》、《光明行》、《江河水》等，演奏家华彦钧（瞎子阿炳）创作了《二泉映月》等二胡和琵琶曲。尽管当时时世动乱，但中国民族音乐不论在独奏和乐队合奏方面都有很大的发展。

20 世纪初期的新文化运动期间，很多到海外留学的中国音乐家回国之后，开始演奏欧洲古典音乐，也开始用五线谱记录新作品。大城市里组成了新兴交响乐团，混合欧洲古典音乐和爵士乐，在音乐厅和收音机里非常流行。在 20 世纪 30 年代的上海达到其鼎盛时期。

虽然使用西方的乐器和音乐手段，但通俗音乐仍然是以中国的方式，即旋律为主，五声音阶为主，才能受到更多人的喜爱。周璇是当时最受欢迎的表演家之一，是当时通俗音乐的代表，其为电影《马路天使》演唱的主题歌《天涯歌女》和《四季歌》一时极为流行，符合当时的民众的抗日情绪，被称为“金嗓子”。

（二）新中国音乐发展

中华人民共和国建立之后，流行歌曲除革命歌曲之后，又加入翻译成中文的苏联流行歌曲。各地开始建立交响曲团，演奏西方古典音乐和中国作曲家的新作。东欧的乐团曾多次到中国表演，中国乐团也参加了许多国际表演会。中国音乐家也尝试用西方的乐器方法写作具有中国风味的音乐，比较成功的有小提琴协奏曲《梁祝》，采纳了越剧的部分旋律。

和第三世界的国家交往也不断增加，为此成立了东方歌舞团，专门学习、演唱亚洲、非洲和拉丁美洲国家各民族的民歌乐曲，在中国广受欢迎，从此发展中国家的音乐开始对中国音乐产生影响。中国民族乐队的配器、合奏方式也基本定型，产生了不少成功的民族器乐交响曲。

近年来，中国的民族音乐开始受到世界各国的广泛关注，每年春节，都会被邀请到维也纳金色大厅举行中国新年音乐会，并座无虚席。

台湾校园歌曲和邓丽君开创的演唱方式，使中国通俗音乐发展到一个高峰，具有中国音乐独特的风格和魅力，邓丽君在美国开演唱会时，吸引了许多舞台剧务美国人在后台全程欣赏，虽然他们听不懂中国唱词。

（三）革命音乐发展

在北伐战争时期，中国的音乐家配合革命，做了大量的革命歌曲，在国民革命军中广为传唱，有的是用国外通俗歌曲旋律直接配以革命歌词。

在抗日战争时期，音乐家更是同仇敌忾，写作了大量的抗日歌曲。冼星海的《黄河大合唱》气势磅礴，反映了当时全民抗日的精神。聂耳为电影配曲作的《义勇军进行曲》更是雄壮，成为抗日军民的军歌被到处传唱，中华人民共和国成立后，为了居安思危，不忘中华民族如何抵抗外国侵略，将《义勇军进行曲》定为中华人民共和国国歌。

1942 年延安会议之后，共产党控制的地区开始把当地民歌改写成革命歌曲，如陕北民歌《东方红》。改写的目的是在大多是文盲的农民人口中传播共产主义思想。

“文革”期间的“样板戏”将西方管弦乐队引入为京剧伴奏，产生了特殊的效果，在浑厚的管弦乐背景下的京胡和皮鼓声，更突出了京剧音乐特点，也是一种中西结合的发展。尤其是“打虎上山”过门中的圆号独奏，和后面京胡唱腔浑然天成，很值得欣赏。

（四）当代流行音乐

自中国改革开放以来，流行音乐首先从我国的香港及台湾地区进入内地，尤其是台湾的校园歌曲和邓丽君演唱的歌曲，在内地大受欢迎。曾在中国中央电视台 1984 年春节联欢晚会演出的张明敏的《我的中国心》在内地一炮走红，这也是中国内地第一次公开的港台歌曲演出。此后，中国内地的流行歌曲与其他地区的各种风格、各种流派的音乐结合，产生了不少脍炙人口的歌曲。现在，中国的流行音乐发展迅速，成为世界流行音乐中一支不可低估的生力军。我国香港和台湾的流行音乐发展非常迅速，基本和国际流行趋势同步，尤其是香港，因为当局不干扰音乐的创作，出现了许多著名的歌手和歌曲，不仅风靡内地，而且受到日本、韩国等地歌迷的崇拜。

近年来，中国大陆、台湾、香港地区以及全球其他地区的华人流行音乐不断交流，开始出现互相融合、汇聚的趋势。因此，开始出现“全球华语流行音乐”的总体称谓。一个突出的表现：中国大陆作为全球最大的消费市场之一，港台、海外各大流行音乐榜单的发布和编制越来越多地开始关注中国大陆市场。值得注意的是，在流行音乐当中，有着一种民谣性质的音乐，它们的典型代表是校园民谣、都市民谣、军营民谣，这些民谣音乐在流行音乐当中亦占有一席之地，曾经都有过辉煌的岁月，民谣淳朴的曲调、通俗的歌词同样感动了很多人。

特点：娱乐性，一般不具备很深音乐理论和技巧修养，甚至根本没什么音乐知识的听众都能接受；生活性，它直接宣泄人的情绪和感情；通俗性，歌词大多近似白话，而且表达的内容很贴近生活。

（五）现代摇滚音乐

中国改革开放之后，西方现代音乐通过各种途径传入中国内地。音乐青年或多或少地接触到摇滚音乐，并开始组建乐队，进行模仿与创作。

中国内地的摇滚音乐第一次登上舞台应该说是在1986年5月9日。当时在北京工人体育馆举行纪念“86国际和平年”的中国百名歌星演唱会，名不见经传的崔健身着长褂，背着吉他，裤脚一高一低地蹦上了舞台，在台下观众目瞪口呆之际吼出了“我曾经问个不休 / 你何时跟我走……”，即那首中国摇滚作品的开山之作《一无所有》。随后，崔健便被称作“中国摇滚第一人”。

20世纪80年代末和90年代初，中国内地摇滚乐坛陆续出现了如唐朝、黑豹、轮回、超载、指南针、北京1989等乐队。而港台的Beyond乐队更是为中国的原创音乐注入了新的血液。到了1994年，香港红磡体育馆举行的“中国摇滚乐势力”演唱会，成为中国内地摇滚史上最富激情的一幕，当时被称为魔岩三杰的窦唯、张楚和何勇，以及唐朝乐队将中国摇滚乐推向了一个顶峰。随后的中国摇滚乐呈现了非常大的分化趋势，各种乐风依次登场。如走向流行的郑钧、许巍和零点乐队等；走低保真的朋克乐队盘古；花样辈出的苍蝇、左小祖咒和王磊；电子乐与说唱乐逐渐流行以及各种乐风之间的相互影响、相互融合。老牌的乐队解散、主要成员单飞，如窦唯离开黑豹乐队后，组建过做梦乐队，又和许多乐队即兴演出合作唱片；以及新乐队出现，如花儿乐队（现已解散）、新裤子、走英式路线的麦田守望者和清醒等；这之中一些流派是值得关注的，以北京的子曰（现已更名“爻释·子曰”）和东北的二手玫瑰为代表的民俗摇滚正受到越来越多的关注。众多唱片公司，如摩登天空、京文唱片以及娱乐公司在推出新乐手和乐队、举办演唱会中也做出了很多尝试和贡献。

第十节 音乐素质培养推荐欣赏的西方音乐经典

一、目　录

1. 维瓦尔第

小提琴协奏曲 Op.8 之 1《春》第 1 乐章

2. 巴　赫

《G 弦上的咏叹调》

3. 海　顿

（1）《F 大调弦乐四重奏》第 2 乐章

（2）《第 94（惊愕）交响曲》第 2 乐章

4. 莫 扎 特

《G 大调弦乐小夜曲》第 1 乐章

5. 贝 多 芬

（1）《哀格蒙特》序曲

（2）《第 5（命运）交响曲》第 1 乐章

（3）《第 6（田园）交响曲》第 1 乐章

6. 舒 伯 特

《第 8（未完成）交响曲》

7. 舒　曼

钢琴套曲《童年情景》之7——梦幻曲

8. 门德尔松

无词歌《春之歌》

9. 圣·桑

组曲《动物狂欢节》之13——天鹅

10. 比　才

歌剧《卡门》序曲

11. 鲁宾斯坦

《两支旋律》之一——《F大调旋律》

12. 柴可夫斯基

（1）《1812年序曲》

（2）《天鹅湖》组曲1—6

①场景；②圆舞曲；③四小天鹅舞；④场景；⑤匈牙利舞曲；⑥场景。

13. 肖　邦

《A大调波兰舞曲》（军队波兰舞曲）

14. 格林卡

《卡玛琳斯卡雅幻想曲》

15. 德伏夏克

《第9（自新大陆）交响曲》第2乐章

16. 格里格

《培尔·金特》第1组曲之1——“早晨”

17. 斯美塔那

交响诗套曲《我的祖国》之2——“沃尔塔瓦河”

18. 里姆斯基·科萨科夫

歌剧《萨尔丹沙皇的故事》中的幕间曲 ——“野蜂飞舞”

二、欧洲音乐欣赏曲目作曲家及作品简介

（一）维瓦尔第

维瓦尔第（Antonio Vivaldi 约 1675-1741，在世 66 年）意大利作曲家、小提琴家。幼年随父学习音乐。曾任教会的牧师和威尼斯女子音乐学院的小提琴教师。到过维也纳，是欧洲“文艺复兴”后的重要音乐家之一，也是巴洛克时期重要的作曲家。

维瓦尔第对小提琴演奏及创作技术的革新，有较大贡献。对形成三个乐章（快板—慢板—快板）的协奏曲，起了重要作用。巴赫就深入研究过维瓦尔第的协奏曲，曾以其多首协奏曲为蓝本，加以选用和改编。

维瓦尔第的作品近八百部，有歌剧、协奏曲、奏鸣曲、交响曲等，尤以小提琴协奏曲 ——《四季》（春、夏、秋、冬）为最著名。

小提琴协奏曲 Op.8 之 1—4《四季》

——“春”的第 1 乐章

维瓦尔第的 Op.8，有 12 首小提琴协奏曲，总的题名为《和声与创意之尝试》。意为“复调”时期尝试创作的“主调”音乐。前 4 首为 E 大调“春”；g 小调“夏”；F 大调“秋”；f 小调“冬”所组成，统称《四季》。

“春”是由两把小提琴独奏、管弦乐协奏的“大协奏曲”。旋律极富歌唱性，朗朗上口，颇有春天清新的气息。

（二）巴　　赫

巴赫（Johann Sebastian Bach 1685-1750，在世 65 年）德国管风琴家、作曲家。巴赫家族里，先后几代出了许多音乐家，J.S. 巴赫是最杰出的一位。他参加过教会的唱诗班，曾任教会、宫廷的管风琴师和乐长。勤于创作，将复调音乐发展至顶峰。

其声乐作品以宗教内容为主，如《b小调弥撒曲》、《马太：受难曲》、许多宗教康塔塔等；器乐作品以世俗内容为主，如管弦乐《勃兰登堡协奏曲》（6首）、组曲（4套）等。1722年将12平均律的律制，以创作的《平均律钢琴曲集》使之应用于实践。（共48首。12个大、小调，各写了2首，辑成两集。）

巴赫在复调和主调音乐方面的成就以及他的许多作品，对欧洲音乐的推动和发展产生过巨大的影响。巴赫不仅是巴洛克时期的主要代表作家，也是欧洲音乐史上里程碑式的一位重要作曲家。有“音乐之父”的尊称。

《G弦上的咏叹调》

巴赫在1729—1731年所作的BWV 1068《D大调第三管弦乐组曲》，全曲由5首乐曲组成，分别是序曲、咏叹调、加伏特舞曲、布列舞曲、基格舞曲。第2首“咏叹调”，曾被改编成多种器乐独奏曲，以改编成的小提琴曲最受欢迎。改编者将原曲由D大调改为C大调，并让主旋律只在小提琴的G弦上演奏，故单独演奏时又名《G弦上的咏叹调》。

（三）海　顿

海顿（Franz Joseph Haydn 1732-1809，在世77年），奥地利作曲家。出生在贫困的车匠家庭，有兄弟多人，幼时随族兄学习小提琴、唱歌及拉丁文。曾在教堂唱诗班当歌童，同时勤奋学习音乐，自学作曲。后因“变声”离开了唱诗班。

1761年开始在匈牙利埃斯台哈奇公爵的宫廷任乐长30年之久，稳定的工作和生活使其潜心研究创作，创作了大量作品。所创作的交响曲有一百余部，弦乐四重奏八十余首，还有大量其他形式的作品。他是形成近代弦乐四重奏和交响曲的结构形式的奠基人，也是维也纳古典乐派的代表作家之一。世人称其为“交响曲之父”。

1. Op.3之5《F大调弦乐四重奏》第2乐章

《F大调弦乐四重奏》作于18世纪60年代。此时，海顿正任职于匈牙利埃斯台哈奇公爵府，其间创作的大部分作品都是为公爵客厅演出而用，多具有优美、典雅或轻松、幽默的娱乐性和趣味性。

此曲的第2乐章，又有人称其调“小夜曲”，主旋律十分抒情，且极富歌唱性，旋律全部由第一小提琴奏出，第二小提琴、中提琴、大提琴均以拨弦手法演奏。以轻巧的拨弦音响，突出第一小提琴演奏的歌唱性旋律。

2. 《第 94（惊愕）交响曲》第 2 乐章

此曲作于 1791 年，别名为“惊愕交响曲”，也有称为“击鼓交响曲”的。王公贵族们在自己客厅里听赏乐工们演奏音乐时，常有打瞌睡或窃窃私语等不尊重演奏者的陋习。海顿创作此曲时，在第 2 乐章轻柔、宁静的进行中，突然写进定音鼓的猛击声和乐队强声的全奏。演奏时酷似“惊天动地”的惊雷声，使听者大吃一惊、猛吓一跳。颇具幽默感。

第 2 乐章用的是变奏曲式。

（四）莫 扎 特

莫扎特（Wolfgang Amadeus Mozart 1756-1791，在世 35 年），奥地利作曲家。出生在一个音乐家庭，自幼随其父（小提琴家、作曲家）学习音乐，3 岁学习钢琴，5 岁开始作曲，7 岁随父、姐赴巴黎、伦敦、布鲁塞尔等欧洲各地旅行演奏。其高超的钢琴演奏轰动一时，皇室也对其赞赏有加。故有音乐“神童”之称。

莫扎特在短短 35 年的生命历程中，创作数量之多，是十分惊人的。计歌剧 22 部、交响曲 49 部，还有各种独奏乐器的协奏曲、钢琴奏鸣曲、室内乐等。其作品清新流畅、细腻典雅、结构工整，是维也纳古典乐派代表作家之一。

K.525《G 大调弦乐小夜曲》第 1 乐章

“小夜曲”有两类：一类是情歌式的，主要是表达男女爱慕之情；另一类是多乐章“套曲”式的抒情的“室内乐”。

《G 大调弦乐小夜曲》作于 1787 年，莫扎特所作十多首“小夜曲”中，此为最受欢迎的一首，其他的有管弦乐合奏的、有管乐合奏的，此曲为弦乐合奏。全曲 4 个乐章，结构与多乐章的“交响曲”类似。

第 1 乐章为 G 大调，4/4 拍子，快板。整个乐章的节奏流畅、旋律欢快、极富明朗的青春气息。

（五）贝 多 芬

贝多芬（Ludwig van Beethoven 1770-1827，在世 57 年），德国作曲家。自幼随父学习音乐，11 岁时就能完成即兴钢琴曲的创作。1792 年起迁居奥地利的维也纳，以教学、演出、创作为生。

贝多芬早年受法国资产阶级革命的影响，毕生追求“自由、平等、博爱”，这些进步思想在他的作品中，有着强烈的反映。1798 年“听觉”开始渐衰，至 1820 年两耳完全失聪。为了信念、理想，在十分艰苦的条件下，仍顽强地坚持创作，其作品雄伟、精深，体现着“只有斗争，才能胜利”的英雄主义精神和信念，也颇具艺术感染力。他继承海顿、莫扎特的传统，集古典乐派之大成，是维也纳古典乐派的重要代表；他在创作上有多方面的突破和革新，又可以说是开创了浪漫乐派的先河，对欧洲及近现代音乐的发展有着深远的影响。

1. Op.84《哀格蒙特》序曲

德国诗人歌德所作的戏剧《哀格蒙特》，是以 16 世纪尼德兰（今荷兰）人民在民族英雄哀格蒙特领导下，反抗西班牙统治的斗争为题材写成的，贝多芬为该剧配了十段音乐，完成于 1810 年。

“序曲”是其中最出色的一首，音乐概括了整个剧情，描绘了侵略者残酷、凶恶的一面，也反映了被压迫人民反抗斗争的艰苦和必胜的坚定信念。

2. Op.67《第 5（命运）交响曲》第 1 乐章

贝多芬的《第 5（命运）交响曲》完成于 1807 年。第 1 乐章开始，就有 4 个音构成的、极具冲击力的“音型”，这个“音型”贯穿整个乐章，通过不断的“反复”、“模仿”、“递进”，推动着音乐的发展，形成一种“勇往直前”的气势，表达了对邪恶势力坚持斗争的坚强意志和人民群众必胜的信念。

3. Op.68《第 6（田园）交响曲》第 1 乐章

贝多芬的《第 6（田园）交响曲》完成于 1808 年，共 5 个乐章（结构上突破了一般为 4 个乐章的交响曲），其标题分别是①初到乡村时的愉快心情；②溪边景色；③农民欢乐的聚会；④暴风雨；⑤雨过天晴、谢天感恩。虽每乐章有“小标题”，但作者在原乐谱上写道“感情的表达多于对景色的描绘”。音乐表现了“田园景色”，但并未描绘具体的一草一木，而是人们在“田园景色”中所产生的明朗、舒适、愉快、安详地和大自然和谐共处的心情的反映。

（六）舒 伯 特

舒伯特（Franz Schubert 1797-1828，在世 31 年），奥地利作曲家。自幼随父兄学习小提琴和钢琴，11 岁时进入免费住宿的神学院合唱团，在那里较系统地学习了作曲理论，为后来音乐创作奠定了基础。

舒伯特的创作继承了古典主义（乐派）的传统，同时广泛地吸取民间音乐的精华，并能深刻地将个人的遐想、感受和心理活动用一定的音乐形式表现出来。构成他独特的浪漫主义风格。是浪漫乐派重要代表之一。

舒伯特 31 岁即夭折，但为后世留下了大量的作品。计有歌曲 600 余首，被称为“歌曲之王”，还有交响曲、歌剧、室内乐等共近千件作品。对后来“浪漫乐派”的发展产生着深远的影响。

D.759《第 8（未完成）交响曲》

舒伯特的《第 8（未完成）交响曲》作于 1822 年。一般交响曲均有 4 个乐章，此曲有完整的两个乐章，第 3 乐章只写了几个小节即搁笔，故称谓“未完成”。就是这部两个乐章的未完成“交响曲”，100 多年来是世界乐坛频繁上演的曲目之一。第 1 乐章是悲剧性的，几乎是在悲痛、挣扎的情景中进行的；第 2 乐章是对美好生活的向往。全曲恰似作者贫困、郁郁一生的思想、生活的写照。反映了作者在封建统治下，愤恨而无力反抗，但又憧憬着美好的将来。

应该说这是一首“完成”了的“未完成交响曲”。

（七）舒　　曼

舒曼（Robert Schumann 1810-1856，在世 46 年），德国作曲家、音乐评论家。自幼学钢琴，后随母意去学习法律，自己则酷爱音乐，立志要成为钢琴家。由于过度勤奋地练琴而伤指，后主要从事音乐创作和音乐评论。1834 年参与创办并主编《新音乐杂志》。

1840年与其钢琴老师之女克拉拉（钢琴家）结婚，此后舒曼的创作进入一个高峰期。1843年曾在莱比锡音乐学院任教，不幸在1850年患有精神病，后病情加重，于1856年病故。

创作有交响曲、室内乐、钢琴曲及许多声乐作品，还留有《论音乐与音乐家》等论著。是浪漫乐派的重要代表之一。

钢琴套曲 Op.15《童年情景》之 7——“梦幻曲”

舒曼的钢琴套曲《童年情景》作于1838年，由13首有标题的钢琴曲组成。①异国和异国的人；②奇异的故事；③捉迷藏；④孩子的请求；⑤无比的幸福；⑥重要事件；⑦梦幻曲；⑧壁炉旁；⑨竹马游戏；⑩过分认真；⑪惊吓；⑫入睡；⑬诗人的话。套曲寄托了作者对童年时光的怀念和回忆。其中第7首——“梦幻曲”是人们熟知的、最受欢迎的舒曼作品之一。

“梦幻曲”在音乐中表现的梦幻意境是朦胧而又变幻的，是恬静而又甜蜜的。

（八）门德尔松

门德尔松（Felix Mendelssohn-Bartholdy 1808-1847，在世39年），德国作曲家。父是银行家，在众多的欧洲音乐家中，门德尔松是少数未受生活所累的音乐家之一。自幼随母学习钢琴，9岁登台演奏，16岁前已开始作曲。后多次赴英国演奏，1836年任交响乐团指挥，1843年创办德国第一所音乐学院——莱比锡音乐学院。

门德尔松首创了“无词歌”这一体裁，是一种无歌词的、抒情的、极富歌唱性的钢琴小品。

Op.62 之 6《春之歌》

门德尔松在1834—1845年共作“无词歌”48首，编辑成8集，每集6首，每首都有标题。《春之歌》作于1842年，编为第5集的第6首。此曲旋律优美，节奏明快，富有春天气息，故名。

后人曾将《春之歌》改编为小提琴、大提琴和长笛等乐器演奏的独奏曲，以改编为小提琴独奏曲的最为流行。

（九）圣·桑

圣·桑（Camille Saint-Saens 1835-1921，在世 86 年），法国钢琴家、作曲家。自幼随姑妈学习钢琴，1848 年进入巴黎音乐学院学习。后任教堂管风琴师，1861 年开始任音乐学院钢琴教授。以琴艺高超闻名，在法国乐坛有着重要的地位。1892 年获英国剑桥大学名誉音乐博士学位。

圣·桑毕生维护古典音乐传统，反对现代主义倾向，并致力于发扬法国民族音乐，是“法国民族音乐协会”创始人之一。其作品除有组曲、交响诗、交响曲、协奏曲外，还有《物质主义与音乐》、《和声与旋律》等论著。

《动物狂欢节》之 13——“天鹅”

《动物狂欢节》是圣·桑于 1886 年所作，由两架钢琴及小型管弦乐队演奏的室内乐组曲。组曲由 14 首有标题的乐曲组成。分别是 ① 序奏与狮子；② 母鸡与公鸡；③ 骡子；④ 龟；⑤ 大象；⑥ 袋鼠；⑦ 水族馆；⑧ 长耳朵的角色；⑨ 林中杜鹃；⑩ 鸟舍；⑪ 钢琴家；⑫ 化石；⑬ 天鹅；⑭ 终曲。

第 13 首“天鹅”是“脍炙人口”的名曲。乐曲由钢琴以“琶音”轻轻地重复进行，显露出宁静、宽阔的水面“背景”，大提琴奏出缓慢、悠雅、恬静、舒展的旋律，是不是形象地描绘出了一群洁白可爱、纯净高贵的天鹅，浮游在碧波荡漾的平静湖面上，悠闲自得、嬉戏自如的生动情景的画面？

（十）比　才

比才（Georges Bizet 1838-1875，在世 37 年），法国作曲家。自幼随母学习钢琴，9 岁入巴黎音乐学院学习作曲，其“视唱练耳”和钢琴演奏曾多次获奖。1857 年获罗马奖，赴罗马学习 3 年。普法战争时曾参加国民近卫军。

比才主要作品有：管弦乐组曲《阿莱城姑娘》两套、《罗马组曲》、《儿童组曲》、《C 大调交响曲》、歌剧《采珍珠者》等 9 部，尤以歌剧《卡门》最为著名。

歌剧《卡门》序曲

比才创作的歌剧《卡门》，取材于法国作家梅里美（1803-1870）的同名小说。

基本剧情是：吉卜赛姑娘卡门与军官唐·霍赛、斗牛士埃斯卡米罗之间的感情纠葛，最后霍赛刺死了卡门。1875年初演于巴黎，歌剧中著名的唱段和乐曲有序曲、哈巴涅拉、3首间奏曲、吉卜赛之歌、斗牛士之歌等。

歌剧《卡门》序曲的音乐，基本概括了歌剧的内容，是一首“脍炙人口”的开场音乐，是歌剧中最著名的段落之一，也是世界各管弦乐队经常演奏的曲目。

（十一）鲁宾斯坦

安东尼·鲁宾斯坦（Rubinstein Anton 1829-1894，在世65年），俄罗斯钢琴家、作曲家。幼时随母学习钢琴，10岁在莫斯科正式演出，后在德国学习作曲，曾在欧美各地旅行演出，1848年归国后定居彼得堡。两度担任彼得堡音乐学院院长。是19世纪后半叶可以与李斯特齐名的钢琴演奏家。

其演奏、创作、教育活动对俄罗斯音乐文化的发展有着很大影响。

《两支旋律》之一 Op.3–1“F大调旋律”

鲁宾斯坦1852年创作了钢琴曲《两支旋律》，《F大调旋律》（Op.3-1）是其中的第一首。

《F大调旋律》曾被改变为大提琴、小提琴、小号等许多乐器的独奏曲和管弦乐曲，是经常被演奏的曲目之一。该曲旋律线是“平稳”进行，起伏不大，显得很安宁、优美，委婉流畅，非常动听。

（十二）柴可夫斯基

柴可夫斯基（Peter Ilyitch Tchaikovsky 1840-1893，在世53年），俄罗斯作曲家。1859年毕业于彼得堡法律学校，曾在司法部任职。1862年在彼得堡音乐学院随安·鲁宾斯坦学习作曲，毕业后任教于莫斯科音乐学院。1877—1891年，有富孀梅克夫人的资助，遂辞教职，专事创作。他的许多作品都反映了俄国资产阶级知识分子渴求个人自由、幸福，与对现实社会困惑、苦闷的心情。

其作品几乎涉猎到所有音乐体裁。计有歌剧10部、舞剧3部、交响曲6部、协奏曲4部、交响诗3部、室内乐6部，还有其他如：声乐曲、钢琴曲等。

1. Op.49《1812 年序曲》

作为歌剧或戏剧开始的序曲，往往是概括着剧情的精华。19 世纪中叶，有不少作曲家写了一些专为音乐会演奏的，非歌剧、戏剧的独立序曲，称为“音乐会序曲”。如：柴可夫斯基的 Op.49《1812 年序曲》便是。

柴可夫斯基的《1812 年序曲》写于 1880 年。1812 年俄国大败拿破仑军队，取得了俄法战争决定性的胜利。乐曲以法国的《马赛曲》和俄罗斯的民间音调，不断地发展、变化、交错、重叠，描绘了拿破仑军队入侵俄国，俄罗斯人民奋起保卫祖国，最后取得胜利的情景。

2. Op.20《天鹅湖》组曲

柴可夫斯基于 1876 年完成了四幕芭蕾舞剧《天鹅湖》。剧情大意是：公主奥杰塔在天鹅湖畔，被恶魔攫住并将其变成白天鹅，王子齐格弗里特游湖，爱上由白天鹅变成的少女，在挑选新娘之夜，恶魔之女黑天鹅伪装成公主奥杰塔，王子及时发觉，奋起拼杀，终使白天鹅恢复了公主原形。

舞剧音乐共有 29 曲，有摘其精彩乐段组成不同版本的“组曲”的，作者就选了其中 6 首构成本“组曲”。① 场景（白天鹅主题）；② 圆舞曲（群舞音乐）；③ 天鹅之舞（俗称“四小天鹅”）；④ 第 2 幕场景（王子与奥杰塔互诉衷情）；⑤ 匈牙利舞曲（宴会上的舞蹈音乐）；⑥ 第 4 幕场景（王子识破骗局，焦急地寻找奥杰塔）。

（十三）肖　　邦

肖邦（Fryderyk Franciszek Chopin 1810-1849 在世 39 年）波兰钢琴家、作曲家。少年时即接触波兰民间音乐。1826—1829 年在华沙音乐学院学习，1830 年赴维也纳、巴黎等地旅行演奏。1831 年祖国沦陷后就定居巴黎。与浪漫主义的音乐家李斯特、乔治·桑、诗人海涅等时有交往。

肖邦的许多作品都体现着强烈的爱国主义思想，反映着憎恨沙俄对波兰的民族压迫、统治及对被侵略的祖国的思念。

他的创作在发挥钢琴的性能和表现力等方面都有所创造，对后人有着深远的影响。

Op.40，No.1《A 大调波兰舞曲》

《A 大调波兰舞曲》别名《军队波兰舞曲》。因乐曲充分表现了具有军队行进、英勇战斗的英雄气概，故名。也是作者多年来，对祖国遭受异国入侵，同胞蒙受苦难的悲愤心情和渴望祖国胜利光复的信念的表达。

作者另一首具有类似气概的作品，Op.53《bA 大调波兰舞曲》，亦被称为《军队波兰舞曲》，还有称其为《英雄波兰舞曲》的。

（十四）格 林 卡

格林卡（Mikhail Ivanovich Glinka 1804-1857，在世 53 年），俄罗斯作曲家。出生于庄园主家庭，幼时曾从农奴乐师学习小提琴和钢琴，1818 年入彼得堡贵族学校学习，后任公职，业余从事音乐创作。与普希金等有所交往。1830 年曾去意大利、德国、西班牙等国游学。1834 年回国，开始创作以俄国历史为题材，俄罗斯民间音乐为素材，具有突出的俄罗斯风格的音乐作品。如他的歌剧《伊凡·苏萨宁》、《鲁斯兰与柳德米拉》等，其交响幻想曲《卡玛林斯卡雅》是俄罗斯交响音乐的代表性作品。

格林卡一生为俄罗斯古典音乐的形成和发展做出了很大贡献，故被尊称为“俄罗斯音乐之父”。

《卡玛林斯卡雅》交响幻想曲

《卡玛林斯卡雅》幻想曲完成于 1848 年。乐曲采用俄罗斯民间广为流传的两首民歌为素材，以优美、抒情、缓慢的“婚礼歌”为第 1 主题，以欢快、热烈、快速的民间舞曲“卡玛林斯卡雅”为第 2 主题，将两个主题加以发展、变奏而成。作品成功地表现了俄罗斯人民的生活画面，是一部风俗画式的交响音画。

俄罗斯作曲家里姆斯基—科萨科夫曾说：“格林卡用《卡玛林斯卡雅》来告诉他的后代，如何对俄罗斯民歌旋律进行交响性的处理。”

（十五）德伏夏克

德伏夏克（Antonin Dvorak 1841-1904，在世 63 年），捷克作曲家。曾随村师学习小提琴，16 岁进布拉格管风琴学校学习，后任国家剧院乐队的中提琴师。曾多次赴英、德、俄、美等国访问演出，引起了音乐界的注意。先在布拉格音乐学院任教，1892 年在美国任纽约音乐学院院长。1895 年回国，继续在布拉格音乐学院任教，1901 年任该院院长。

德伏夏克受捷克民族独立运动的思想影响很深，他热爱祖国、热爱自己的民族，一生写了 200 多首作品，许多作品是以斯拉夫民族音调为基础写的。是 19 世纪下半叶“民族（国民）乐派”的代表作家之一。

Op.95《e 小调第 9 交响曲》第 2 乐章

德伏夏克 1893 年所作 Op.95《e 小调第 9 交响曲》（From The New World——“自新大陆”，也有称“新世界”的），因为作品写于美国，当时西方称美洲为“新大陆”，故有上述“别名”。

其中第二乐章慢板是最让人喜爱的乐章。使人们感受到一种饱含深情的沉思，心潮起伏的不很平静的思绪，作品十分细腻地表达了作曲家深切的思乡之情。

（十六）格 里 格

格里格（Edvard Grieg 1843-1907，在世 64 年），挪威作曲家。1858 年进德国莱比锡音乐学院学习。后致力于北欧民间音乐的研究，与友人组织“尤特皮社”以发扬民族音乐，并常在国内外演出，曾任奥斯陆交响乐团指挥。

他具有资产阶级民主主义、爱国主义思想，作品大多以北欧民间传说、文学著作等为题材，具有鲜明的民族风格，是挪威民族乐派的创始人之一。

Op.46《培尔・金特》第 1 组曲之 1——“早晨”

挪威剧作家易卜生根据民间传说写了五幕诗剧《培尔・金特》。可爱的农家姑娘索尔维格，深爱着放荡不羁、不能自律，流浪在外的农村小伙子培尔・金特，历经漂泊、磨难多年的培尔・金特，最后终于回到了怀有思念之情的心爱的人索尔维格身边。

格里格为诗剧配了 22 段音乐。后从中精选出 8 段组成两部管弦乐组曲——《培尔・金特》第 1、第 2 组曲，分别完成于 1888 年和 1891 年。成为雅俗共赏的传史之作。

《培尔・金特》第 1 组曲有 4 首乐曲组成：①早晨；②奥萨之死；③阿尼特拉

之舞；④山神殿。第1首“早晨”，描绘太阳冉冉升起、大自然晨曦的美丽景色。

（十七）斯美塔那

斯美塔那（Bedrich Smetana 1824-1884，在世60年），捷克作曲家。从小学习钢琴、小提琴。1848年参与民族独立运动，作歌曲《自由之歌》、钢琴曲《国民近卫军进行曲》等。斯美塔那具有较深刻的资产阶级民主主义、爱国主义思想，积极从事创作、指挥、撰写评论文章和组织音乐会等活动，还创办了布拉格音乐学校。对捷克民族音乐的发展起了重大作用，是捷克民族乐派的创始者之一。

其作品有歌剧、合唱、交响诗、室内乐、钢琴曲等。主要作品有歌剧《被出卖的新嫁娘》、交响诗套曲《我的祖国》等。

交响诗套曲《我的祖国》之2——“沃尔塔瓦河”

交响诗套曲《我的祖国》完成于1879年，由6首交响诗组成。①维舍格拉德（布拉格一古城堡）；②沃尔塔瓦河（捷克的内河）；③莎尔卡（传说中的女英雄）；④波希米亚的平原与森林；⑤塔博尔（古城，战争遗址）；⑥布兰尼克（布拉格附近的山）。

沃尔塔瓦河是捷克最大的河流，是捷克民族繁荣富强的摇篮，是捷克人民心目中的母亲河。乐曲通过描绘沃尔塔瓦河的美丽景色及两岸的风俗人情，表达了作者对民族、对祖国深切的感情。

（十八）里姆斯基·科萨科夫

里姆斯基—科萨科夫（Rimsky-Korsakvo，Nikolai Andreivitch 1844-1908，在世64年），俄国作曲家。毕业于彼得堡海军学校，早年自学音乐，1871年起任彼得堡音乐学院作曲与配器课程教授。其创作受格林卡的影响，大多取材于俄国历史、文学或民间传说，极富俄罗斯民族风格。

里姆斯基·科萨科夫是俄国“强力集团”（民族乐派“五人团”）的重要成员。“强力集团”是俄国的一个音乐创作集体，以发扬、促进俄罗斯民族音乐为宗旨，由巴拉基列夫、穆索尔斯基、鲍罗廷、居伊和里姆斯基·科萨科夫五人组成。

里姆斯基·科萨科夫的主要作品有歌剧17部以及交响曲、室内乐、合唱曲等，其论著有《和声学实用教程》、《管弦乐法原理》和《我的音乐生活》等。

《野蜂飞舞》

里姆斯基·科萨科夫以普希金的童话诗为蓝本，于1900年写作了同名歌剧《萨尔丹沙皇的故事》。“野蜂飞舞”是剧中的幕间曲，大意为王子变成了野蜂，飞来飞去，专叮王宫中搬弄是非、中伤他人的人和昏庸的沙皇。音乐模仿野蜂飞舞时的嗡嗡声，十分形象。曾被改编成小提琴、大提琴、长笛、小号、钢琴等乐器的独奏曲。

第四章 乐理教学中培养学生音乐素质

道亦道要学乐之道，理一理要懂音之理。

——周立清

第一节 音乐理论基础的概念

音乐理论基础也称乐理，是学习音乐的入门课程。包括音、音律、记谱法、调式、音程、和弦、节奏、节拍、音乐的速度与力度、转调移调、装饰音和旋律的知识，同时还有简谱及五线谱等简介、常用音乐术语等。它要解决的问题是有关声音的性质、律制、怎样记谱（也就是怎样读谱）、音乐的基本要素、音与音之间结合的基本规律等等。

记谱（和读谱）的方法也是其中很重要的一个部分。记录音乐的方法有很多种，在中国古代曾经使用过的就有文字谱、工尺谱等几大类别，用于不同的乐器时又有琴谱、琵琶谱之分。同文字类似，乐谱就是人们规定的一套符号体系，不管使用什么样的记谱法，其目的都是将音乐准确地记录下来，以便根据这个记录来传播和再现（表演）。

目前国际通用的是五线谱和简谱记谱方法，在掌握了五线谱之后，学习简谱将会变得更加容易。

第二节 音的基本特性

一、音的产生

音是一种物理现象。物体振动时产生音波，通过空气传到人们的耳膜，经过大脑的反射被感知为声音。

二、音的性质

人所能听到的声音每秒振动数为16—20 000次，在自然界中，人的听觉能感受到的音很多，但并不是所有的音都可以作为音乐的材料。使用到音乐中的音（不含泛音），一般只限于每秒振动27—4 100次的范围内。

音乐中所说的音是人们在长期的生活实践中挑选出来，能够表现人们生活或思想感情的，并组成一个固定的体系，用来表达音乐思想和塑造音乐形象。

（一）音的物理属性

由于音的振动状态的规则与不规则，音被分为乐音与噪音两类。音乐中所使用的主要是乐音，但噪音也是音乐表现中不可缺少的组成部分。音有高低、强弱、长短、音色四种性质。

1. 音的高低

是由于物体在一定时间内折振动次数（频率）而决定的。振动次数多，音则高；振动次数少，音则低。

2. 音的长短

是由于音的延续时间的不同而决定的。音的延续时间长，音则长；音的延续时间短，音则短。

3. 音的强弱

是由于振幅（音的振动范围的幅度）的大小而决定的。振幅大，音则强；振幅小，音则弱。

4. 音　　色

音色则由于发音体的性质、形状及其泛音的多少等不同。

（二）音的性质特点

音的四种性质，在音乐表现中都是非常重要的，但音的高低和长短则具有更为重大的意义。一首歌曲，不管你用人声来演唱或用乐器来演奏，用小声唱或是大声唱，虽然音的强弱及音色都有了变化，但仍然很容易辨认出这支旋律。但是，假如将这首歌的音高或音值加以改变的话，则音乐形象就会立即受到严重的破坏。因此，不管创作也好，演奏演唱也好，对音高和音值应加以特别的注意。

音色是指音的感觉特性，是音乐中极为吸引人、能直接触动感官的重要表现手段。发音体的振动是由多种谐音组成的，其中有基音和泛音，泛音的多少及泛音之间的相对强度决定了特定的音色。人们区分音色的能力是天生的，音色分为人声音色和器乐音色。人声的音色有高、中、低音，并且有男女之分；器乐音色中主要分弦乐器和管乐器，各种打击乐器的音色也是各不相同的。

第三节　音的分类

一、乐音与噪音

音可以分为乐音、噪音两类。乐音与噪音之间的区别是根据音振动状态的规则与不规则来分的。音乐中使用的主要是乐音，但噪音在是音乐表现中必不可少。如架子鼓发出的声响就是一种噪音，不过，这种噪音有一定的规律。

在我国民族音乐里，噪音的使用具有相当丰富的表现能力。如在戏曲音乐中，打击乐器在其他艺术表现手段的配合下，在塑造人物形象、表现各种思想情感方面，其作用是异常明显的，这是世界音乐文化中非常具有特色的一部分，是值得我们很好地研究和学习的。

二、音　　阶

音阶是指调式中的各音。从以某个音高为起点即从主音开始，按照音高次序将音符由低至高来排列，这样的音列称为音阶。

世界各地有许多不同的音阶，随着音乐水平的进步，音乐已经形成非常完整的理论与系统，目前世界上几乎都是采用西洋的十二平均律来作为学习音乐的基础。因此这里所指的音阶，是以最普遍的大音阶（大调）与小音阶（小调）为主。

音阶根据调式所包含音的数量可分为五声音阶、七声音阶等。音阶由低到高叫作上行，由高到低叫作下行。五声音阶（Pentatonic scale）由五个音构成的音阶，多用于民族音乐的调式如：do、re、mi、sol、la（xi、do）。

三、乐音体系

在音乐中使用的、有固定音高的音的总和，叫作乐音体系。

1. 音　　列

乐音体系中的音，按照上行或下行次序排列起来，叫作音列。

2. 音　　级

乐音体系中的各音叫作音级。音级有基本音级和变化音级两种。乐音体系中，七个具有独立名称的音级叫作基本音级。基本音级的名称是用字母和唱名两种方式来标记的。两个相邻的具有同样名称的音叫作八度。升高或降低基本音级而得来的音，叫作变化音级。将基本音级升高半音用“升”或“#”来标明；降低半音用“降”或“b”来表明；升高全音用“重升”或“×”来标明；降低全音用“重降”或“bb”来标明；还原用“♮”表示。

3. 音的分组

钢琴上五十二个白键循环重复地使用七个基本音级名称，因此，在音列中便产生了许多同名的音，为了区分音名相同而音高不同的各音，我们将音列分成许多个“组”。

（1）小字一组：在音列中央的一组，它的音级标记用小写字母并在右上方加数字 1 来表示，如 c^1、d^1、e^1 等。

比小字一组高的组顺次定名为：小字二组、小字三组、小字四组、小字五组。

（2）小字二组：小字二组的标记用小写字母并在右上方加数字 2 来表示，如 c^2、d^2、e^2 等。其他各组以此类推。

比小字一组低的组，依次定名为小组、大字组、大字一组及大字二组。

（3）小字组：小字组各音的标记用不带数字的小写字母来表示，如 c、d、e 等。

（4）大字组：大字组用不带数字的大写字母来标记，如 C、D、E 等。

（5）大字一组：大字一组用大写字母并在右下方加数字 1 来标明，如 C_1、D_1、E_1 等。

（6）大字二组：大字二组用大写字母并在右下方加数字 2 来标明，如 A_2、B_2 等。

四、音域与音区

1. 音　　域

有总的音域和个别的人声或乐器的音域两种。总的音域是指音列的总范围，即从它的最低音到最高音（C_2—c^5）的距离而言。个别的人声或乐器的音域是指在整个音域中所能达到的那一部分，如钢琴的音域是 A_2—c^5。

2. 音　　区

是音域中的一部分，有高音区、中音区、低音区三种。在整个音域中，小字组、小字一组和小字二组属于中音区。小字三组、小字四组和五组属高音区，大字组、大字一组和大字二组属低音区。

3. 人声与乐器的音区

各种人声和各种乐器的音区划分，往往是不相符合的。如男低音的高音区是女低音的低音区等。各音区的特性音色在音乐表现中，有着重大的作用。高音区一般具有清脆、嘹亮、尖锐的特性；而低音区则往往给人以浑厚、笨重之感。

4. 自然半音及自然全音

由两个相邻的音级构成的半音叫作自然半音。自然半音可以由基本音级形成，也可以由变化音级形成，或由基本音级与变化音级形成。

由相邻的两个音级形成的全音叫作自然全音。自然全音和自然半音一样，可以由基本音级形成，也可以由变化音级形成，或由基本音级别变化音级形成。

由同一音级的两种不同形式所构成的半音，叫作变化半音。变化半音可以由基本音级和变化音级形成，也可以由变化音级形成。

由同一音级的两种不同形式或隔开一个音级所构成的全音，叫作变化全音。变化全音可以由基本音级和变化音级形成，也可以由变化音级与变化音级形成。

自然半音和变化半音、自然全音和变化全音，是两种性质完全不同的半音和全音，不应有所混同。

第四节　调式与音的关系

一、什么是调式

1. 调式概念

在音乐中，按照一定的关系联结在一起的许多音（一般不超过七个），组成一个体系，并以一个音为中心（主音），这个体系就叫作调式。

2. 稳定音与不稳定音

在调式体系中，起着支柱作用并给人以稳定感的音，叫作稳定音；给人以不稳定感的音，叫作不稳定音。不稳定音有进行到稳定音的特性，这种特性就叫作倾向。不稳定根据其倾向进行到稳定音，这叫作解决。音的稳定与不稳定是相对的。我们常见的某一个音（或和弦）在某一调式体系中是稳定的，但在另一调式体系中可能变得不稳定，即便在同一调式体系中，因为和声处理的不同，某些稳定音也可能暂时处于不稳定的状态中。

3. 调式分类

音乐中的调式分为大调式和小调式。由七个音组成的调式叫大调式，其中稳定音合起来成为一个大三和弦。小调式也是由七个音组成的，其中稳定音合起来成为一个小三和弦。大调式的主音和其上方第三音为大三度，因为这个音程最能说明大调式的色彩。小调式的主音和其上方第三音为小三度，因为这个音程最能说明小调式的色彩。在大小调体系中，起稳定作用的是第Ⅰ、Ⅲ、Ⅴ级。这三个稳定音级的稳定程度是不同的，第Ⅰ级最稳定，而第Ⅲ级和第Ⅴ级的稳定性较差。三个稳定音和它们的稳定性只有和主音三和弦共响时才能表现出来，假使用其他非主音三和弦时，则不具有稳定性。第Ⅱ级、第Ⅳ级、第Ⅵ级、第Ⅶ级是不稳定音级，在适当的条件下，它们显露出二度关系进行稳定音的倾向。

二、大调与小调

（一）大　调

依照十二平均律的系统，我们可以从任何一个半音（DO、#DO、RE、#RE、MI、FA、#FA、SOL、#SOL、LA、#LA、SI）开始，依照大调的音程排列次序来做出一个全新的大调，以 C 大调为例：

Ⅰ　Ⅱ　Ⅲ　Ⅳ　Ⅴ　Ⅵ　Ⅶ Ⅰ

全音　全音　半音　全音　全音　全音　半音

1. 主音与导音

每个大调都有七个音，我们所看到的罗马数字就是为这七个音排列的级数，第一个音为Ⅰ级音作为整个大调最主要的音常常被称为“主音”，而第七个音为Ⅶ级音作为引导整个音阶再度回到主音的Ⅶ级音常常被称为“导音”。

2. 大调的组成规则

每个音之间的音程大小，依序为“全—全—半—全—全—全—半”，这就是大调的组成规则，我们将整个音阶分成两部分：“DO、RE、MI、FA”+“SOL、LA、SI、DO”，称为“音型”，每个音型含四个音，其间的音程距离都是“全、全、半”，所以一个大调就是由两个“全、全、半”音型，中间以一个全音连接而成。整个大调音阶组成的口诀是：“全全半、全、全全半”。

3. 升级调整的大调

例 1：以 C 大调为基础，一个大调应有两个音型，把 C 大调的两个音型去掉前面那一个，只剩下后面的 SOL、LA、SI、DO 部分，在后面再接一个“全全半”的音型，在两个音型之间加上一个全音连接，成为“RE、MI、#FA、SOL”，其中的 FA 需要升半音来做成“全全半”音型，因此这个大调就是：此大调的主音是 SOL，所以调名就是 G 大调，调号是 #FA。

例 2：以 G 大调为基础，一个大调应有两个音型，把 G 大调的两个音型去掉前面那一个，保留后面的 RE、MI、#FA、SOL，会再得到一个新的音型 LA、SI、#DO、RE。这个大调的主音是 RE，所以调名就是 D 大调，然后调号是 #FA 与 #DO。

例 3：以 D 大调为基础，一个大调应有两个音型，把 D 大调的两个音型去掉前面那一个，保留后面的 LA、SI、#DO、RE 得到一个新的音型 MI、#FA、#SOL、LA。这个大调的主音是 LA，所以调名就是 A 大调，调号是 #FA、#DO 与 #SOL。由此三例继续做下去，我们会得到七个大调：G 大调、D 大调、A 大调、E 大调、B 大调、#F 大调、#C 大调，而这七个调的调号有一个共同点，就是延续前一个调的调号再增加一个新的调号，顺序是：#FA、#DO、#SOL、#RE、#LA、#MI 与 #SI，列如：C　G　D A E B #F #C。

4. 降级调整的大调

例 1：降级大调与升级大调相反，以 C 大调为基础，一个大调应有两个音型，在一开始去掉 C 大调后面的音型留下前面的 DO、RE、MI、FA，然后前面再接一个音型，用一个全音连接起来得到 FA、SOL、LA、降 SI 的音型：这个大调的主音是 FA，所以调名就是 F 大调，调号是降 SI。

例 2：一样的方法，以 F 大调为基础，在一开始去掉 F 大调后面的音型，保留前面的音型，在向前接一个音型，得到一个新音型：降 SI、DO、RE、降 MI 这个大调的主音是降 SI，所以调名就是降 B 大调，调号是降 SI、降 MI。

以此类推，得到七个降级大调：F 大调、降 B 大调、降 E 大调、降 A 大调、降 D 大调、降 G 大调、降 C 大调这七个大调，这七个调的调号有一个共同点：就是延续前一个调的调号，增加一个新的调号，顺序是：降 SI、降 MI、降 LA、降 RE、降 SOL、降 DO、降 FA，列如：C F 降 B 降 E　降 A 降 D 降 G 降 C。

注意：十二平均律中只有 12 个音，只能做出 12 个大调，可是算一下，C 大调 +7 个升级大调 +7 个降级大调 =15 个，怎么会多 3 个？原因很简单，其中一定有三个调是重复的，需要扣掉，但怎么有重复的？原因也很简单，就是“同音异名”造成的。现将升级大调与降级大调的调名列出来哪三个调是重复的，一目了然。

1 2 3 4 5 6 7　　GDAEB #F #C（升级大调）

F、降 B、降 E 、降 A、降 D、降 G、降 C（降级大调）

5. 同音异名调

调名表明这 6 个调互相是同音异名的调：

B 大调（5 个升记号）　同降 C 大调（7 个降记号）

#F 大调（6 个升记号）　同降 G 大调（6 个降记号）

#C 大调（7 个升记号）　同降 D 大调（5 个降记号）

其中（B/ 降 C）、（#F/ 降 G）、（#C/ 降 D）根本就是同一个音，既然主音相同，那音阶自然就完全一样了，只是写法不同而已。

（二）小　调

1. 小　调

与大调相比可就简单多了，每一个大调都有一个附属的小调，而且这个附属小调所用的调号是共用该大调的调号，我们可以将小调看成是“寄生”于大调的另一种音阶。将该大调的主音向下移小三度就可以找到小调的主音了。十二平均律小调口诀是：全半全全半全全。

例 1：以 C 大调为例，其附属小调就是 a 小调了。

本例中下面那一行就是 C 大调的附属小调 a 小调，确定了主音是 LA 后，向上排 7 个自然音上去，因为 C 大调没有任何的升降记号，所以 a 小调也就没有任何的升降记号。

c 大调是：C D E F G A B C

a 小调是：A B C D E F G A

例 2：本例是两个升记号的 D 大调，附属小调就是 b 小调，其他的音往上推，因为调号都写在前面了，所以不用去想哪个音要升或要降了。这种小调称为自然小音阶，在作曲中并不常用。

D 大调是：D E #F G A B #C D

b 小调是：B #C D E #F G A B

2. 小调的分类

小调分“自然小音阶”、“和声小音阶”、“旋律小音阶”、“现代小音阶”四种。自上而下分别是“自然小音阶”、“和声小音阶”、“旋律小音阶”、“现代小音阶”。其区别如下：

（1）自然小音阶：除了调号之外，完全不加任何临时记号。

（2）和声小音阶：因为和声学导音的概念，导音应该和主音相差半音，所以除了调号之外，将自然小音阶的七级音升高半音，就成为和声小音阶。

（3）旋律小音阶：除了调号之外，由于和声小音阶将七级音升高半音，六级音和七级音就会相差增二度（三个半音）了，为了方便旋律的发挥，所以在音阶上行时将六级音也升半音，却给人以大调的感觉，为了解决这个问题，便在音阶下行时将六级音和七级音还原，成自然小音阶的样子，称为旋律小音阶。

（4）现代小音阶：除了调号之外，在现代的和声中，技术不断进步，大小调的调性也不再是很重要的事了，作曲家需要新音阶，现代小音阶就出现了，和旋律小音阶不同的是，现代小音阶在下行的时候是不将六级音和七级音还原的。

第五节　音　程

一、音程定义

所谓的音程指两个音级在音高上的相互关系。是指两个音在音高上的距离而言，其单位名称叫作度。度作为音程的单位，是两个音符之间相差几个自然音音名的数量单位，如四度就是指由这个音算起四个自然音音名，如DO和FA之间的度数算法是DO、RE、MI、FA四个自然音音名，因此DO和FA之间的度数就是四度。

二、音程距离

度数并没有办法显示DO和FA之间的确实距离，确实距离要用半音来算。因为若只是用度数来计算音程，会出现一个问题：有些度数虽然都叫四度，但之间相隔的半音数目却不一样，如DO和FA之间相差五个半音，而FA和SI之间相差六个半音。度数是相同的，但实际的距离却不同。因此，确定了这组音的度数后还要在度数的前面再加上大、小、增、减等形容词来进一步确定这组音的正确音程。例：若以自然音Do、Re、Mi、Fa、Sol、La、Si来作例子，所可能出现的音程如下：

一度 二度 三度　四度　五度　六度　七度 八度

同音与同音之间为最低度数，称为一度，相隔一个音的称为二度，其他以此类推。但是这只是最粗略的分法，因为相同的度数之间，还是会因为相隔半音数目不同而有差别，如谱例：

大二／小二 大三／小三 完全／增四 完全／减五 大六／小六 大七／小七

如上例的大二／小二度，DO和RE相差两个半音（即一个全音），MI和FA相差一个半音，但以度数来说都叫二度，为了区分这两种不同的音程，音程较远的被称为大二度，音程较近的被称为小二度。因为一、四、五、八这四种度数在和声学上被认为是最和谐的音程，所以在四度和五度的地方有完全的字样，因此我们称为完全音程，即完全一度、完全四度、完全五度、完全八度。在音程中，最常见的就是大、小和完全这三种。完全音程因为完全，所以不再冠以大、小这样的字眼，在乐理上是没有大四度或小五度这种名词。而在其他同度数的情况下，大音程一定比小音程多一个半音，如大三度就一定比小三度多一个半音，但有时候因为临时记号的关系，出现了比大三度要再多一个半音的情况，这个音程被称为增三度，如 FA 和 #LA 就是增三度，反之，若出现比小三度要再少一个半音的情况，就称为减三度，如 #RE 和 FA。在完全音程的情况下，像 DO 和 FA 相差五个半音，称为完全四度，但 FA 和 SI 却相差六个半音，比正常的完全四度增加了一个半音，此时我们就以完全四度作为标准状态，称呼 FA 和 SI 的音程为增四度，完全五度和减五度同上。

记住最基本的自然音程，其他的就依照原则去推论。若这个音程是大、小、完全音程，那就没什么关系了。但若不是，则比大音程或完全音程还要多半音的音程称为增音程；反之，比小音程或完全音程还要少半音的音程称为减音程。超过八度的音程，称为复音程（八度以内称为单音程），要判别复音程很简单，只要算出这个音程是八度 + ？？度数，再减去一度即可得到答案，如 c 和 c^2 虽然都是唱 DO，但差了二个八度，所以它们的音程就是八度 + 八度再减去一度，答案 15 度。

三、常见的音程

距离 0 个半音：纯一度

距离 1 个半音：小二度（MI / FA）、增一度（DO / #DO

距离 2 个半音：大二度（DO / RE）、减三度（#RE / FA）

距离 3 个半音：小三度、增二度

距离 4 个半音：大三度、减四度

距离 5 个半音：纯四度

距离 6 个半音：增四度、减五度

距离 7 个半音：纯五度

距离 8 个半音：小六度

距离 9 个半音：大六度

距离 10 个半音：小七度

距离 11 个半音：大七度

距离 12 个半音：纯八度

四、音程的类别

（一）旋律音程与和声音程

先后弹奏的两个音形成旋律音程。同时弹奏的两个音形成和声音程。旋律音程书写时要错开，和声音程书写时要上下对齐。音程中，下面的音叫根音，上面的音叫冠音。旋律音程依照它进行的方向分为上行、下行、平行三种。

（二）原位音程与转位音程

音程的根音和冠音相互颠倒，叫作音程转位。音程的转位可以在一个八度内进行，也可以超过八度。音程转位时可以移动根音或冠音，也可以根音、冠音一起移动。

音程转位时的规律：

（1）所有音程分为两组，它们是可以相互颠倒的。

（2）可以颠倒的音程总和是 9。因此我们若要知道某一音程转位后成几度音程，便可以从 9 中减去原来音程的级数，例如：七度（7）转位后（9 － 7 ＝ 2）成二度，其他以此类推。除了纯音程外，其他音程转为后都成为相反的音程：纯音程转位后成为纯音程，大音程和小音程之间通过转位后相互转化，增音程和减音程之间通过转位后可以相互转化，但增八度转位后不是减一度，而是减八度，倍增音程和倍减音程之间通过转位后可以相互转化。

（三）协和音程与不协和音程

和声音程可以分为极完全协和音程、完全协和音程、协和音程、不完全协和音程、不协和音程等。

和声音程在听觉上所产生的印象，按照其协和程度，音程可分为协和的及不协和的两类。

1. 协和音程

是指听起来悦耳、融合的音程，叫协和音程。协和音程又可分为三种：

（1）声音完全合一的纯一度和几乎完全合一的八度是极完全协和音程。其特性是声音有点空。

（2）声音相当融合的纯五度和纯四度是完全协和音程。其特性是声音有点空。

（3）不很融合的大小三度和大小六度是不完全协和音程。其特性是声音则较为丰满。

2. 不协和音程

听起来比较刺耳，彼此不很融合的音程叫作不协和音程。包括大小二度、大小七度及所有增减音程（包括增四、减五度音程）倍增、倍减音程。

第六节 音乐记谱法

一、记 谱 法

（一）记谱法概念

记录乐曲的方法叫作记谱法。乐谱是记录音乐的工具，正确的记谱对创作和表演都十分重要，要学习音乐就必须掌握记谱法。

各种记谱法虽然在其发展中不断趋于完善，但到目前为止，世界上还没有一种记谱法能够完美无缺地记录音乐。如高音、力度、速度上的细微差异，各种装饰音的奏法等，都还需要演奏者凭其各自不同的理解来加以具体的分析和处理。

正确的记谱，其目的是为了能简单明了、科学合理、准确地反映音乐思想。目前国际通用的是五线谱和简谱记谱方法。

（二）记谱法概况

在音乐的发展过程中，由于乐曲的不同内容和需要而产生了各种各样的记谱方法。

（1）各国所使用的乐谱大体可分为两类：一类是文字乐谱，另一类是符号乐谱。

（2）我国古代用律吕字谱来记录音乐。律吕字谱借用我国十二律的名称（黄钟、大吕、太簇、夹钟、姑洗、钟吕、蕤宾、林钟、夷则、南吕、无射、应钟）来记谱。宫商字谱借用古代五声音阶的音名（宫、商、角、徵、羽）来记谱。

（3）我国民间的记谱法还有古琴谱（减字谱）、古琵琶谱、锣鼓谱、公尺谱等。但由于这些记谱法太复杂、烦琐、不准确、不易推广，所以到近代已逐步失传和淘汰了。

（4）世界上其他国家过去有的曾用本国的文字来记谱，如希腊字母谱、拉丁字母谱等。后来又出现了简谱，以及现在广泛使用的五线谱等。

二、简　谱

简谱是记谱法的一种，于16世纪中叶初步成型于欧洲。先后经17世纪的法国教士苏埃蒂（Jean Jacques Souhaitty）及18世纪启蒙思想家、教育学家、哲学家卢梭（J.J.Rousseau）等人的加工而渐趋完备。它用阿拉伯数字（1、2、3、4、5、6、7）记录音的高低。在数学之后或下面加用横线表示音的长短。由于这种记谱法简单明了，故称“简谱”。它曾流行于日本，于清末民初时传入我国，在我国的音乐普及工作中起了相当大的作用。

简谱记谱法的优点是：调式感强，简单易学，便于推广流传。简谱记谱法的缺点是：音高的形象感差，由于它是靠音符上下的加点来表明音的高低八度，如在记谱上有疏忽，就会造成音响上的错误。其次是它缺乏多声部的立体感，而且转调时看谱费神，致使转调频繁的段落无法演唱。所以，用简谱可以记录一些简单的单声部旋律，但如用它记录音域宽广、声部众多、转调频繁的乐曲就比较困难，因此它逐渐跟不上人们对音乐日益发展的需要。所以，即使在简谱起源的法国和曾流行一时的日本，它都已销声匿迹，致使在极少数的国家使用。

三、五 线 谱

五线谱产生于 11 世纪，由意大利音乐家季多（Guido d'Arezzo，约 990-1050）发明。后来又出现了加线以及能适应不同音域、不同用途的高音、中音、低音谱表和大谱表及总谱表等。

五线谱记谱法的优点是：音高的形象感强，还能非常方便地记录同时发音的诸多声部及和弦。因此，用它既可记下单声部的旋律，也可记下音调复杂、声部繁多的大型音乐作品。它的旋律线条清晰，和声立体感强，一眼望去就可知道乐曲的梗概。由于五线谱比较科学，优点较多，目前已被世界各国广泛地运用它来记录音乐，便已成为世界上通用的记谱法。

第七节　音符和休止符

一、音符与休止符的概念

用以记录不同长短的音的进行的符号叫作音符。用以记录不同长短的音的间断的符号叫作休止符。

音值的基本相互关系是：每个较大的音值和它最近的较小的音值的比例是 2 ∶ 1。例如：全音符等于两个二分音符，一个二分音符等于两个四分音符；全休止符等于两个二分休止符等。

二、音符与休止符的写法

在记谱法中，音符与休止符的写法，与音乐的构思、音符与休止符在五线谱上所处的位置有着密切联系。音符与休止符的写法的基本规则如下。

（一）音符写法

1. 音符结构

音符由符头、符干和符尾三部分构成。符头（空心的或实心的椭圆形标记）、符干（垂直的短线）和符尾（连在符干一端的旗状标记）。

2. 记写规则

音符的符头可以记在五线谱的线上与间内。符头在五线谱上的位置愈高音愈高，反之音符符头的位置愈低音也愈低。用音符干记谱，符头在第三线以上时，符干朝下，写在符头的左边；在第三线以下时，符干朝上，写在符头的右边。符头在第三线上，符干朝上朝下都可以，根据邻近的符干方向而定。

音符的符尾永远写在符干的右边并弯向符头。假如同一符干连着许多符头而又分布在第三线的上下时，则以离第三线最远的符头为准。许多音符组成一组时，用共同的符尾（符杠）相连。这时符干的方向仍以离第三线最远的符头为准。两条以上的符杠要平行。

单声部音乐永远用单符干记谱。多声部音乐只有在节奏相同的情况下，才可以用单符干记谱。节奏不同时，则用双符干或多符干记谱。用双符干记二声部乐曲时，高声部符干朝上，低声部符干朝下，声部交错时，其原则不变。

符干的长度一般应保持八度音程的距离，假如符干连着许多符头时，符干的长度应是符头间的距离加上八度音程的距离。如果符头在上加三线以上，符干必须延伸到五线谱的第三线或第四线。如果符头在下加三线以下，符干必须延伸到五线谱的第三线或第二线。音符如果带符尾，则符尾形状不变。许多音符用共用符尾联结在一起时，符干长度多半长短不一，这时要使符杠与最近符头的距离至少距离八度。

符杠的方向与符头的总趋向基本平行。

由于谱面狭窄至少距离八度。符杠的方向与符头的总趋向基本平行。由于谱面狭窄及其他种种原因，不可能遵守上述规则时，适当缩短或伸长符干长度是完全可以的。附点写在音符符头和休止符右边的间内，而不记在线上。

（二）休止符写法

休止符在单符干记谱中，永远记在第三线上，或靠近第三线的地方。二分休止符写在第三线的上面，全休止符写在第四线的下面。在双符干记谱中，各声部共同休止时，休止符的记法与单符干记谱相同。个别声部休止时，休止符写在五线谱的边缘，或五线谱之外。这时全休止符和二分休止符要使用加线。全休止符写在加线的下面，二分休止符写在加线的上面。

第八节　增长音值的补充符号

在记谱法中，除了应用基本音符时值以外，还应用其他的一些增长音值的符号，这些符号如下。

1. 附　点

是记在符头右边的小圆点，带有一个附点的音符，增长原有音符时值的二分之一；带有两个附点的音符，增长原有音符时值的四分之三。符点也同样适用于休止符。附点音符的符头若在五线谱的间内，附点写在符头的旁边，若在线上，附点则写在线的上面或下面。

2. 延 音 线

用在音高相同的两个或两个以上的音符时，表示它们要唱成一个音，它的长度等于这些音符的总和。在单声部音乐中，连线永远写在和符干相反的方向。假使一行五线谱上记有两个声部时，则高声部连线朝上弯，低声部的连线朝下弯。要是多于两个声部时，连线则分写在两边。

3. 延长符号

延长符号是在半圆形中间加一圆点，在单声部乐曲中它写在音符和休止符的上面，表示按作品的风格、演奏者的意图可自由地增长音符或休止符的时值。在多声部音乐中延长符号也可以记在音符或休止符的下面。延长符号也可以记在小节线上，表示小节之间的片刻休止。记在双纵线上的延长符号则表示乐曲的结束或告一段落。

第五章 器乐教学中培养学生音乐素质

舞台之于表演者永远只有一次机会，必须精益求精。

——周立清

第一节　器乐教学对学生音乐素质培养的重要性

一、器乐教学的重要性及发展概况

20世纪中叶以来，一些发达国家已开始强调器乐教学在学生音乐素质培养中的重要性，并进行了广泛的实践和研究。日本著名的铃木教学法，认为器乐的学习对于提高人的音乐素质至关重要，这个理论逐渐成为了国际上器乐教学很有影响力的流派。

众所周知的德国奥尔夫教学法，大量采用打击乐器，结合歌谣、舞蹈等因素，并吸取了钢琴即兴创作的表现手段，使器乐的艺术效果上了一个新台阶，卓有成效地提高学生的音乐素质和创新思维。奥尔夫的教学法成为国际性的重要音乐教学法之一。

美国器乐体裁的爵士乐，在演奏中的即兴表演，对于从小培养人的创造性思维，以至扩展到其他领域，都有显著成效。

二、器乐教学在中国的发展

乐器进课堂，也是要从根本上改变我国的传统音乐教学模式，使我国音乐教育与国际接轨。认识到，没有器乐教学的音乐教育是不完整的音乐教育，而没有音乐教育的教育则是不完整的教育。器乐教学的实验研究，是音乐教学的一个组成部分，是整个教育系统中能够“牵一发而动全身”的重要子系统，器乐进课堂是我国基础教育一次标志性的改革。

重视器乐教学的实践，重视学生的艺术修养，重视将器乐与整个音乐教育结合起来进行理论研究和大胆改革，是我们音乐教育特别是器乐教学的责任，也是学生音乐素质全面发展赋予我们的光荣使命。

三、器乐教学的现状分析

音乐教学的传统模式就是将传授知识、训练技能放在首位，单纯地训练学生识谱、视唱和唱歌，教学内容单调，方法也比较简单。器乐教学只是在课外进行，学校组织少数学生学习器乐演奏，其目的也只是为了演出了比赛。而现代的教育观念，尤其是素质教育认为，音乐教学是以审美为核心的普及性的艺术教育，全面培养学生的音乐素质。其中会演奏乐器是感受、理解、欣赏、表现音乐的一种能力。所以现在乐器进课堂，每位学生都能演奏一种乐器。通过器乐学习培养学生的学习兴趣，提高学生的音乐素质。我们要清醒地看到，器乐教学作为音乐教育的手段，其真正目的在于培养学生音乐素质和艺术形象思维，提高学生的动手能力和艺术修养，而不是把每一位学生都培养成为演奏家、音乐家。因此，不管学生会民族的吹打乐还是会拉弦弹拨乐，不管学生会西洋的吹奏乐还是会弓弦打击乐，只要是对学生音乐学习有利的，能调动学生的学习积极性、帮助学习提高音乐素质的，我们都应该加强。这不仅能促进学生素质的全面发展，而且也为音乐课堂增添了更亮丽的光环，给学生以美的熏陶和美的享受。

器乐教学在音乐教育体系中，既是学生学习音乐和表现音乐的重要手段，又是开发智力的重要途径。人的大脑是由左、右半球所组成的，其中有些地方是特殊的最富有创造性的区域。当学生学习弹琴与绘画时，双手必须做精细、灵巧的动作，这就使这些区域的活动力被激发出来，处于“兴奋”状态。许多科研成果表明，当学生学习与演奏乐器时，由于左右手指经常运动，使得反应更加灵敏，智力得到开发，而且对左半球与右半球的协调、平衡、和谐发展有着重大的作用与影响。这种智力的促进与开发，既表现在反应灵敏、思想开阔上，也表现在观察力敏锐、想象力和创造力丰富等方面。从生理上分析，学生在演奏器乐时，美妙音乐影响其情绪，情绪又影响着荷尔蒙的分泌，进而影响大脑分析能力和记忆能力，由此可见，通过器乐演奏不但能影响和激发学生的情绪，促进智力的开发，还能陶冶情操，美化心灵。

四、器乐教学的策略研究

1. 激发兴趣，培养学生的内在驱动力

音乐课程标准中提出了以音乐审美为核心、以兴趣爱好为动力、面向全体学生、注重个性发展、重视艺术实践等崭新的音乐教育理念。其中“以兴趣爱好为动力”尤为重要。兴趣是一个人对某种事物的积极态度，也是学好任何知识的先决条件。兴趣能产生动力，产生不畏困难的精神。教师应引导学生喜爱音乐、体验音乐的乐趣，从而获得学习的内驱力，推动他们不断探索和获取新知识、新技能。

兴趣的培养是多方位的，它贯穿于所有教学。在器乐教学中，通过情境创设、技巧表现等手段来激发学生学习兴趣，使他们主动学习器乐。我们采取兴趣诱发式教学。如在学习竖笛时，先给学生播放一段竖笛演奏的乐曲，让他们听音色辨乐器。然后拿出竖笛，吹奏几首孩子们熟悉的歌（乐）曲。再简介竖笛的结构、发声原理、演奏方法等，这样既激发了学生学习竖笛的兴趣，又突出了学生的主体地位。还可以设定一些生动有趣的情景和内容，增强学生的创造意识，发展其想象力。在轻松的游戏和有趣的学习中，使他们对器乐产生浓厚的兴趣，常练常新，激发学生持久的器乐学习动机。

2. 创新方法，提高器乐教学的质量和效率

我们在器乐教学中要将节奏、音准、律动等诸多内容有机巧妙地结合一起。可以让竖笛为歌曲伴奏；结合打击乐器一起为欣赏曲的主题旋律增加和声，丰富乐曲色彩；通过使用打击乐器，击出明快欢乐的节奏；用钢琴、电子琴、葫芦丝、口风琴、竖笛等，在实践中掌握音高、节奏、视唱及乐理知识。

当学生手拿乐器演奏旋律打击节奏，配合身体动作，演奏就成了律动的训练。器乐教学用律动的形式来进行，律动靠器乐来形成。音乐教学从形式到本质展现了更加艺术化的魅力。

我们结合课本教材，精选贴近学生的生活的练习曲目，如《粉刷匠》、《赛船》、《铃儿响叮当》、《欢乐颂》、《布谷》等，这些旋律优美明媚、节奏跳跃明快、

曲调结构简单易学，非常合适作为器乐启蒙曲。让音乐的方方面面糅合在一起，在反反复复的训练中提高音乐素养。

3. 坚持引导，培养学生良好的学习习惯

培养学生的学习习惯：

（1）养成遵守纪律不讲话，多倾听。

（2）专注指挥者，心中有节拍，手脚不乱动乱敲。

（3）学会在演奏中严格自律，相互配合、团结合作，为曲调的整体效果而共同努力。

（4）培养爱护乐器，轻拿轻放，保持乐器清洁的良好习惯。

第二节　学具乐器教学对学生音乐素质的培养

一、竖笛教学培养学生音乐素质

竖笛是价廉物美、音色悠扬的小型乐器，竖笛是学校器乐进课堂的主要工具，是器乐进课堂的最佳选择，也是引导学生进入艺术殿堂的桥梁。

竖笛不仅可以让学生全方位地体验和享受音乐，同时也具有视唱练耳、演奏实践、乐曲欣赏和即兴创作等综合性功能。当今世界各国无不推崇。竖笛教学几乎已成为一些国家音乐教育的主体。竖笛教学，除了能让学生感受音乐、理解音乐、提高鉴赏能力外，还可以训练合作演奏能力，培养音乐记忆力以及创造性思维。

（一）走进竖笛、了解竖笛

竖笛是欧洲一种历史悠久的木管乐器，从中世纪开始使用，它起源于15世纪的意大利，16—18世纪盛行于欧洲各国。竖笛音域较窄，音色优美圆润，是欧洲重要的管乐器，也是巴洛克时代的标准独奏乐器。八孔竖笛在世界发达国家中，无论是在专业音乐表演还是在普通音乐教育中，都发挥着巨大的作用。从著名的音乐学府到普通中小学校，到处都能见到这种雅俗共赏的乐器。专业的竖笛乐团和竖笛研究学会也比比皆是。世界各国还经常举办竖笛比赛，世界各地的电台和电视台经常播放竖笛音乐。竖笛已成为当今世界上最受欢迎的乐器之一。竖笛的音色纯正清丽，柔和轻盈，被称为“柔和的笛子”、“像鸟唱歌的笛子”。它以自然呼吸的力度即可吹响，这样，人们从初学开始，就很容易获得美妙的乐音。

八孔竖笛是系列乐器，常见的有五种，分别是超高音笛、高音笛、中音笛、次中音笛和低音笛。将这些乐器组合起来能自成乐队，演奏丰富多彩的音乐。八孔竖笛又属于十二平均律乐器，可以任意转调，音域在两个八度以上，表现力极为丰富。因而，学习八孔竖笛与学习任何一种西洋乐器一样，都能有效培养人的固定音高概念、有效提高人的音乐专业素养。在很多国家，竖笛已成为拥有最大的学习人群的热门乐器，在中国亦是如此。

由于简单易学，现多用于音乐教学。竖笛音色温润淳朴并具有田园风味，可做不同乐团角色的诠释。乐曲从欢乐愉快至哀伤沉重，竖笛都可以轻松担当。近代演奏家们也尝试着新的演奏法与诠释法，新的乐音诞生，让爱音乐的人们又有了更多的选择与更广的视野。

1. 竖笛形制

竖笛是家族式乐器，这个家族共有几件：小超高音竖笛、超高音竖笛、高音竖笛、中音竖笛、次中音竖笛、低音竖笛、大低音笛、倍低音笛、倍大低音笛。

竖笛这个家族中，目前使用最多的：高音竖笛、中音竖笛、次中音竖笛、低音竖笛。乐器均为 F 调和 C 调渐次出现。例如中音竖笛是 F 调，那么高音竖笛和次中音竖笛均为 C 调。

其中独奏地位最显赫的，当属音域适中、技巧灵活的中音竖笛。它的音域是 F_1—G_3（或者更高）。其次在独奏中用的较多的是高音竖笛和次中音竖笛。其中高音竖笛是中国大陆的中小学校推广的教学器具。不同制式的竖笛可以组成一个竖笛乐队或乐团。

2. 竖笛呼吸方法

初学竖笛时，气息应作为一个难点。吸气要从鼻子和嘴角吸气，吸到胸部和腰部，小腹微微向里收，以使演奏是有气息支持的。为使学生感受气息的运用，可以把学生分成若干小组，运用对比法使学生感受用不同的气息吹奏竖笛所产生的不同效果。比如：把学生分成若干组，有的组感受把一张小纸片放在嘴前，用气息把它吹动而不能把它吹跑，或体验把小蜡烛吹动而不能吹灭；有的组体验吹肥皂不要把它吹爆；有的组感受把空中的小羽毛吹浮在空中而不落到地上；有的组感受用力把大气球吹起来，等等。通过听辨各组用不同的气息演奏出不同的效果，使学生对竖笛气息的运用有了初步了解，为进一步掌握竖笛的基本演奏方法做好铺垫。

3. 竖笛的演奏指法

因为只有 8 个孔，所以直笛在吹奏远关系调时，指法极为复杂不便。长笛有 20 多个复杂的按键和音孔，似乎看起来比直笛复杂得多。其实按键越多，指法就越有规则，所以长笛的半音指法远比竖笛简单。

4. 竖笛演奏技法

单吐是用舌尖顶住上牙的牙根，用气息轻轻地把舌尖冲开，待声音发出后舌尖有弹性地返回到原来的位置，这时舌尖就像一个通气阀门，如果我们让它发出声音就像发“嘟”音的感觉。在有连线的地方只有第一个音采用单吐的技法，后面的音不再做吐音，只接前面“嘟”音的尾音发出“呜”音，整个连线里面的音就像“嘟呜”的。

5. 竖笛演奏技巧

六孔和八孔，吹的时候按住的孔是不一样的，八孔吹时，大多部分音要按住，在八孔竖笛的教学中，培养学生正确的演奏姿势，对于学生养成良好的演奏习惯是很重要的。

正确的演奏姿势是：身体保持正直，眼睛平视，肩部放松且自然下垂。笛口处放入口中不要太深，使笛口不要顶住牙齿为好。左手在上、右手在下，左手的拇指封堵竖笛的背孔 —— 也称高音孔或零孔。竖笛的正面各音孔的名称从上至下分别为 1、2、3、4、5、6、7 孔。左手的二、三、四指封堵竖笛的 1、2、3 孔（注意左手的小指自然地停在竖笛的上方，不要置于竖笛的下侧以免影响左手二、三、四指的灵活性），右手的大指置于竖笛的下侧来稳固竖笛，其余的手指依次封堵竖笛剩下的几个音孔。在用手指封堵竖笛音孔时，应注意要用手指的指腹处封堵音孔，以便音孔关闭严密，左手的拇指要用靠近指尖部腹部封闭音孔，以利于高音孔的开闭。标准直笛的制式颇为简单，只有 8 个音孔，通过按孔的不同组合可以得到 2 个半八度以内的所有半音。所以直笛是 12 平均律乐器，可以吹奏 24 个大小调中的任何一个调性。

6. 竖笛保养

如果我们购买的是一般的塑料或胶木制造的竖笛，保护就较容易些，它不会因为温度及湿度的变化而发生裂痕，每次吹奏完以后用质地柔软的擦琴布把管内的水分擦干，放进乐器盒即可。经常给乐器连接部分的软木上些凡士林油，保持润滑。不要在太阳下直接暴晒。如果购买的是高级木质的乐器，就要特别注意防裂。在我国大部分地区春、冬比较干燥，特别是到了冬天，北方大部分地区都有暖气，更容易使木质乐器发生裂痕。最好每次演奏完了，立即擦干放到乐器盒中，即使是半个小时的时间，也要放在乐器盒中，宁可不擦，但绝不能直接放在干燥的环境下，否则，乐器里的面是湿的，外面是干的，很容易就裂了。其余的保养方法与塑料和胶木质普及品是一样。

（二）竖笛教学的方法对策

1. 创编竖笛指法歌、规范演奏姿势

为了让学生养成良好的学习习惯，从学习开始就要严格要求。从姿势手形到换气用气都要环环相扣、一丝不苟。建议老师可以编写简单的竖笛指法歌，帮助孩子们尽快地熟记各个音的指法。可以规定相应的竖笛学习吹奏动作，让每一个孩子都能跟着老师的指挥来演奏，引导学生从一开始就要学会并适应竖笛的合作演奏。同时，在竖笛教学中还可以变换多种学习形式，提倡小组合作学习，鼓励学生自我组合成立了竖笛互助小组，为了方便学习和交流，一般四人为一组，这样强弱搭配，互帮互学，互相促进，效果比较好。

2. 掌握竖笛演奏法，克服哨音怪声

竖笛作为吹奏乐器，其音色温润淳朴并具有田园风味。表面上看好像简单易学，但要真正完全掌握好吹奏技术，避免竖笛随时可能出现的哨音与怪声，还要特别注意做到以下三个要领：

（1）用指腹按孔时要自然放松，离开音孔时要保持距离适度。

（2）按孔吹奏时多靠手指感应，不要用眼睛老是盯着，过于依赖。按孔吹奏结束后可检查自己手指的小圆圈，完整即为按孔很严实，不漏气也就无怪声。

（3）气息力度控制好，保证不会出哨音。竖笛艺术其实也是控制的艺术，如果气息没有得到很好的控制，吹出的气流太大太急，力度太猛、必然会产生“哨音”。

3. 练习竖笛气息诀、保证呼吸准确

（1）“缓吹法”：竖笛练习中要保持口腔为圆形，唇部肌肉放松，不能太用力，“口风”轻盈徐缓，这样音质浑厚而结实。

（2）“练吹法”：学生在平时的呼吸练习中可对着小纸条或蜡烛练习吹气，通过纸条的舞动、蜡烛摇晃等情况，控制气流，保持呼吸均匀平稳，从而掌握正确的呼吸方法。

4. 开创竖笛新途径、吹奏歌唱结合

新曲学习时可以先进行视唱，可小声独唱或齐唱熟悉乐谱，在乐曲旋律唱熟的基础上，再用竖笛试着吹奏。这样就降低了学习的难度，提高了教学效率。先唱后奏，独奏之后可以再进行分组合作练习，可让一组吹奏另一组演唱，适时交替进行。练好之后，可选择进行齐奏伴奏等。这样既提高了学生的学习兴趣，锻炼了学生意志和毅力，又有力地提升了学生合作演奏能力，相信学生的团队意识与合作意识也会有明显的增强。

另外，可根据学生的年龄特点，设计一些饶有趣味的音乐游戏，把简单的乐理知识融入其中，有效地提高了课堂教学质量，学生潜在的音乐才能也能得到发展。乐理知识、演奏技能、音乐欣赏为一体，这样学生在不知不觉中既学到知识又享受了艺术的快乐。

二、陶笛教学培养学生音乐素质

《音乐新课程标准》对于器乐教学的要求是：“中小学生学习乐器演奏，不是为了掌握一两件乐器的演奏技能，而是为了通过演奏乐器培养和提高学生音乐素质，

让学生更好地感受、表现和创造音乐。”器乐教学中这一指导思想得到了积极的响应，在全国各地取得了很好的示范效果，也为器乐教学积累了很多成功的经验。

目前的课堂教学乐器选择情况如何？据调查所知，大多数学校都选择了竖笛、口琴、口风琴为代表的西洋乐器，学生对我国自己的民族乐器，特别是民族吹管乐器知之甚少，最多只知其名，更谈不上了解。随着陶笛走进课堂，学生在学习的同时，更能从它的发展史、分类、发声原理、制作工艺、乐曲赏析等方面更加深入地了解陶笛，从而激发学生对我国民族乐器和民族音乐探索的兴趣和热爱之情，使我国民族乐器和民族音乐得以传承和发扬光大。

（一）走进陶笛、了解陶笛

1. 陶笛基本特征

陶笛（ocarina）：吹奏乐器的一种，也译作洋埙、瓦埙、土笛、奥卡利那笛、鼓浪笛等，目前世界上最早的陶笛是中国出土的，距今 4 000 多年，原以为是埙的别种，后经专家组研究确认是古老的陶笛。目前国际上比较流行的陶笛多数是一种源自意大利、状似潜艇、有哨口、通常用陶土烧制的吹管乐器。由于陶笛具有音色优美、奏法简单、携带方便等特点，深受学生喜爱，现在陶笛已经成为中国大陆一种普遍流传的学具乐器。

（1）陶笛发展历史：看到陶笛，有很多人也许会联想到中国很古老的吹奏乐器“埙”，“埙”是陶土乐器的鼻祖，以至于在台湾和香港，陶笛的别名叫作洋埙。现代陶笛的源头可追溯至 6 世纪南美的玛雅人和阿兹特克人用于装饰和祭祀的仿鸟鸣的彩绘乐器。在南美洲的厄瓜多尔出土了一批黏土烧制的器具，制作的年代大约在公元前 2000 年，经分析发现，当时人们对黏土的制作水平达到了一种很高的水平，这些器具被证实并不是玩具，其中有一些可以吹奏简单的乐曲。经过发展，在公元前 500—600 年，玛雅人制作的陶笛可以吹奏完整的音阶。陶笛从美洲来到欧洲是在西班牙占领时期，在 1527 年，一批墨西哥的阿兹特克艺人给查尔斯五世宫廷的表演就用到了带哨口的陶笛。演出获得很大的成功，给在场的每个人留下了深刻的印象，他们成名后，经常到欧洲各地演出，让更多的人认识到这种乐器。

（2）陶笛制作材料：制作陶笛的材料很多，陶土、瓷泥、紫砂、塑胶、木材等。

由于陶笛的制作材料不同，因此音色和属性也不完全相同。陶土熏烧的陶笛音色柔美，瓷泥烧制的陶笛声音清脆悦耳，紫砂的陶笛的声音清脆明快，黑陶的音色介于熏烧陶笛和瓷质陶笛之间。但以上烧制的陶笛有一个共同缺点：怕摔易碎。塑胶的陶笛价格便宜，虽然它们的音色无法与以泥土为原料的陶笛相比，但却也结实耐用。木质陶笛的音色要比烧制的陶笛柔和，也是结实耐用，不怕摔，不易碎。

目前世界上最大的陶笛工厂是中国嘉兴的风雅陶笛，在陶笛的制作领域独领风骚！中低音三管陶笛已是世界上最顶尖的产品。

2. 陶笛基本分类

（1）陶笛规格划分：陶笛可以分为高音陶笛、中音陶笛和低音陶笛。高音陶笛的表示符号为S，高音陶笛有C调陶笛、F调陶笛、G调陶笛，分别为SC、SF、SG。中音陶笛的表示符号为A，中音陶笛有C调陶笛、F调陶笛、G调陶笛，分别为AC、AF、AG。低音陶笛的表示符号为B，低音陶笛通常为C调陶笛，也就是BC。还有另外的表示符号：高音陶笛C调（1C）、F调（3F）、G调（2G）。中音陶笛C调（4C）、F调（6F）、G调（5G）。低音陶笛C调（7C）。

（2）陶笛孔数划分：4孔陶笛、5孔陶笛、6孔陶笛、7孔陶笛、8孔陶笛、9孔陶笛、10孔陶笛、11孔陶笛、12孔陶笛，甚至还有17孔以上的陶笛。普通陶笛多为6孔陶笛和12孔陶笛。6孔陶笛可以吹10度音，采用交叉指法，12孔陶笛可以吹13度音，采用顺指法。

（3）陶笛外观划分：工艺陶笛、彩绘陶笛、裂纹陶笛、枪型陶笛、潜水艇型陶笛、扁形陶笛、球形陶笛、圆柱形陶笛等。工艺陶笛就是模仿各种造型制作的陶笛。如：动物陶笛、植物陶笛、车辆陶笛等。

（4）陶笛管数划分：陶笛根据管数来划分，可以分为单管陶笛、复管陶笛。复管陶笛，也称双管或三管陶笛，复就是多的意思。由于陶笛音域有限，当吹奏超出其音域的曲子的时候，除了换用不同调的笛子外，还可以选择使用复管陶笛。复管陶笛是在普通常规陶笛的基础上增加了一个附管或更多的附管构成。主体部分称为主管，附加的部分称为附管。常见的复管陶笛为单附管或双附管，单附管陶笛主管加上附管两个有吹气孔，两个共鸣腔，所以也称作“双管陶笛”或“双腔陶笛”，双附管陶笛也称为“三管陶笛”或“三腔陶笛”，有3个吹气孔、3个共鸣腔。复管陶笛一般有18孔、24孔和32孔三种规格。这种陶笛的音域可以达到两个八度以上，还能奏出和声效果，主要供专业演奏者使用。虽然复管陶笛只是相当于把几个陶笛组合在一起，由于陶笛本身制作上的特殊性，除了要考虑各个共鸣腔的结构、开孔对手指的舒适性的影响等问题外，还要考虑主管和附管的气量和音色的平衡。因此造成复管陶笛制作难度大，成品率低，价格相对较高。

（二）陶笛的演奏技能技巧

中国陶笛的发展，有两个人不能不提，那就是周子雷先生和游学志先生，两人在陶笛界都是很有威望，周子雷先生在国内建立了十几家“陶笛公社”，并在2011年首次让陶笛在国家大剧院举办了《千年风雅》世界陶笛名家专场音乐会，2012年又首次让中国陶笛登上了奥地利维也纳金色大厅的舞台！为中国陶笛的发展做出了不可替代的贡献！游学志先生在台湾推广陶笛上起到了很大的作用，两人都对推动陶笛的发展起到了不可替代的作用，迄今为止出版了很多陶笛音乐唱片。

1. 陶笛演奏方法

（1）以双手大拇指按住陶笛背面两个气孔，食指与中指分别按住正面气孔。

（2）无名指轻轻扶住陶笛底部，以防陶笛在手指全放时掉落。

（3）以指腹轻轻按压气孔，不可用指尖，只需留意不可有任何空隙，不必太用力。

2. 陶笛演奏技巧

（1）以嘴唇轻轻含住吹口，不可含太深，以免盖住出气孔。

（2）吹气方式宜以丹田之力（腹腔）稳定送出，一可避免太多口水，二可产生振音效果，让笛韵更为悦耳。

（3）长音的吹奏，要求音量平稳，不可忽大忽小，音与音之间，要流畅地连接，不可断断续续。

（4）短音与重音需运用“踢舌”的技巧，将舌尖抵住上腭牙齿与牙龈的相接处，于吹气时瞬间将舌头缩回，这样的声音干净有力，听起来有活泼欢乐的感觉。

（5）滑音：开合气孔的方式，一般是直接提高手指，音阶瞬间转换，另一种方式是将手指向陶笛外侧慢慢滑开，如此可以产生优美的滑音。

（6）圆滑音：在两个以上不同高的音符之间加上“⌒”记号，此记号成为圆滑线，它的吹法是用一口气连接地吹完整串音符，中间气不间断，注意第一个音仍要踢舌！

三、口琴教学培养学生音乐素质

口琴（harmonica），小型吹奏乐器。用嘴吹或吸气，使金属簧片振动发声的多簧片乐器；在乐器分类上属于自由簧的吹奏乐器。由于发声源是长度介于1.5—3.5厘米的簧片而非空气柱(如长笛)，主要分为独奏口琴和合奏口琴，各自又有不同种类。其音域依种类、调性不同而略有差异。作为旋律性乐器，口琴可以吹奏至少两种和弦，高水平的乐手可以在遵循口琴结构的前提下同时吹出两个相对独立的声部。

（一）走进口琴、了解口琴

1. 口琴基本特征

口琴，自由簧气鸣乐器。为小型的吹奏乐器。琴身呈长方形，其大小、长短各不相同，形制甚多。常见的为24孔双簧口琴，用自然音阶演奏。此外还有低音口琴、八度口琴、和弦口琴、变调口琴等。一般琴长16—20厘米，上下有两排小方格孔，装有多组自由振动的簧片，气流强迫通过时，灵活的金属舌簧振动发音。所有口琴都靠将空气呼入或吸出琴孔振动簧片而发音，并来回移动，吹不同的孔发出不同的音。

布鲁斯口琴每孔装有一对簧片，演奏者呼气时发一音，吸气时发另一音；而复音口琴因为相邻的上下两格音高相同，而相邻的左右两孔一孔为吹音，一孔为吸音，所以演奏时将口含放在约4个方格的地方。复音口琴旧式吹奏方法与布鲁斯相同，而新式吹奏方法则为口含7孔（即14格），舌头盖住左边6孔，有节奏地放开作伴奏。伴奏吹奏方法详见教程。每对簧片一般调成相邻的音高，如呼气产生E音，吸气会产生F音。上面描述的口琴在19世纪德国发明，它是以从亚洲带入欧洲的某些口风琴为基础改进的。

口琴的演奏可以有很高的艺术性，技艺精湛的演奏家可以通过改变舌片的发音和气流的压力来制造多种效果。口琴多用于民间音乐中，偶尔也在流行音乐如摇滚乐中使用。此外，严肃音乐作曲家也对口琴产生兴趣，并为之创作音乐，其中有D·米约的《口琴与乐队组曲》和沃恩·威廉斯的《口琴与乐队浪漫曲》。

2. 口琴发展历史

（1）口琴在欧洲的发展。1821年早春的一个上午，德国乡村一农家女孩拿着妈妈的木梳在门口玩耍，玩着玩着，玩出来一个新花样：她找来了两片纸，一张上一张下地贴在木梳上，然后把它放到嘴上吹了起来，想不到木梳发出了悦耳动听的声音。就在此时，一名叫布希曼的音乐家从这儿经过，被奇妙的声音吸引。他走上前去，让女孩把木梳给他看。布殊曼仔细地端详了这一“杰作”后，萌发了研制一种新乐器的想法。回到家中，他参照小女孩的木梳、中国古代的笙和罗马笛的发音吹奏原理，用象牙制作出了世界上第一把口琴。

有一位法国的钟表匠叫弗里德利克·布殊曼(Christian fricdrich Ludwig Buschmann)，他拿笙作样本，将15根音笛(Pitch-Pipe)排列在一起，依其长短而发出高低不一的声音，他称这种简单小巧的新发明为口琴（另一种说法是命名为“aura”），那是1821年。布殊曼形容他的发明是：一件独一无二的乐器。口琴仅有4英寸长的直径和长度，使用21音阶，演奏时可能程度同钢琴的音阶一样，渐次升高，可是没有钢琴的琴键，用6个协和音，只要演奏者能控制呼吸即可。

布殊曼独特的乐器，一时曾流行于奥地利首都维也纳，那时人们很奇怪，并不是用来吹奏；当时贵族妇女将它作为饰物带着，而绅士们则将它安装在手杖的顶端以示美观。布殊曼被后人称为“口琴之父”，实不为过。在18世纪初期，乐器的演奏尚未受人重视，而口琴之所以能被人们接受，可见其优点是其他乐器所无法比拟的。后来有一位名叫克里斯汀·梅斯纳尔（Christian Messner）的编织者以仿制这种乐器作为副业，当时又有一位钟表匠名叫马德和来（Matthias Hohner），他购买了一支梅斯纳尔的仿制品，开始研究如何再去改造它；这也奠定了以后他自己在1857年开始生产口琴成功的基础，从每年仅生产650支口琴，到了1900年，每年可生产4万支口琴，今天已能在一小时生产超过650件乐器（还有其他乐器），全年已超过了230万件，其分厂遍布全球，在硬体的开发上，德国HOHNER具有相当重要的贡献。

1825年，一位18世纪末出生于波西米亚（Bohemia）的乐器工匠Richter（瑞希特尔），他注意到只能吹气演奏的aura口琴不易演奏当时民谣音乐的这个缺点，于是他加入吸气的簧片，此音阶排列的方式称为Richter System，这是一个相当重要的发明，对后世有启蒙的功用。这种瑞希特尔音阶的排列方式，吹气是主音（Tonic）和弦排列，而吸气是属七（Dominant 7th）和弦排列；以C调为例，吹气为C和弦，吸气就变成G_7和弦。Richter System的两个和弦适合演奏当时的民谣音乐，也是当时制造口琴的范本。Hohner使用Richter system制造的口琴，很类似今日的Blues Harp口琴，在1865年，Hohner的口琴在美国贩售，并在1888年大量生产。但不知道什么原因，全音阶Richter口琴（Diatonic Richter Harmonica）传入美国后，会被称为“French Harp”或“Harp”（Harp原意为竖琴），所以Harp也成为十孔口琴（10 Holes Harmonica）的代名词。美国的欧洲音乐文化及非裔美国黑人音乐不但孕育了口琴的新生命，更慢慢地将口琴音乐发扬光大。

半音阶口琴是加有一根可以变换半音按键的口琴，我们今天称为半音阶口琴（Chromatic Harmonica），据考大概是在1885年后才被研发出来。这根看似简单但却神奇的按键，使半音阶口琴在演奏更为复杂的旋律与调性上的性能大为提升，也正因为如此，要用口琴来演奏古典名曲就不再是一件遥不可及的事了。20世纪50年代后发现半音阶口琴丰富音乐性的作曲家们便开始为它创作不少重要作品，而不再停留在吹奏轻音乐或是一些民谣、通俗歌曲的地步，其中不乏杰出的作曲家：米尧、佛汉威廉士、班哲明、James Moody、Micheal Spivakowsky、Gordon Jacob、魏拉·罗伯士等等。Larry Adler、Tommy Reilly和黄青白这三位大师级演奏家的个人传记与成就更是受到*The New Grove*音乐辞典的肯定而登录名人榜中。

（2）口琴在亚洲的发展。亚洲的口琴发展比欧美慢很多，大约在1898年传入日本大阪，那时比较感兴趣的是一种具有双簧片的复音口琴（Tremolo Harmonica），经过约30年的流传后，人们发现瑞希特尔音阶排列的口琴无法完善演奏日本的民谣歌曲，遂开始改良成现在我们所吹的复音口琴音阶（低音部有La及Fa），改革的大功臣包括祖滨拾松翁、川口章吾先生等等。随着音乐水平提高与要求越来越严谨，复音口琴再经过多位口琴大师的改良，研发出小调口琴，终于能够完整演奏出日本地方民谣，佐藤秀廊与福岛常雄两位大师功不可没。1924—1933年，再传入中国大陆、新加坡、马来西亚等东南亚国家，喜爱口琴的人们开始组织各种协会团体，汇聚众人的力量，不断地为口琴的流传写下不朽的篇章。

台湾的口琴发展，自1945年（民国34年）开始（也许更早，难以考究），在林志华、李春乡、王庆勋、王庆基等多位口琴界前辈开疆辟土下，曾在民国70年左右创下百万的学习人口，口琴成为人们不可或缺的乐器；但随着西乐东渐和人们生活水平的提高，许多昂贵的乐器已不再难以接触，加上派系纷扰不断，口琴的学习风气很快受到考验，短短10年间，在民国80年曾一度跌到谷底，差点成为历史的灰烬；危机便是转机，幸赖一群有心之士为恢复口琴的推广，为其打开一条生存之道而开始大量引进国外的资讯，借此刺激颓萎不振的局势，并大胆地走向国际舞台，参与各项世界级的口琴比赛，在1993年更获得首奖而归(台北黄石口琴乐团是台湾四十年来第一个获得世界口琴大赛冠军的团体)，文建会为此还特地颁奖表扬。自此后，陆续有许多热爱口琴的有心之士，始实践梦想与抱负迈步勇往直前。如今，口琴教学蓬勃发展，学习人数实在难以估计，随着音乐的多元化，更增添口琴灿烂的内在。不过，在三角形的发展常态下，最顶端的人物呼之欲出，可惜底部的基础比起其他乐器的发展之道来看，仍嫌不稳，这也是为何现在口琴的出版品、师资仍然匮乏，很多乐谱仍停留在二三十年前的深度，却未见更多出色的作品带领着我们往顶端而去。

尽管这些问题仍然存在，还有许多不易解决、需要时间来努力的事情有待处理，但我们努力为口琴界打造美好未来的心却从未有过松懈，因为我们曾经被口琴音乐所深深感动过，了解这项乐器将能够深入民心，现在我们需要努力的就是达到“吹奏的人更多、了解的人更多”的理想境地，唯有如此，才能立三角形于不倾不倒的常态，口琴音乐普及化才能得以真正的落实。

3. 口琴的基本分类

（1）按用途分类：可以分为独奏用口琴和合奏用口琴两大类。前者主要包括复音类口琴（包括重音、回声口琴）、半音阶口琴和布鲁斯口琴等；后者则有贝司口琴、和弦口琴、铜角口琴等。

（2）按发音方式分类：可分为单簧片发音和多簧片发音两种。半音阶、布鲁斯口琴等属于单簧片发音，儿童玩具口琴以及项链、钥匙链口琴也属于这类；而复音类、和弦、贝司口琴则属于后者。

4. 口琴的维护

首先应该知道口琴的发声部分是固定在簧板（plate）上的簧片（reed），在布鲁斯口琴中，这些簧片通常是很小的，因而一些细小的附着物既可导致这些簧片发音不正，维护保养口琴，从很大程度来说是在保护这些簧片的清洁。

下面是关于口琴维护保养的一些窍门：

（1）吹奏口琴时不要吃东西；

（2）吹奏口琴前不要喝高黏度、高酒精度的饮料；

（3）吹奏前要漱口，最好刷牙；

（4）吹奏后要把吹孔（comb）里的口水轻轻拍出；

（5）吹奏后要把口琴放在干燥的地方（口琴盒里）；

（6）要留意爱物存放的地方，因为口琴很小，不然很容易找不到；

（7）最好不要和别人共用一把口琴；

（8）压音（bending）效果确实很棒，但初学者可能因此而使簧片发音不正。

（二）口琴类别介绍

1. 复音口琴（Tremolo Harmonica）

复音口琴又称震音口琴，是由双排吹孔构成的全音阶口琴，其上排簧片和下排簧片的音高（pitch）会被调整至有些微差距，每个音由相同音高的两个簧片发出。由于这两个簧片同时为吹孔或吸孔，演奏时两个簧片同时共鸣震动，两个簧片音高的细微差别会产生一种动听的震音效果。这种口琴较适合演奏民谣（folk）和乡村音乐（country），如拉丁美洲（Latin America）、亚洲（Asia）、欧洲（Europe）民歌。这也是在亚洲最流行的口琴。

这可以说是中国乃至亚洲最流行的一类口琴。复音口琴一般有16—28孔，其中以24孔为国内最常见品种。日本复音琴又常见21孔。复音琴孔分为上下两排，一般吹奏时，同一孔中上下两个簧片同时发声。由于两个簧片振动频率有细微差别，同时振动会产生物理上叫作“拍”的现象，表现为声音强弱的周期性变化，也就是所谓的“震音”。这也是复音口琴在国外被称为“Tremolo”的原因。重音、回声口琴可认为是复音口琴的变种，同属于复音类。前者上下两个簧片成八度关系，音色丰满圆润；后者具有筒形的琴盖板（琴壳），具有独特的共鸣效果。复音口琴有不少于12个调子的产品，最常见的调子是C，另外A调的也比较多。C调琴音域比较高，有时会显得刺耳。一般认为A调琴的音域最接近人声。另外，同时持两把调子相差半音的口琴可以演奏半音阶，实现转调。具体不多说，请参考相关资料。

2. 重音口琴（Octave Harmonica）

重音口琴与复音口琴机构相同，有着同样的簧片排列和音阶排列。不同之处在于同一个音的两个簧片音高相差一个八度。音色饱满，并没有震音效果。适合演奏古老的民俗（folk）音乐和爱尔兰（Old Ireland）音乐。

3. 小中音口琴（Bariton Harmonica）

中音口琴即是 BARITON（BR），中音口琴亦与复音口琴相仿，其音比高音口琴（即复音口琴）全部低了八度，在大合奏中它多用作伴奏和表现音色较沉重的旋律。中音口琴在大和奏时，其地位相当于管弦乐中的中提琴部分。中音口琴是口琴家族的主要成员，它既能在合奏时使乐声融合，又能像独奏乐器般善于表达感情。

4. 回音口琴（Echo Harmonica）

用来合奏或作为默写曲子专门独奏的复音口琴，拥有桶形的盖板使得它有一种特殊的回音效果。

5. 重音回声口琴（Octave &Echo Harmonica）

重音口琴与回声口琴的结合体，既拥有回声口琴的外形且同一个音的两个簧片音高相差一个八度的口琴。

6. 全音阶口琴（Diatonic Harmonica）

这是欧美十分流行的一类口琴。由于最常见的类型具有十个孔的缘故，十孔口琴（10-Holes Harp）又叫布鲁斯口琴 / 蓝调口琴。此类口琴一孔两个音，多使用 Ritcher 调音方式 —— 低音没有 4 和 6，却又有两个 5。这样的设计原本是考虑到民族音乐的需要同时可以演奏一些和弦而产生。但是压音（Bending）技术的出现，使得原本缺失的音能够演奏，同时也给布鲁斯口琴增添了独有的魅力，甚至可以说，这是布鲁斯口琴之所以成为布鲁斯口琴的原因。这恐怕是设计者当初万万没有想到的。此类口琴的特色在于它的小巧和独特的音色，是一种极为“人性化”的乐器。在布鲁斯音乐中，此类口琴具有和吉他比肩的地位。除此之外，布鲁斯口琴还很适合演奏一些具有民族风味的曲子。此类口琴学习的难度比复音也要大一些，一个重要的原因是压音技术的灵活运用需要长期的练习，同时布鲁斯口琴独特的乐理也需要花一些精力来学习。

随着布鲁斯在欧美地区的流行，继压音技术之后又出现了超吸和超吹（Overdraw、Overblow，统称 Overbend），这两种技术可以在布鲁斯口琴上获得压音无法得到的升、降半音。自此，通过 Bend 技术和 Overbend 技术的结合，演奏者可以在任意一个调式的布鲁斯口琴上，都可以演奏出 12 个调式。

全音阶口琴有十个吹孔，每孔吹吸产生两个音，故称十孔口琴，又可以称为民谣 / 蓝调口琴。这种口琴在欧美极为流行，可以认为它是口琴爱好者中最大的族群。十孔口琴体积很小，携带容易，其音色具有相当的模仿能力，优美中带点忧郁，因此适合蓝调（blues）、摇滚（rock）、乡村（country）、民谣（folk）、爵士（jazz）等风格，也是影视娱乐配乐最常用的口琴。

7. 标准全音阶口琴（Richeter System）

这是标准音阶排列的十孔口琴，大部分热爱十孔口琴的人士都选用该种口琴，每孔两个音，共 20 个，约有 3 个八度。一般十孔口琴有一个共通的特性，就是低音部没有 F 和 A，高音部没有 B，这是为了和声上的考虑而特意设计的。吹奏者依然可以运用压音（banding）技术来吹奏出欠缺的音阶。关于这样的音阶设计其实要追溯到 1825 年一位波希米亚的乐器工匠 Richter，改良并创新出现这种音阶排列系统。吹气时发出 1、3、5 一组音为 C 和弦，而吸气时发出 2、4、6 或 5、7、2、4 一组音构成 G7 和弦，对于演奏当时的民谣音乐非常适合，尤其适合演奏蓝调音乐。

由于 richter system 的音阶排列低音部没有 F 和 A，对于演奏民谣或流行音乐时常采用低音部 F 和 A 的旋律，会有较大影响。所以口琴爱好者通常会依照自己的喜好和演奏风格自行定制口琴，这类口琴称为调音全音阶口琴。

8. 半音阶口琴（Chromatic Harmonica）

这种口琴包含完整的半音音阶，可以用一只口琴演奏任何调的乐曲。半音阶口琴包括所有升降半音的 12 个音的半音音阶。半音阶口琴每个孔 4 个簧片，其中两个正常音高，两个为半音。通过在口琴一边的按钮切换正常音与半音。半音阶口琴适合演奏爵士乐（jazz）、古典音乐（classic）、布鲁斯音乐（blues）与流行音乐。

半音阶口琴是比复音口琴更加严肃一些的乐器。完整的半音阶，最大可达 4 个八度以上的音域，使得诞生时间并不算长的半音阶口琴在正规乐器中占有一席之地。虽然不是传统交响乐团中的正式成员，但在许多口琴大师的努力下，半音阶口琴在室内乐等领域已有一定地位，国内外亦有以半音阶口琴为主音，由和弦、贝司口琴等组成的乐团活跃。常见的半音阶口琴为一孔四音，吹吸音成二度关系，按下变音键则每个音都升高半音。至于孔数则有 8、10、12、14、16 等多种，音域为 2—4 个八度，大部分为 C 调。由于可以演奏音域内的所有半音，此类口琴适合演奏比较复杂的乐曲。

半音阶口琴的学习门槛比复音琴要高一些，一方面是乐理上的难度要大一些，另一方面也有吹奏难度上的原因：演奏半音阶对气息控制的要求比复音高得多，同时要求用气、移琴与按键的严格配合。另外，由于生产工艺、成本等原因，也有部分厂家生产一孔两音的半音阶口琴。常见的有国产的 24 孔 48 音琴，日本产的 17 孔、22 孔琴等。还有一类独特的半音阶口琴，类似复音琴有两排孔，上面一排比下面一排高半音。一般认为，一孔四音的设计比较正规。据笔者所知，比较知名的演奏家中尚无选用后面两种琴的先例。

9. 合奏类口琴

（1）低音口琴（Bass or Double Bass Harmonica）。低音口琴比较特殊，所有的孔均为吹孔，低音口琴主要担任乐队内低音的部分。低音口琴较重，有单音簧或双音簧发声的型号。倍低音（double bass）是双簧音的那种，其上下簧片音高相差八度。类似于钢琴，上排孔相当于钢琴的黑键，下排孔相当于钢琴的白键。较一般口琴低一个或两个八度。低音口琴的音色低沉、浑圆、厚重，负责衬托旋律和稳定乐曲的节奏及速度。是口琴社团和乐队的必备乐器。

（2）和弦口琴（Chord Harmonica）。和弦口琴是所有口琴中长度最长的种类。这种口琴的每一个孔都是有一个和弦组成。即每一个孔由若干簧片组成以形成和弦。例如，C 和弦由 C、E、G 组成。这类口琴用于合奏中的伴奏。这种口琴能造出独奏类口琴如何苦练技巧也无法媲美的和声效果，是口琴社团、乐队的必备之一。但是由于不能吹奏旋律所以几乎无法用来独奏，也几乎没有以和弦口琴为主乐器的曲目。

（3）铜角口琴（Horn Harmonica）。从外形上铜角口琴兼具低音口琴的壮与和弦口琴的长。铜角口琴分为高音铜角（soprano horn）和中音铜角（alto horn）两种，单音簧发声，只有吹气音而没有吸气音，琴格分为两排，上排孔相当于钢琴的黑键，下排孔相当于钢琴的白键，管状的盖板与木格琴身营造出像木管或法国号似的音色，甚至有编曲者把管乐部分编给铜角口琴来吹奏，但它并不适合吹奏快速的旋律。这种口琴音色清亮而圆润，纯净而特殊，可用手做振音效果，是口琴社团、乐队的必备之一。

（4）大中音口琴（Bariton Harmonica）。大型中音口琴即常说的大中音口琴，它的构造分上下两格，上面一格的音比下面的一个高半度。中音口琴是复音口琴中比较特殊的琴，它比普通复音低了八度，除此之外，其余特点与普通复音无异。在大合奏中较常见到。在大合奏的配置中，相当于管弦乐团的“中提琴”的地位，当然有时也有例外。中音口琴比普通复音耗气。故更需注重气的使用。中音口琴琴壳有 Bariton 字样，可作为辨别中音口琴与普通复音的标识，口琴合奏谱常以“Br.”的缩写记之。

大中音口琴音色厚重、优美，在口琴合奏中是不可缺少的一个声部，有时候也在重奏中担任重要的声部。大中音口琴是单孔发音，和半音阶口琴很合得来，而且音色浑厚，在重奏中担任第二或第三声部非常适合。在以往口琴合奏曲谱中中音声部大都是配和声，跟着重音或和弦声部走，很少给个主旋律，在口琴队中很不起眼，往往不受重视，基本上是由吹奏技巧一般或是新队员担任，这就很“委屈”大中音口琴了。大中音口琴的鼻祖是程明德先生，他在口琴总厂担任技师时研制的。程先生大中音口琴吹得非常好，气息控制收发自如，发音洪亮，音色优美。笔者曾听过他和学生们一起演奏的“旧友进行曲”，程先生用大中音口琴吹中音声部，穿透力很强。

10. 笛声口琴

笛声口琴有高音微声和中音笛声两种。这是一种大型的单音口琴，也只有吹音没有吸音。它的音色很好听。只是由于面积大，音孔距离较远，音阶大跳比较困难。

11. 其他类型口琴（Other Harmonicas）

（1）儿童口琴（Children Harmonica）。对孩子们来说，该种口琴便是个很好的礼物；它可以培养儿童对音乐的兴趣，为以后在音乐方面发展提供良好基础。常见有 4 孔 8 簧片结构等。

（2）迷你口琴（Mini Harmonica）。也被称作“项链口琴”，可以说这种口琴应该是所有乐器当中最小巧的一种，通常为4孔8簧片结构。由于只能吹出一个完整的八度。所以可以吹奏的曲目十分有限。国外大厂的项链口琴都做得很华丽，所以首饰价值要比实用价值大。

四、口风琴教学培养学生音乐素质

“音乐教育是基础教育的有机组成部分，是实施美育的重要途径，对于陶冶情操，培养创新精神和实践能力，提高文化素养与审美能力，增进身心健康，促进学生德、智、体、美全面发展，具有不可替代的作用。”音乐教育目标是音乐感受、理解、表现及创新能力培养。口风琴教学可以有效地培养学生音乐素质，通过感受美、认识美和欣赏美、表现美等，从而发展学生创造美的能力。关于创新教学观罗宾教授是这样说的：“创新是指学生在学习过程中，所表现出来的探索精神发现新事物，掌握新方法的强烈愿望，以及运用已有知识创造性的解决问题。”对音乐感受之后的再现，就是创新。在口风琴教学中可根据学生的认识规律，在安排教学内容时由浅入深，循序渐进，奏、唱、听等相结合，互相渗透，充分发挥音乐艺术自身的特点，让学生在自由积极和愉快的口风琴音乐实践中，通过自觉、主动地感受音乐，结合口风琴乐器特点，自己动手创造音乐而增强学生学习音乐的兴趣。

（一）走进口风琴、了解口风琴

1. 口风琴基本特征

口风琴（Melodica）是一种有键盘的吹奏乐器，在乐器分类上和口琴同一类，都属于自由簧（free reed）的吹奏乐器。

口风琴既保持了键盘乐器的特性，又吸取了吹奏乐器的特点，所以说它是一种能吹奏的键盘乐器，口风琴使用比较简单，方便适合学生接受，因此把口风琴引入课堂，为音乐教学丰富内容，调节课堂气氛，扩大学生音乐视野，提高学生学习音乐的兴趣，促进学生综合音乐素质的培养并激发学生审美能力和创造美的能力，有着重要的作用。

口风琴像口琴一样靠簧片发音。一台口风琴的音量能抵 8 只 24 孔口琴的音量。它又像风琴、钢琴一样有键盘，所以取名口风琴。

口风琴是一种体积小、音准好、旋律性优的键盘式吹奏乐器。它价廉物美，携带方便，易学易掌握，所以被许多学校列为音乐课的必学乐器。

现代的口风琴是由德国的 Hohner 公司在 20 世纪五六十年代所发明。不过 19 世纪在意大利就已出现类似形式的乐器。

2. 口风琴教学特点

口风琴的特点是易吹（不需要吸）、易学，并有键盘，可以奏任何调，便于合奏，对学习音乐知识很有帮助。总体来说，入门级口风琴的价格要比入门级的口琴或入门级的竖笛高，所以目前还没有得到大面积普及，但在有条件的地区和学校里，还是可以普及的，最理想的是人手一台，若条件不够，也可只购一个班级的用量，学生每人买一根吹管，这样好几个班级的学生就能共用这些口风琴。

口风琴可以不用吹管左手持琴，右手弹奏，直接在吹口吹奏，也可以用吹管将琴平放在桌上，由右手演奏。

按教科书上的要求，学习顺序是从 C 调的 1、2、3 开始，逐步加入 56，再加入 4 和 7，然后加入和及低音。教学中要特别注意使用合理的指法，但教科书中出现的曲调不可能都标出指法，在教学时应详细标明指法，最好能逐步教会学生自编指法。

教学中必须自始至终注意正确的手形和均匀的气息，切不可猛吹，一下子将气用完，而且过猛的用气也容易损伤口风琴的簧片。

（二）口风琴教学策略

1. 琴与兴趣的结合

兴趣是最好的老师，初次接触口风琴，学生会表现出新鲜和探索心理，老师抓住这有利时机，创造良好学习氛围，首先范奏，使学生有想学的欲望，再把口风琴介绍给学生，让学生了解口风琴后自己吹一吹，体验一下自己吹出新奇声音带来的喜悦，掌握正确演奏姿势、手形、指法、吹奏方法与技巧，养成良好的习惯，树立信心迈进学习口风琴的大门。在教学中让学生尽快熟悉喜欢口风琴，鼓励学生心理要放松，激发他们吹奏积极性，采用多种形式。同桌、同组之间吹奏相互比赛；课内、课外相结合；吹吹、唱唱、动动、听听，有机结合；启发学生即兴创编简单旋律、节奏；变换演奏形式（齐奏、独奏、领奏、轮奏、合奏）。

一首作品好坏与创作想象力有密切关系，如：合奏，其本身是二度创作的过程，通过合奏训练，增强学生集体荣誉感，能正确表达作品的音乐形象与情感，合奏时老师如同指挥，学生如同一个大乐队一样，将课堂作为舞台，每节课都让不同层次的学生表演，让他们充分地展示，及时发现“闪光点”，有进步就给予表扬和鼓励，互相评价，发小红旗，推动了学习热情，提高了学习兴趣。

2. 琴与唱相结合

激发学生创造美的能力。在学生掌握简单的演奏方法后，就把口风琴引进歌曲教学中，一首新歌曲，在琴的引导下很快就学会了，一条简单的发声练习，有时学生也唱不准，有的甚至走调，而口风琴弥补了这一不足，学生可以借助口风琴唱准每一个音，先吹，再唱，在吹奏中让耳朵记忆音高，再唱，使声音唱得更优美，歌曲中的二声部合唱，可以说是教学的难点，由于学生不能很准确地掌握音准和音程，而口风琴这个学具却能引导学生把握音准和音程，如《布谷》这首合唱曲，先让学生分声部演奏旋律，互相聆听，接着合奏，把合奏感受音准音程转移到合唱之中，轮流交替奏唱，有机过渡，合唱难点解决了，更好地表现歌曲，激发了学生创造美的能力，有的歌曲启发学生创编歌词，如《打花巴掌》和《谁唱歌》等增强趣味性，培养了创造能力和艺术感染力。创造性地奏唱结合，启发学生大胆创新，把自己对歌曲乐曲的理解，通过自己感受到的力度、速度变化，有感情表达出来，抒发自己真实的情感。

3. 琴与听相结合

音乐是声音的艺术、听觉的艺术，听觉的培养是音乐教学的基础与核心，声音是用耳朵去听，可见听力的培养是何等的重要。运用口风琴听辨和声音程，学生听后，有的同学能马上用琴奏出来，学生在演奏时听着乐曲，启发他们用对比法，对比节奏的变化、力度的强弱、音色的变化以及曲式的变化，没有比较就没有鉴别，从而产生多种感觉，唤起学生对音高的分辨与判断，可从四个短句的儿歌中开始练习，重点听听每一句末尾落在什么音上？学生利用琴与听结合，很快就感受到旋律的进行特点。

下行，每句落音依次下跌 6 5 3 1，充满悲伤情绪，加上缓慢的速度，生动地塑造了一个旧社会农村天真可爱孤苦无依的贫苦女孩的形象，再让学生演唱《小白菜》时，学生用如诉如泣的声音倾吐着失去母爱的孩子心中的无限悲哀凄凉情感，这歌声令人心碎，强烈地振人心弦，使学生们更加珍惜今天的幸福生活，进一步激发学生创造美的能力。

4. 琴与动结合

口风琴与舞蹈律动结合，有利于音乐教学的完成，提高学生的学习兴趣，锻炼学生的表演能力，因此在低年级教学中给学生创造活动的机会，放手让学生根据歌乐曲内容，自己编排动作，自己唱，自奏，自跳，鼓励他们展开想象，积极思维，创编动作，亲身体验自己的创造成果，这样有利于培养孩子们的勇气和力量，如歌曲《粉刷匠》，在学生熟练吹奏这首歌的基础上，看着图、听音乐、唱歌曲，进一步让学生想象生活中与歌词内容相近的动作，学生即兴创编好动作，然后分组，一组吹，一组唱，一组表演，孩子们在轻松愉快情绪中，风趣活泼地表现小粉刷匠愉快劳动的情景，不但在形式上创造了美，也在心灵中感受到了美。在教学中，引导学生在听、唱、奏、动中捕捉音乐艺术形象，以达到相互促进、相互补充的作用，学生们感受到口风琴表现力是非常丰富的，从而更加喜欢口风琴。

爱因斯坦曾经说过：“美的想象比知识更加重要，因为知识是有限的，而想象是无限的，美的想象是知识的源泉。”因此在音乐教学实践中，培养综合音乐感，使学生获得感知美、创造美、表现美、鉴赏美的能力。在音乐情感的体验与抒发过程中受到良好的情感教育，真正提高学生艺术素质，从而陶冶美的情怀，激发美的情感，用音乐之美来点燃学生求知火花，达到以美育人的目的。

此外，口风琴教材的编写也要遵循循序渐进、易于操作的原则，可从简单的乐曲和调式入手，由浅入深，使学生在口风琴学习之中熟悉演奏曲目、掌握演奏方法，建议可以使用五线谱和简谱的对照，乐谱中的指法、顿音、连线、重音等记号要标记清楚。如今，许多音乐课上将口风琴用于演奏歌曲。

五、葫芦丝教学培养学生音乐素质

葫芦丝，又称“葫芦箫”，是云南少数民族乐器。葫芦丝因其音色独特优美，外观古朴，柔美，典雅，简单易学，小巧易携带等特点，受到广大中小学生、音乐爱好者及中外游客的特别喜爱。因而在音乐课堂开展葫芦丝教学对培养学生的音乐素质有完全不一样的效果。

葫芦丝可分为高、中、低音三种类型，常用的调为降B、C、D等调。葫芦丝发源于德宏傣族景颇族自治州梁河县，主要流行于傣、阿昌、佤、德昂和布朗等族聚居的云南德宏、临沧地区，富有浓郁的地方色彩。

（一）走进葫芦丝、了解葫芦丝

1. 葫芦丝基本特征

传统葫芦丝属簧管类乐器，其结构由一个葫芦和两根（或三根）竹管组成，葫芦上端为吹嘴，下端与葫芦连接的三根竹管为音管，其中，中间一根较粗较长的竹管为主音管，主音管正面有六个音孔（按音孔），背面上端有一个音孔为第七按音孔，下端有一个泛音孔（出音孔）和两个穿绳孔。主音管顶端装有金属簧片，插入葫芦，其尾端装有软塞子。

主音管音阶排列（以全按下主音管一至七个音孔吹奏作“sol 嗦 5 为例”）从下到上依次为“mi、sol、la、si、do、re、mi、fa、sol、la”。副主音管无按音孔，因此装有簧片的副音管一端插入葫芦主音管左或右两侧，在葫芦丝吹奏时，如将副音管底端软塞取出，装有簧片的副管音就与主管音一同响起，但副管音只能发一个音。现常用的葫芦丝有C调、小D调、降B调、F调、G调、E调等几种。

（1）超高音葫芦丝：小B调、小降B调、小A调、小G调。

（2）高音葫芦丝：小F调、小E调、小降E调、小D调。

（3）次高音葫芦丝：小降D调、小C调（初学者首选）、B调。

（4）中音葫芦丝：降B调（初学者首选）、A调。

（5）次中音葫芦丝：降A调、G调。

（6）低音葫芦丝：降G调、大F调。

（7）超低音葫芦丝：大E调、大D调、大C调。

2. 葫芦丝的广泛应用

葫芦丝音域不像大家熟悉的竹笛那样能达到3个八度以上，通常在九度以内，最多不超过11度，为民族调式音阶。其音色轻柔细腻，圆润质朴，柔美迷人，极富表现力，深受人民的喜爱。无论民乐，还是专业舞台都能听到它演奏的优美动听的声音。

葫芦丝常用于吹奏山歌、小调等民间曲调，最适于演奏旋律流畅抒情的乐曲，《月光下的凤尾竹》、《情深意长》等成为其代表性的经典曲目。葫芦丝在傣、阿昌等族人民中最为普及，是娱乐时助兴的乐器，在节日里，不论是在江中划龙舟或是在江边放“高升”，还是在广场上“赶摆”或是在竹楼里饮酒欢宴，都可以听到其动听的声音。青年男女传情达意或人们走在路上以及在田间劳动，也经常吹响葫芦丝，为人们的生活增添了许多欢乐。

葫芦丝常用于吹奏山歌等民间曲调，最适于演奏旋律流畅的乐曲或舞曲，曲调中一般长音较多，合音丰富，乐声柔美和谐，能较好抒发演奏者的思想感情。

3. 葫芦丝的历史发展

葫芦丝的历史较为悠久，其渊源可追溯到先秦时代，它是由葫芦笙演进改造而成的。在构造上仍保持着古代乐器的遗制，箫管数目正与三管之龠相同，两支副管不开音孔也和古箫完全一样，而发出持续的五度音程，则与古龠的“以和众声”惟妙惟肖。但它的主管已开有7个音孔，与后世的箫笛非常近似，又显示出它在历史上的飞跃。

傣族民间流传着这样一个传说：很久以前，一次山洪暴发，一位傣家小卜冒抱起一个大葫芦，闯过惊涛骇浪，救出自己的心上人，他忠贞不渝的爱情感动了佛祖，佛祖给葫芦装上了管子，小卜冒吹出了美妙的乐声，顿时风平浪静，鲜花盛开，孔雀开屏，祝愿这对情侣吉祥幸福。从此葫芦丝在傣族人家世代相传。

新中国成立后，中国民族音乐工作者对葫芦箫进行了不断的改革。1958年，云南省歌舞团首先把音域扩展为14个音。近年来，北京的一些文艺团体又制成两种新葫芦箫。其中的六管葫芦箫，可以吹奏单音、双音、单旋律加持续音及两个和音旋律加持续音。既保持了原来乐器特有的音色和风格，又增大了音量，扩展了音域、丰富了音响色彩和表现力。在中国民族乐器大花园中，它已成为一支引人注目的奇葩。1980 年初，中央民族乐团访日小组，曾用这种新葫芦箫为日本人民演奏，受到了欢迎和好评。

（二）葫芦丝的主要种类

1. 按附管发音数来分

（1）双音葫芦丝：只有高音附管发一单音，另一附管只起到配饰作用。

（2）三音葫芦丝：两只附管都分别发一单音。低音附管不常用，特别是中、低音葫芦丝其实用性几乎为零。

2. 按附管的形式来分

（1）音塞式葫芦丝：单音附管用软塞塞紧，使用时拔开。优点：附管音孔处于常闭状态。缺点：只能利用曲目间奏时拔开音塞，转换慢。

（2）按孔式葫芦丝：单音附管的发音用上手小指或下手拇指控制音孔的开合。优点：便于及时配合主管演奏，转换快。缺点：附管音孔处于常开状态，对于演奏不常用附管的曲目需用手指常按住音孔，影响其他手指的灵活性。

（3）多音式葫芦丝：多音附管上开有四个音孔，发主管第一、三、四、五音孔音，可配合主管发简单旋律音。

3. 按乐器音高来划分

可分为超高音葫芦丝、高音葫芦丝、次高音葫芦丝、中音葫芦丝、次中音葫芦丝、低音葫芦丝、超低音葫芦丝等。

4. 按乐器音域来划分

（1）传统葫芦丝：标准传统型葫芦丝音域为一个纯八度加一个纯四度，即包含十七个半音，共九个全孔音。当筒音做 5（so）时发音从 3（mi）至高一个八度的 6（la），音孔排列为 3 5 6 7（低音组）1 2 3 5 6（高音组）。

（2）扩音域葫芦丝：又分为加键和不加键两种。在同一主管上音域扩宽为一个八度另五个音。

5. 按乐器产地划分

（1）云南葫芦丝：音色甜美、圆润、清晰，属标准传统型葫芦丝，具有鲜明的傣族风格。

（2）北方葫芦丝：音色粗犷、开放，音量大。但有的厂家生产的葫芦丝比标准传统型葫芦丝少一个音。

（3）其他产地葫芦丝：音色各异。

6. 按乐器拆卸方式划分

（1）可拆卸葫芦丝：主管、附管都可以从葫芦上拨下来，便于专业人员维修，也便于使用者作细微调整。

（2）不可拆卸葫芦丝：主管、附管粘接在葫芦上，非专业维修人员不能拆卸。

7. 按调音形式划分

（1）可调音葫芦丝：主管、附管上都安装有铜制调音节（简称铜插），可对音高做细微调整，不能调节筒音。调音是非线性调节，调定后不能再变动。

（2）不可调音葫芦丝：主管、附管上都没有安装铜制调音节（简称铜插）。

（三）葫芦丝的整体结构

1. 葫芦丝的基本构造

葫芦丝，傣语叫“筚郎叨”，“筚”为傣语吹管乐器的泛称、“郎”为直吹之意，“叨”即葫芦，当地汉语又称为葫芦箫。葫芦丝形状和构造别具一格，它由一个完整的天然葫芦、三根竹管和三枚金属簧片做成，整个葫芦做气箱，葫芦低部插进三根粗细不同的竹管，每根插入葫芦中的竹管部分，镶有一枚铜质或银质簧片，中间的竹管最粗，上面开着七个音孔，把它称为主管，两旁是附管，上面只设簧片，不开音孔（指传统葫芦丝），只能发出与主管的共鸣的和音。通常左面附管发“3”音，右边附管不发音（或发低音 6 音）。

这种乐器以葫芦作为音箱，葫芦咀作吹口，常见者以各自装有一片舌簧的 3 根长短不一的竹管，并排插入葫芦底部。通体长约30厘米。亦有单管，双管或四管者。无论竹管多少，多以中间一根为主管，其余为副管。主管上开7个音孔，前六后一，传统的葫芦丝副管上方不开孔，只在管身底部开通，用塞子堵住，塞子与管身之间有线连接，需要时则用小指将其打开。现在改良的葫芦丝则没有使用传统的塞子，而是跟主管一样在管身上方开一音孔。这样更方便于在演奏时对副管音的反复使用，而且控制自如，更加灵活。吹奏时手指控制主管的音孔以奏出不同音高的音，若主副管同时开启，吹奏时数管齐鸣，旋律只出自主管，副管仅以和谐持续的单音相衬托，通常是一管发a音，一管发e音，产生和声效果，给人以含蓄、朦胧的美感。

2. 阿昌族的葫芦丝

阿昌族的葫芦丝和傣族的相似，阿昌语称“拍勒翁”，用葫芦和金竹管制成。吹管长6厘米，主管长50厘米，副管分别长33和17厘米，在两支副管临近主管的一侧，分别留有一条竹片，用细竹枝与主管捆扎在一起。在西盟佤族，称葫芦丝为“拜洪廖”，3根竹管插入葫芦底部，用蜡封固，上端和竹制吹管仅长2厘米。尤为独特的是：主管除开有7个音孔外，在正面的最下方还开有2个气孔。主管演奏旋律，两根副管发出纯五度音程的持续音为旋律伴奏。如不需要持续音或需要单持续音时，还可将副管堵住。

（四）葫芦丝的演奏策略

1. 葫芦丝的演奏姿势

葫芦丝演奏可分站姿和坐姿两种。

（1）站姿。要求是：身体自然站立，双脚略分开，呈外八字站稳，两腿直立，身体的重心点放在两腿之间（必要时可左右移动）。上身挺直，但不能僵硬。头部直仰，胸部自然挺起。目视正前方。双肩松弛平衡。两肘自然下垂，两臂不可夹住身体，要与腰间保持一定距离（约10厘米）位于身体正前方中心线。乐器与身体形成45度到50度角。

（2）坐姿。其上身的要求和站姿相同，一般坐在椅子的前三分之一处，双脚分立踏地，一脚稍前，一脚稍后，但不可架腿或两脚交替。座位高低要适当，以免影响呼吸肌肉的充分运动。

2. 葫芦丝的呼吸方法

一般可归纳为三种：胸式呼吸、腹式呼吸、胸腹式呼吸（混合式呼吸法）。目前被公认为最科学的方法是混合式呼吸法。其优越性表现在整个呼吸肌肉群的协调动作，形成运动整体，因而气息的吸入量多，气息较深，呼气时也容易控制。现将混合式呼吸法介绍于下：所谓呼吸即包括“吸气”与“呼气”这两个方面。吸气时，身体各部位放松，口鼻同时吸气，注意不可提肩和带出任何声响。混合式呼吸是把气吸到小腹、胸腹之间以及胸腔。提肩会阻碍气息的下沉，将气息存储到了胸腔中，那就成了胸式呼吸了。要避免。

吸入的气尽可能多一些，扩张肺叶，胸腔中、下部和腹腔自然向外扩张使横隔膜下降。气后，气息下沉。这时腹部和腰部都充满气息的感觉，而胸部则觉得比较轻松。正确的气体贮藏部位应是胸腔下部和腹腔。因此，吸气时，腹部不仅不能往里收缩，而且要微微向外隆起，腰部也随之向周围扩张。

吸气方法的练习，非常重要，管乐用的最多的就是气，若用气不对，不但不能演奏好，还会严重影响身体健康，这里提供几种方法：第一，先将胸腹内的气息全部吹出，然后在全身非常轻松的状态下吸气。如果这时胸、腹腔内有一种冷气进入的感觉，就说明吸气方法和气体贮藏部位基本正确。其次，还可以自己体会你在闻花香以及剧烈运动（如长跑、登山等）后的深吸气的吸气动作。吹奏时的吸气，要求在较短时间内吸入大量空气，因此，一般是口与鼻同时吸气，放松喉头。

呼气时，要求腹肌、腰肌和横隔膜始终要有控制（即保持一定的紧张度），使气息在有控制的情况下有节制地、均匀地向外呼出。随着气息地呼出，腹肌、腰肌等有关肌肉群随之逐渐收缩，横隔膜也随之复位。这里特别需要强调一点：刚呼气时，切不可立即收腹（应略向外“顶”）。因为立即收腹将造成腹部往里挤压，迫使本来下降的横隔膜提前复位，从而把气息挤到胸部，增加胸部的负担。这样，不仅不利于控制呼气的速度，而且时间长了会影响演奏者的身体健康。当气息吹出约二分之一时，腹部分自然而然地往里收，这样的呼气过程是比较正确的。还有不要等到气息全部用完了才去吸。

总之，吹奏中的呼气始终要在一定压力的推动下均匀地输送出来。气息要平稳，不可忽强忽弱。要达到这种要求，必须反复练习。可以通过吹长音来进行练习，也可以对着自己的手背呼气练习。通过练习，学习者将感觉到气息的速度、压力、稳定程度等，从而增强有意识控制气息的能力。说明两点：长短、强弱等具体情况，灵活把握吸气量。

吹奏中有“急吹”和“缓吹”。急吹者气压大，气速较快。缓吹便是气缓慢地呼出。一般情况下，吹奏低音时用急吹法，吹奏中、高音时用缓吹法。掌握和运用正确的呼吸方法，对于吹奏葫芦丝以及其他管乐器至关重要，必须引起学习者的高度重视。

3. 葫芦丝的手持法

要求手指自然放松，成弧形持葫芦丝，双臂和肘部肌肉要放松，指肚接触孔应有周边缘感，吹奏时在气流的作用下，指肚共振，微有麻感，其音色富有弹性，过于压紧则手酸，音窒，对演奏不利。另外手指开孔时，不宜抬的过高，否则会使手指僵硬，影响演奏速度。一般手指抬到距离音孔上方 2—3 厘米即可。

4. 葫芦丝风门口风与嘴劲的技术

（1）风门：指吹奏时上下嘴唇之间气息经过的空隙处。风门可大可小，是随着音的高低而变化的。吹奏低音时缩小风门，吹奏高音时放大风门。风门的位置不可偏左偏右，应在嘴唇的正中处，上下嘴唇要含住葫芦丝吹孔，这要根据葫芦丝的吹孔制作情况来决定是否上嘴唇要比下嘴唇略有突出（一般正常情况下上下嘴唇应一致），两腮不可鼓起，要用力向里收。

（2）口风：经过风门吹出来的气息就是口风。口风有缓急之分，口风的选择可以对吹气的强度和用气量起到控制作用，由于葫芦丝属于竖吹型簧管耦合震动类乐器，主要由簧片和竹管组成耦合震动而发音，吹奏时用嘴含住吹孔，用超吹的方法，气流通过气箱（葫芦），使簧片的簧舌部分震动，并激发管内空气柱的共鸣而发音。演奏时一般不使用基因（用缓吹方法吹出的筒音）。风门的缓急变化是高腹部、横隔膜及胸腔的活动来配合控制的，三方要控制好。

（3）嘴劲：嘴劲的大小是依据风门的大小和口风的缓急来确定的。一定要注意嘴劲和风门口风的密切配合。虽然在吹奏葫芦丝时口风、嘴劲均有缓急之分，但由于吹奏葫芦丝是采用超吹的方法，所以缓急是相对的，是有极限的，也就是说它在一定的范围内变化。其原因是由葫芦丝自身的条件而限定（音域过窄）。

5. 葫芦丝常用的指法

发 音	指 法	气 流
3̣	●●●●●●●	气流最缓
5̣	●●●●●●●	气流加急
6̣	●●●●●●○	气流较急
7̣	●●●●●○○	气流较急
1	●●●●○○○	气流适中
2	●●●○○○○	气流适中
3	●●○○○○○	气流适中
4	●○●●●●● ●○●●●●○	气流较缓
5	●○○○○○○	气流较缓
6	○○○○○○○	气流更缓

注：表中第1至第七音孔的排列是按从右到左的顺序，“●”表示闭孔，“○”表示开孔。

发 音	指 法	气 流
6̣	●●●●●●●	气流较缓
1	●●●●●●●	气流加急
2	●●●●●●○	气流较急
3	●●●●●○○	气流较急
4	●●●●○○○	气流适中
5	●●●○○○○	气流适中
6	●●○○○○○	气流适中
7	●○●●○○○ ●○●●●●○	气流较缓
1̇	●○○○○○○	气流较缓
2̇	○○○○○○○	气流更缓

注：表中第1至第七音孔的排列是按从右到左的顺序，“●”表示闭孔，“○”表示开孔。

6. 葫芦丝的演奏方法

（1）右手无名指、中指、食指用第一节指肚分别开闭第一、二、三个音孔，拇指拖于主管下方。左手无名指、中指、食指用第一节指肚分别开闭，第四、第五、第六音孔，拇指开开位于主管前下方的第七音孔。

（2）深呼吸、吸入的气尽可能多一些，吸气后、气息下沉，使气流在有控制的情况下有节制地均匀向外呼出，气息要平稳、不可忽强忽弱。

（3）吹奏中，高音时要用缓吹法（气流减小）低音时要用急吹法（气流加强）。

（4）附着于音管左右侧的小指，不可固定不动，应根据演奏时的情况灵活掌握，如当运用上三指（即开闭四五六音孔）演奏时，右手小指应附着于第一音孔下侧，而左手小指可自然地随演奏抬起，这样才不至于影响上三指在演奏时的灵活运用。当运用下三指（即开闭一二三孔）演奏时，左手小指应回到副管位置，而右手小指可自然地随演奏抬起。

（5）各个音孔在按下（既关闭）时一定要用规定手指第一节指肚将音孔按严，不能漏气，否则会影响音准和音色。在演奏葫芦丝时，应使手臂、手腕放松，手指适度地向里弯曲。开放音孔时，手指不宜抬得过高，过高会影响演奏速度和灵活性，但也不要太低，太低会影响音准和音量。

（6）葫芦丝演奏者气流不要吹得过大过激、音量也不要太强，因为这样容易破坏葫芦丝的音簧。

7. 葫芦丝的演奏技术

葫芦丝在演奏的某种程度上相对于竹笛、唢呐等民族吹管乐器要简单一些，没有那么多复杂的技法，这也是由于它构造本身的局限所致，但是它甜美的音色却好似极富表现力。葫芦丝在演奏中常用的技法有以下几种：

（1）吐音。吐音是葫芦丝演奏中较重要的技法。吐音又分为单吐、双吐、三吐三种。

1）单吐。利用舌尖部顶住上腭前半部（即“吐”字发音前状态）截断气流，然后迅速地将舌放开，气息随之吹出。通过一顶一放的连续动作，使气流断续地进入吹口，便可以获得断续分奏的单吐效果，完成单吐的过程。单吐一般在音符上方用“T”标示。根据音乐表现的需要，单吐又可以分为断吐和连吐两种。

2）双吐。双吐是用来完成连续快速分奏的技巧。首先用舌尖部顶住前上腭，然后将其放开，发出“吐”字。简言之，在“吐”字发出后，立即加发一个“苦”字，将“吐苦”二字连接起来便是双吐。双吐的符号是“TK”。

3）三吐。三吐实际上是单吐和双吐在某种节奏型上的综合运用，符号为“TTK”或者“TKT”，即“吐吐苦”或者“吐苦吐”。

（2）连音。连音是常用技巧之一。适用于抒情如歌的乐句或乐段。用符号“⌒”（连音线）表示，连音线内的音除了吐第一个音，其余的音均不用吐，吹奏连音时要强调连贯、流畅。

（3）滑音。滑音及技法在葫芦丝演奏中被广泛使用，其效果具有圆滑、华丽的特点，应用滑音技法可以模拟人声和弦乐器上的抹音效果。滑音又有上滑音、下滑音、复滑音三种。

（4）震音。利用震音技巧可以获得如同歌唱般的“声浪”效果，极大地丰富了音乐的表现力，是人们揭示内心活动、抒发内心情感的重要手法之一。震音又有气震音和指震音两种。

（5）颤音。颤音是由两个不同音高的音快速交替出现而构成。具体要求是原音发出后紧接着快速而均匀地开闭其上方二度或三度音的音孔，符号为“tr”或“tr～～～～”。

（6）叠音、打音。两种演奏的技法和效果上差不多，关于它们的定义也是众说不一。就是在某个音出现前的瞬间加奏一个时值极短的高二度过三度的音，叠音用符号“又”表示，打音用符号“扌”表示。

（五）葫芦丝的辨别选择

葫芦丝的构造很特别，主要由三部分组成，既天然葫芦、竹管和铜质簧片，所以在选择上三个主要组成部分时应该加以认真筛选。葫芦丝的外表造型要精细美观，然后再分别看一下三个组成部分。

气箱葫芦的选择：要选择成熟的葫芦，其颜色发黄、皮厚结实；不成熟的葫芦则皮薄、颜色发白、容易损坏。

竹管的选择非常重要，因为它直接影响音色的好坏。一支好的葫芦丝首先竹质应该细密老成，相对来讲有一定的重量，过轻了则不妥。

簧片的选择尤为重要，簧片的好坏应有一定的技术标准、震动频率、抗疲劳能力等，这些指标受条件所限都无法加以验证，只能通过试奏感觉簧片震动与竹管耦合发出的声音好坏来加以选择。

选择葫芦丝最重要的就是音准问题，由于温差的变化对簧片震动频率影响很大，一支好的葫芦丝反差越小越好，相对稳定。鉴别音准，用全按做低音 5 的指法先吹奏最低音 5（这个音不稳定，多数偏高）和做高音 6，如果这两个音试奏没有问题，再吹一下音阶看一下每个音是否发音干净，没有杂音（嘟噜）声。

对附管的要求：主要标准就是音高与主管相同，音色干净音量要比主管要小一些（音量不能超过主管，否则喧宾夺主）。如上述的条件都能满足，这就是一支好的葫芦丝。

（六）葫芦丝调音技巧

葫芦丝属于管乐器，所有管乐或多或少都会受温度、湿度变化的影响，在不同的地域和气候条件下，音准会有细微变化。为了能应对这种变化，需要对音准进行适当的调节，进而产生了接口式调音插口。调音插口通过铜接口的伸缩，延长或缩短乐器内部空气柱的长短来实现音高的变化，以满足演奏、教学的需要。原理是拔出接口插接位置，竹管内空气柱增长，整体音准就相对降低一点点；反之，总体音高就会增高，这样乐器就能在 10 音分至小二度之间调整，以达到与乐队、CD 音乐相协调的目的。

在使用调音型葫芦丝时，注意在拔插接口的时候用力不能过猛，也不能直拉直推，要用适当的力量边左右旋转边推拉，直到音准调整到合适的高度。尽量避免给一些外人或完全不懂的人使用该乐器，以免错误操作，造成接口变形、损坏或漏气。维护方面，需要定期或不定期给铜接口补充适量的润滑油，避免接口腐蚀生锈。

需要注意的是：调音仅仅只是对音准的绝对音高做小范围的适当调整，而不能作为转调来使用。因为葫芦丝的调音对不同的音高调整的幅度不一样，原则上来说，离簧片越近的音对调音接口的调整越敏感，越远的越迟钝，而且筒音 5 是不会受调音接口的变化控制的。

第三节　西洋乐器教学对学生音乐素质的培养

一、西洋管乐教学培养学生音乐素质

（一）学习了解管乐

1. 管乐的概念

顾名思义就是指以管发声的乐器及其所奏的音乐。其常见的西洋管乐器包括单簧管、双簧管、萨克斯、长笛、巴松等木管乐器；小号、中音号、长号、圆号、大号等铜管乐器。

2. 管乐的概况

包括单簧管、双簧管、萨克斯、长笛、巴松等木管乐器；小号、中音号、长号、圆号、大号等铜管乐器。管乐可以进行独奏、重奏，也可组成军乐团、行进管乐团、室内管乐团、交响管乐团等多种形式的演奏团队。国内最为知名的管乐团为中国人民解放军军乐团。

（二）管乐器的分类

有许多分类方法，一般按照发音的方式可以分为吹孔气鸣乐器、单簧气鸣乐器、双簧气鸣乐器和唇簧气鸣乐器。前三类乐器由于都起源于芦管乐器，且音色缺乏金属感，所以统称为木管乐器，尽管现在许多乐器都已使用金属、橡胶乃至合成材料为原材料了。在管弦乐队和军乐队中，这一组乐器被称为木管组。相对应的，唇簧气鸣乐器被称为铜管组（实际上，这类乐器也确实是铜制的）。

1. 吹孔气鸣乐器

（1）发声原理：吹孔气鸣乐器管体为圆柱形，横吹，唇是激振器。唇振动时，气流冲击在吹孔锋利的边缘上而分开，进入管中的气流就引起管内空气柱振动而发音。

（2）乐器名称：

长笛（flute），别称及雅号为“花腔女高音”。乐器本调为C调，应用谱号是高音谱号，不移调记谱。实用音域c^1—c^4（三个八度），由管身（含吹节、主节和尾节）和音键系统组成。使用材质有两种：普通型为无缝镍银管，专业型为硬质真银。长笛乐器特色突出，清新，透彻，色调冷艳，高音活泼明丽，低音优美悦耳。广泛应用于管弦乐队和管乐队（军乐队）。除C调长笛外，还有bD，bE调长笛，G调次中音长笛，C调低音长笛等，应用较少。长笛部分经典曲目如：斯美塔那（捷克）交响诗《我的祖国》之《沃尔塔瓦河》引子部分；格里格（挪威）《皮尔·金》组曲之《清晨》。

短笛（piccolo），乐器本调为C调，应用谱号是高音谱号，不移调低八度记谱，实用音域c^2—c^5（三个八度），使用材质有两种：普通型为无缝镍银管，专业型为硬质真银。短笛乐器特色鲜明，音域比长笛高一个八度，可达到乐队的最高极限，音色尖锐透明，同音区不如长笛丰满，属装饰性乐器，很少独奏，用于管弦乐队和军乐队中。其身长只有长笛的三分之一。短笛要有节制审慎地使用，可使乐声更加响亮，有力而辉煌。短笛部分经典曲目如：苏萨（美国）《星条旗永不落》第三乐段、泰克（德国）《旧友进行曲》第三乐段。

2. 单簧气鸣乐器

（1）发声原理：管体为圆柱（单簧管族）或圆锥（萨克管族）型。直吹，激振器为单片苇制簧片和与之相配的嘴子，固定于乐器的上端，气流通过哨片和嘴子进入管体而使管内空气柱振动发。

（2）乐器名称：

单簧管（clarinet），别称及雅号为黑管，管弦乐队中的“演说家”。乐器本调为bB调。应用谱号是高音谱号，移调高大二度记谱。实用音域e—g^3（三个半八度）（实际音高 d—f^3）。单簧管由哨头、小筒、主体管（两节）、喇叭口和机械音键系统组成。使用材质有两种：普通型为硬制橡胶、ABS 塑料、酚醛树脂等，专业型为经特殊处理的乌木、紫檀、红木或有机玻璃等。乐器特色突出，高音区嘹亮明朗，中音区富于表情，音色纯净，清澈优美，低音区低沉，浑厚而丰满，是木管族中应用最广泛的乐器。除 bB 调单簧管外，常用的还有 bE 调小单簧管和音区向下延伸的中音单簧管、低音单簧管和最低音单簧管等等。单簧管部分经典曲目如：莫扎特（奥地利）《A 大调单簧管协奏曲》、格什温（美国）钢琴与乐队《蓝色狂想曲》引子。

萨克斯管（saxophone），乐器本调为 bB（高音，次中音），bE（中音，上低音）。应用谱号是高音谱号，根据乐器本调移调记谱。实用音域为两个半八度。萨克斯管的结构组成是由金属制抛物线性圆锥管体与单簧管类似的哨头、波姆体系音键系统组成。除 bB 高音萨克管外，其余均弯成烟斗型。使用材质为铜制。乐器特色鲜明，音色丰富，高音区介于单簧管和圆号间，中音区犹如人声和大提琴音色，低音区像大号和低音提琴。现代流行轻音乐中大量使用，部分经典曲目如：拉威尔（法国）《波莱罗舞曲》中有一段变奏。

萨克斯经过多年的发展，萨克斯界已经出现了以下几大品牌，雅马哈（YAMAHA）、柳泽（YANAGISAWA）、兰德马克（LANDMARK）、杰普特（JUPITER）、伊布鲁斯（EUBULUS）、卡尔沃斯（J.K）、塞尔玛（SELMER）、帕克乐器（PARKER）乐器等等。

3. 双簧气鸣乐器

（1）发声原理：管体圆锥型，直吹，激振器是固定在乐器上端的两片苇制簧片，气流通过哨子进入管体，使管中空气柱振动发音。双簧气鸣乐器包括双簧管、英国管和大管等乐器。

（2）乐器名称：

双簧管（oboe），别称及雅号为木管族中的抒情女高音。乐器本调为 C 调，应用谱号是高音谱号，不移调记谱。实用音域 b—f^3（两个半八度）。双簧管结构由双簧管哨子、管体（包括上下节和喇叭口）和音键组成。使用材质为管体用经过特殊处理的硬木制成。乐器特色非常明显，音色柔和软丽，有芦笛声，适于表现田园风光和忧郁抒情的情绪。在乐队中常担任主要旋律的演奏，是出色的独奏乐器，也善于合奏和伴奏，是交响乐队里的调音基准乐器（乐队以双簧管的小字一组的a音调音）。双簧管部分经典曲目如：莫扎特（奥）《双簧管协奏曲》、郑路（中国）《北京喜讯到边寨》。

英国管（English horn），别称及雅号为F调双簧管，中音双簧管。乐器本调为F调，应用谱号是高音谱号，移调记谱。实用音域e—a^2，英国管结构由哨子、管体和音键系统组成。使用材质为木制。乐器音色独特，近似双簧管，有忧郁、梦幻的情味。英国管不是管弦乐队的基本乐器，只在表现特定情景时才用得上。英国管名称之由来，并非此乐器来自英国，而是由于文字上的相同音译的结果。英国管部分经典曲目如：德沃夏克（捷克）《第九交响曲（自新大陆）》第二乐章第一主题。

大管（bassoon，巴松管），别称及雅号为一捆柴（来自意大利文 fagotto）。乐器本调为C调，应用谱号是低音谱号，不移调记谱。实用音域大字一组 bB—小字一组 bb（三个八度）。大管结构由哨子、U型管体（分四节）和音键系统组成。使用材质为槭科色木或枫木。乐器特色鲜明，低音区音色阴沉庄严，中音区音色柔和甘美而饱满，高音富于戏剧性，适于表现严肃迟钝的感情，也适于表现诙谐情趣和塑造丑角形象。还有一种低音大管（低八度），是木管族中的最低音。大管部分经典曲目如：比才（法）歌剧《卡门》第一幕与第二幕间奏曲，旋律选自咏叹调《阿尔卡拉龙骑兵》。

4. 唇簧气鸣乐器

这类乐器种类繁多，形成相对木管乐器族的铜管乐器族，即是平时所说的号类乐器，俗称喇叭，包括军号、小号、短号、圆号、长号、大号和萨克号等，每种又有许多规格。唇簧气鸣乐器均是由铜合金制成。

（1）发声原理：唇簧气鸣乐器靠嘴唇振动发音。当唇振动时，气流通过杯状号嘴吹入管状体内，使管内空气随之振动发音，依靠启闭活塞装置或伸缩号管改变号管的长短，获得不同的音高，并由向牵牛花开放样式的喇叭口来扩大它的音量。其发音音高还取决于吹奏者的唇肌紧张程度，同样的管长可以演奏出由低到高大约七个到十几个泛音。

（2）乐器名称：

军号（bugle），自然泛音乐器，构造最简单，包括步号、马号、军号和青年号四种。

乐器本调为bB，G，F等多种，应用谱号是简单的专用号谱。实用音域只能吹出几个乃至十几个泛音，音阶并不完整。军号有单圈和双圈几种，均由管体、喇叭口和号嘴组成。乐器特色方面表现为结构简单，发音嘹亮，传远性好。只用于部队和中小学鼓号队，管弦乐队和军乐队完全不用。

小号（trumpet），乐器本调为bB，应用谱号是高音谱号，移调高大二度记谱。实用音域e—c^2（实际d—小字二组bB），两个半八度。小号的结构由号嘴、管体和机械三部分组成。其中机械部分由活塞和活塞套构成，通过按下活塞接通旁路管以达到延长号管的目的(活塞分为直升式和旋转式两种)。管长1.335米。乐器特色突出，音色强烈明亮，锐利，富光辉感，是铜管族的高音乐器，也可发出优美而富歌唱性的旋律。使用弱音器时可变换音色。小号是管弦乐队和军乐队的重要乐器。此外还有C、b、E、A等多种调性的小号，不过较少使用。小号部分经典曲目如：海顿（奥地利）《小号协奏曲》、穆索尔斯基（俄罗斯）《图画博览会》之《漫步》、柴科夫斯基（俄罗斯）《意大利随想曲》引子、柴科夫斯基（俄罗斯）舞剧《天鹅湖》之《那波里舞曲》、约翰塞巴斯蒂安·巴赫（德国）《勃兰登堡协奏曲》第二部。

短号（cornet），乐器本调为bB。应用谱号是高音谱号，移调高大二度记谱。实用音域#f—c^2（实际e—小字二组bB），两个半八度。短号的结构由号嘴、管体和机械三部分组成。机械部分由活塞和活塞套构成，通过按下活塞接通旁路管以达到延长号管的目的（活塞分为直升式和旋转式两种），号管比小号略粗，并多一道拐弯。管长1.335米。乐器特色方面表现为音色柔和，富歌唱性，不够辉煌。通常只用于军乐队和舞厅乐队。短号还有bE调的，不过使用较少。在现在的军乐队中，经常使用小号来代替短号，音色也由演奏员来控制。

圆号（horn，French horn），别称及雅号为法国号，“管乐器的灵魂”。乐器本调为F调，常见圆号还有F、bE双调，F、bB双调和F、A、bB三调等多种。应用谱号是高音谱号，移调记谱。实用音域B_1—f^2（三个半八度），圆号的结构由号嘴、管体、机械三部分组成，使用回旋式活塞，有三键、四键和五键圆号。管长3.939米（F调）。乐器特色鲜明，音色既有铜管特色，又较温和，高雅，带有哀愁和诗意，在铜管和木管之间起到媒介协调作用，表现力极为丰富。铜管乐器中它音域最宽，应用最广泛。圆号部分经典曲目如：莫扎特《奥地利号协奏曲》四首、约翰·施特劳斯（奥地利）《蓝色多瑙河》引子。

长号（trombone），别称及雅号为拉管，伸缩喇叭，“管乐中的弦乐器”，“爵士乐之王”。乐器本调为bB或C。应用谱号是低音谱号和次中音谱号，不移调记谱（也有移调记谱的）。实用音域E—小字一组bB，两个半八度。长号的结构由伸缩长号由号嘴、U型套管、里管、调音管、喇叭口、支柱等组成。低音长号还带有一个四度管活塞和四度附加管。管长2.75米。乐器特色突出，音色高傲，辉煌，庄严，壮丽而饱满，声音嘹亮而富有威力，弱奏时温柔委婉。整个音域内音响统一，很少被同化。可奏出独特的滑音。长号是构造上唯一未经过技术完善，很少改进的铜管乐器。长号不仅是管弦乐队和军乐队的重要乐器，还大量用于爵士乐，被称为“爵士乐之王”。管弦乐队中较少用于独奏。以前还有一种活塞长号，不过现在已经基本被淘汰了。长号部分经典曲目如：瓦格纳（德国）歌剧《女武神》之《女武神之骑》、瓦格纳（德国）歌剧《唐豪瑟》序曲、哈恰图良（前苏联）舞剧《加雅涅》之《马刀舞曲》、拉威尔（法国）《波莱罗舞曲》。

大号（tuba），别称及雅号为低音号、抱贝司、倍低音萨克号。乐器本调为bB。应用谱号是低音谱号，不移调记谱（也有移调记谱的）。实用音域D_1—f^2，三个八度。大号的结构由号嘴、管体和机械三部分组成。有4—6个活塞（回转式较常见）。大号有抱式大号、圈式大号和转口式大号（俗称“苏萨风”）三种，后两种只用于军乐队或管乐队。乐器特色方面是管弦乐队中最大的低音部铜管乐器，音色浑厚低沉，威严，庄重，与倍低音提琴同是管弦乐队合奏的基础。管弦乐队中还使用G、F、C调大号，很少用于独奏。大号部分经典曲目如：霍尔斯特（英国）《行星组曲》之《天王星》引子（与长号合奏）。

从某种意义上来讲，大号也应该归为萨克斯号一类，但萨克斯号中只有大号在管弦乐队中占有一席之地，故单列出来。

（三）管乐队的知识

管乐队是由木管乐器、铜管乐器和打击乐器组成的吹奏乐队。泛指军队中的军乐队，或同一类型的管乐队。

1. 管乐队 (band)

管乐队属于音乐合奏团体，但一般不包括弦乐器。把木管、铜管与敲击乐器合奏组称为管乐队，始于15世纪的德国，是军队生活的常备部分；后传至法国、英国和新大陆。15—18世纪欧洲许多城镇有自己的乐师或歌唱队，在特别的节日表演时，木管乐队常加入肖姆管和长号两项乐器。18、19世纪时英国业余的铜管乐队包含许多新的铜管乐器。各种组织均各有其代表性组合。19世纪中期的美国，以吉尔摩的乐队最为著名，他的继承人苏泽为美国海军陆战队乐队指挥和作曲家，创作了许多受欢迎的进行曲。艾灵顿公爵和贝西伯爵领导的大乐队是20世纪三四十年代美国最受欢迎的音乐类型。与其他乐队不同的是，弦乐器（如电吉他等）在摇滚乐队中占极重要的地位。

2. 管乐队编制

管乐队的编制无统一规定，不同国家的不同音乐团体各有标准；差异只在细节方面，其基本特点即单簧管占绝对优势的原则（相当于小提琴在管弦乐队中的地位）始终不变。中国现代专业管乐队的编制，一般为：短笛1，长笛2，双簧管2，单簧管12，大管2，中音萨克斯管2，次中音萨克斯管2，上低音萨克斯管1，F圆号4，短号4，小号4，次中音号4，上低音号1，长号4，大号2，小军鼓1，大军鼓1，大钹1对，共50—60人，遇重要场合，乐队编制常按比例成倍扩大；如在音乐会上演奏，常加用定音鼓和倍大提琴。

3. 管乐队历史

管乐队发展的历史很长，与军队的关系十分密切。17世纪前，欧洲帝王在战场上用号声传达号令，习惯于把号手和鼓手组成简单乐队归属于骑兵团队。法国国王路易十四的军乐队由4种不同尺寸的双簧管（一说为3种双簧管和大管）和军鼓组成。18世纪中叶，普鲁士国王腓特烈二世又把这种乐队扩大为木管乐器和铜管乐器的混合组织，包括双簧管、单簧管、圆号、大管、长笛、小号和倍大管；英国皇家炮兵军乐队则包括有小号、圆号、双簧管（或单簧管）和大管。法国大革命和拿破仑执政时期，又促进了管乐队的发展，当时军乐队已拥有42人。19世纪中叶，管乐队还添加了新发明的萨克斯管。

管乐队传入中国，要较管弦乐队早。在19世纪70年代成立的“上海业余管乐协会”，是中国最早的管乐组织，中国的管乐队主要担任迎送国宾和重大节日的仪仗任务。

4．管乐队乐器

管乐队的主要乐器包括木管组的长笛、短笛、双簧管、单簧管、小黑管、低音黑管、大管、降b萨克斯、降e萨克斯、小萨克斯、巴黎东萨克斯、坳头萨克斯和天呢萨克斯。铜管组的次中音、小次中音、圆号、小圆号、长号、大号、小号。打击乐组的大鼓、小鼓、镲、锣、定音鼓、架子鼓、钢片琴、木琴等等。

二、西洋弦乐教学培养学生音乐素质

现今经常被提到的弦乐一般是指西洋管弦乐队中的弦乐组（小提琴、中提琴、大提琴、低音提琴）。弦乐可以合奏的乐器很多，在西洋弦乐方面最常见的是弦乐四重奏（第一小提、第二小提琴、中提琴、大提琴），不过形式也不固定。弦乐（stringed music）与弦乐器、弦乐器演奏者或弦乐器演奏的音乐有关的。弦乐队 stringed 由弦乐器组成的乐队。

（一）弦乐器可分为擦弦乐器、拨弦乐器和击弦乐器

1．擦弦乐器

神奇的擦弦乐器是指通过琴弓摩擦弦而发声的乐器。管弦乐中的擦弦乐器，包含所有演奏时用琴弓擦弦，因振动而发声的乐器，其音的高低，是由左手手指随指板上按弦而产生。我们所熟悉的提琴家族也都属于擦弦乐器，包括小提琴、中提琴、大提琴、低音大提琴，弦乐组也是管弦乐四大类中规模最大的，演奏时也经常担当乐曲中最主要的部分。擦弦乐器为使音色或共鸣更好，以及配合各部分的不同性能需求，必须精选不同的木料来制作。

提琴的构造：一具提琴由表面上看，是一个有角葫芦形，面上开着一对 f 形洞的木匣子，中提琴除了比小提琴稍大一点外，一切都是一样的。它们都有一个腮托，以便演奏时用腮把琴夹紧。大提琴的体积大概比小提琴大 2 倍半左右，但它的边却比小提琴高 4 倍左右，它没有腮托。但却有一条能够不用时取下来或缩进琴肚子里去的支柱。

提琴的琴弓：是使擦弦乐器发出声音的工具。琴弓的形状，是由古代狩猎用的弓演变而成的，琴弓略为弯曲，通常以白色马尾作为弓毛。以坚硬的松香涂上毛上，然后和琴弦摩擦、振动而发声。琴弓之好坏也决定着演奏的音色。琴弓约长75厘米，是以马尾制成的弓毛紧系着木质的弓杆的两端，一支琴弓所需的毛数为130—250条，演奏家透过不同演奏技巧的运用来表现丰富的音色。

提琴的演奏：擦弦乐器通常都是用琴弓拉奏的。拉奏时就好像拿着琴弓在“锯”乐器的样子，一手拿着弓杆，然后用弓毛来回摩擦琴弦就会发出声音来了，这个时候，琴弓和乐器上的弦是接近垂直的角度。除了拉奏的动作原理大致相同之外，拿乐器的方法就不太一样了。小提琴和中提琴因为体型比较小，演奏时无论站着坐着都直接将琴夹在左颚及左肩膀之间。大提琴只能坐着拉，摆在张开的两脚中间。低音大提琴因为实在太大了，无论坐着（高脚椅）或站着，演奏的人都是在乐器后面用左手按弦，右手持弓演奏。弦乐器也可以像吉他等拨弦乐器一样用手指头拨奏，发出来的声音和用弓拉奏的声音很不一样，但是这种演奏方法比较不常使用。此种技巧称为Pizzicato。

小提琴是管弦乐的乐器中，最重要的一种，全长约60厘米。小提琴能够表现出非常完美的音质，不论是纤细的声音，或是光辉的声音，都能随心所欲地发出。这种柔美轻巧的乐器一直为许多作曲家所宠爱。小提琴四根弦以高度的间隔，调律成G、D、A和E的高度。G弦能发出最深沉的声音，E弦能发出高而光辉的声音。琴弓约长75厘米。

在管弦乐中，小提琴分成第一与第二两组，各组都有自己应演奏的声部（Part），不论是哪一组的声部，在管弦乐整体的音响中，都占有重要的地位。第一小提琴在指挥家的左侧，而小提琴中最右前方的一位，就是“首席演奏家”。他常担任指挥家的助理，同时负责演奏管弦乐曲中的小提琴独奏部分，并且也是小提琴组的首席。

中提琴在提琴这个家族中，最先露面的是中提琴。中提琴比小提琴略大些，全长约66厘米，四弦各比小提琴低完全五度调音，音色雅静而带闷，有如鼻音。在17世纪，中提琴只是一个偶尔被采用，或者是用来陪衬及加重低音部或填补和声而已，直到18世纪后才慢慢开始被当作独奏乐器使用。其四弦定音分别为C G D A，演奏技巧与小提琴相同，由于其音域较低，左手在指板上的音距活动要比较大。中提琴与小提琴的琴弓差不多长，但中提琴的琴弓通长。

大提琴琴长约为小提琴的2倍，全长约120厘米，演奏时夹于两腿之间，下端用脚棒支撑。具有广阔的音域，能奏出比中提琴更低沉的声音，而且可以发出非常光辉优美的高音。琴弦很粗，长度约为小提琴的2倍。琴弓短而重约长73厘米，不像小提琴的弓那样优美。琴弦则调成较中提琴低八度的C音、G音、D音和A音。大提琴不像小提琴那么轻快光辉，但音质颇为柔和优美，这种音质正好供给管弦乐低沉的音域。在弦乐器中，除小提琴外，大提琴担任独奏部的机会最多。

低音大提琴是提琴家族中最低音也是最大的乐器，全长约200厘米，演奏者必须站立拉奏，四弦定音分别为E A D G，音色庄重而低沉，琴弓长68—70厘米。演奏技术由于受到乐器构造的限制比其他弓弦乐器显得较不灵活。低音大提琴用于独奏略显单调，但一加入合奏中，则使整个合奏发出充实的音响与立体的效果，因而成为管弦乐、室内乐、爵士乐等所有合奏种类的基础。

2. 拨弦乐器

富有魅力的拨弦乐器是指通过拨弦产生振动而发声的乐器。包括有吉他、竖琴。

吉他：吉他俗称六弦琴，六弦定音分别为E A D G B E，吉他的指板上有固定品位18—20格，每一个品位相距半音。演奏时将吉他放在右膝及左大腿之间，以右手手指拨弦，也可使用Pick拨弦演奏（古典吉他较少使用）。吉他音色柔和活泼，携带方便，在近代深受年轻人的喜爱，也成为在流行音乐界不可或缺的乐器。

竖琴：竖琴是历史上最古老的乐器之一，其发音方式是用手指弹拨弦振动产生的，今日以双踏板的竖琴为标准型，通常为47弦。琴弦中所有的C弦都是红色的，而F弦都是蓝色的。琴台装有七个踏板，可奏半音，演奏家就以此七个踏板与各弦的使用，奏出美丽、滑顺、梦幻的音调。在独奏时可展现抒情或华丽的特色；但在合奏中则大多作为装饰性的乐奏。

3. 击弦乐器

迷人绚丽的击弦乐器是指用槌敲打弦而发声的乐器。包括有钢琴等。

钢琴：键盘之王钢琴能演奏和声与复调音乐，能担任独奏、重奏及协奏而备受人们的喜爱，所以被誉为“乐器之王”。钢琴备有88个均等的琴键并以标准的十二平均律来调音。钢琴是用毛毡包裹着的琴槌敲打琴弦所发声的。弹琴时，手指按下琴键，琴键另一端便会顶起击弦机的相应部分，使琴槌敲击琴弦，发出声响。当手指抬起时，击弦机上的止音器便会将声音止住。

（二）拉弦乐器的特点简介

小提琴（violin）：小提琴属于擦奏弦鸣乐器，是现代管弦乐队弦乐组中最重要的乐器。作为现代弦乐器中最小、声音最高的乐器，小提琴主要的特点在于其辉煌的声音、高度的演奏技巧和丰富、广泛的表现力。

应用谱号是高音谱号，不移调记谱。小提琴结构由琴身（包括琴头、琴颈、指板和共鸣箱）、琴弦系统（包括弦轴、挂弦板、琴马和琴弦）和琴弓组成。使用的材质：琴身为木制结构，以槭木和云杉为原材料配合制造的音色最佳；琴弦是金属丝；琴弓为马尾。小提琴乐器特色突出迷人，属于提琴族乐器中的高音乐器，艺术表现力十分丰富，音色优美、表达含蓄、变化多端，具有歌唱般的魅力。

小提琴也是一切弓弦乐器中流传最广的一种乐器，也是自 17 世纪以来西方音乐中最为重要的乐器之一。现在的四弦小提琴是 16 世纪从老式的三弦小提琴发展来的，1650—1730 年经斯特拉迪瓦里、阿马蒂和瓜尔内里等家族加以改进而臻于完美。再后来的改良包括加长指板，增加腮托，用钢丝和尼龙丝取代肠线琴弦等。

小提琴是最具表现力的乐器之一，演奏技巧极其丰富，作曲家们经常用以引发作品的基调。小提琴在交响乐队中，分为第一小提琴和第二小提琴。第一小提琴常担任乐曲的主旋律，第二小提琴则担任乐曲主要声部的和声伴奏。此外，小提琴也常在室内乐和小品中用于独奏。近年来，小提琴又成为当代流行乐和爵士乐的当家乐器之一。

小提琴的音色具有人声的特点，演奏灵活，携带方便，表现力十分丰富，既能演奏抒情的旋律，也能演奏充满技巧性的华彩乐段，还可以作为节奏乐器来使用。无论是在管弦乐队中还是在喜爱音乐的人家中，小提琴都成为一件不可取代的乐器，被人称为“乐器中的皇后”。

小提琴是最能表达感情的乐器之一，许多作曲家用它来唤起听众的共鸣。借着不同的演奏方式，小提琴可以产生各种不同的声音效果。以弓拉琴弦，可以产生柔和的琴声，营造安静祥和的气氛，亦可发出如童声高音般的纯净音色；以弓擦琴弦，可以产生充满怒意的刺耳效果，用来描绘暴风雨过境或暴乱场面。手指沿琴弦滑动按压，则可以为悲伤的音乐增添令人感到颤抖的效果。以指拨琴弦产生短促明快的声音，则与轻快的气氛相互呼应，常用来描绘舞蹈或雨滴落地时的情景。

近年来，小提琴成为现代流行乐及爵士乐爱用的乐器之一。许多摇滚乐手及流行乐器手已弃用音响合成器，把音乐改编成采用大量小提琴的管弦乐曲，以创造比较柔和的效果。

中提琴（viola）：擦奏弦鸣乐器。外形及构造与小提琴相同，只是形体略大，音域略低。定弦是C、G、d、a，比小提琴低五度。除了高音在高音 谱号记谱外，通常是用中音谱号记谱。大约从1450年开始，中提琴viola一词一直是意大利语用来指示各种各样用弓子演奏的弦乐器时所用的名称。16世纪时，放在演奏者肩上的乐器viola da braccio（手臂维奥拉）和放在演奏者膝盖上或膝盖之间的乐器viola da gamba（腿上的维奥拉）有了区别。后来，viola da gamba只用来指低音维奥尔琴。viola da braccio指今中提琴（viola）。音色比小提琴更厚实、温暖而丰满。18世纪中叶，中提琴只在乐队中使用。18世纪末，随着弦乐四重奏的发展，在室内乐中也日益重要。为独奏中提琴创作的或独奏中提琴是重要声部的作品有：J·斯塔米茨的《D调中提琴与乐中提琴队协奏曲》、W·A·莫扎特的《小提琴、中提琴与乐队交响协奏曲》、H·柏辽兹的《哈罗尔德在意大利》、B·巴托克的《中提琴协奏曲》等。P·欣德米特本人也写了4首中提琴协奏曲。

大提琴（violoncello）：弦乐类擦奏弦鸣乐器。大提琴是管弦乐队中必不可少的次中音或低音弦乐器。在管弦乐曲中大提琴声部经常演奏旋律性很强的乐句，也与低音提琴共同担负和声的低音声部。它也是非常为人们所喜爱的独奏乐器。大提琴的应用谱号是低音谱号或中音谱号、次中音谱号。大提琴结构组成类似小提琴，但琴身大很多，标准高约48英寸，琴弓稍粗且短，定弦比中提琴低八度。使用材质方面：琴身为木制结构，以槭木和云杉为原材料配合制造的音色最佳；琴弦为金属丝；琴弓是马尾。大提琴乐器特色鲜明：属提琴族乐器里的下中音乐器，音色浑厚丰满，具有开朗的性格，擅长演奏抒情的旋律，表达深沉而复杂的感情。

大提琴和小提琴或其他弦乐器家族成员一样，都有四根弦，音域约为四个八度，音高比中提琴低八度（C—G—d—a），乐谱通常用低音谱表，在较高音区有时用中音谱表。大提琴的第一根a弦发音华丽有力，富于歌唱性，第二根d弦，音色较朦胧，第三、四弦（G、C）低沉响亮，能够承受乐队的非常沉重的音响。它的发音原理虽然与中、小提琴相同，但其手指的把位在低音区与小提琴迥然不同，尤其是在高音区时能用拇指把位演奏。至于演奏技巧，由于大提琴在琴身大小、琴弦排列与琴弦长短等方面与小提琴均不相同，因而它的奏法与中、小提琴不同，是夹在两腿之间演奏。演奏时，演奏家将琴身轻轻夹于两膝间，底部以一根可调整高度的金属棒支撑。演奏方式则计有用弓毛拉弦、手指拨弦和用弓杆敲弦。

大提琴最初在意大利语中被拼作violoncello，后来逐渐简写为cello。大提琴以其热烈而丰富的音色著称，是交响乐队中最常见的乐器之一。适合扮演各种角色：有时加入低音阵营，在低声部发出沉重的叹息；有时则以中间两根弦起到节奏中坚的作用。整个大提琴组奏出的美妙的旋律，足以令交响乐队中的任何其他乐器都相形见绌。

大提琴的历史可以追溯到16世纪末，是一种叫作“低音维奥尔琴”或“膝间维奥尔琴”的15世纪的乐器演变而来。维奥尔琴的体积不像大提琴那么大，弧形也不那么明显，但演奏时可以夹在两膝之间，像大提琴那样用弓拉奏。自17世纪大提琴家多曼尼科·加布里埃利（Domenico Gabrielli）创作了第一首大提琴独奏曲以来，已有不少作曲家专门为大提琴创作乐曲。如18世纪的维瓦尔第、塔尔蒂尼和莱奥等作曲家，都曾模仿小提琴协奏曲而为大提琴写了不少协奏曲；后来在英国、奥地利与法国等地也相继出现了意大利风格的大提琴协奏曲及其他乐曲。至于18、19世纪的古典主义与浪漫主义作曲大师们，如海顿、莫扎特、贝多芬、舒伯特、舒曼、德沃夏克以及柴科夫斯基等，也都写作了大量的大提琴独奏曲、协奏曲和有大提琴声部的室内乐，使这一乐器的性能与技巧得到了充分的发挥。其中最常演奏的有巴赫的六首无伴奏大提琴组曲、博克尼尼协奏曲，海顿的D大调与C大调协奏曲，勃拉姆斯为小提琴与大提琴谱写的a小调协奏曲，舒曼的协奏曲，德沃夏克的协奏曲，柴可夫斯基的《罗可可主题变奏曲》，圣·桑的协奏曲等等。其他如拉洛、埃尔加、柯达伊、兴德米特等近、现代作曲家亦创作了许多优秀的大提琴乐曲，深受人们的喜爱。

低音提琴（double bass）：弦乐类擦奏弦鸣乐器。又称倍大提琴。提琴家族中体积最大、发音最低的弓弦乐器。它是乐队中音响的支柱，基本节奏的基础。低音提琴高180—220厘米，下端有一支柱，形似大提琴。演奏时要将琴放在地上，立着或靠在高凳上演奏。低音提琴是四度定弦，4根弦分别是E、A、D、G，为了避免在低音谱表上过多地加线，其音响比实际记谱低1个八度。有时加入第5根弦，定音为C，或在乐器的颈部加入一个机械装置，加长E弦，使其可以演奏下面的C音。熟练的演奏家可以通过使用泛音来大大地超越乐器的上方的自然音域。低音提琴使用两种弓子，一种是法国弓，称为博泰西尼弓。另一种称为德式或西曼德尔弓，它有一个较长、较细的杆，很宽的扣手，用手握住棍杆的下面（手掌向上）。低音提琴比其他弓弦乐器更多地用拨奏，这一特点使得它除了在管弦乐队中的扮演角色外，也在歌舞乐队和爵士乐队中成为重要的节奏乐器。

第四节 中国民族传统器乐教学对学生音乐素质的培养

中国民族传统器乐简称民乐，是指用中国传统乐器以独奏、合奏、舞奏形式演奏的民间传统音乐。

一、中国民族传统器乐的发展

中国民族器乐的历史悠久。从西周到春秋战国时期民间流行吹笙、吹竽、鼓瑟、击筑、弹琴等器乐演奏形式，那时涌现了师涓、师旷等琴家和著名琴曲《高山》和《流水》等。秦汉时的鼓吹乐，魏晋的清商乐，隋唐时的琵琶音乐，宋代的细乐、清乐，元明时的十番锣鼓、弦索等，演奏形式丰富多样。近代的各种体裁和形式，都是传统形式的继承和发展。

民族器乐曲按传统习惯分为“单曲”与“套曲”两类。单曲多为单一独立的曲牌。套曲由多个曲牌或独立的段落联缀而成。如南北派十三套琵琶大曲、晋北的八大套等。如按乐曲的曲式结构类型分，主要有变奏体、循环体、联缀体、综合体等，其中以变奏体、联缀体最为多见。

创作中各种变奏技法被广泛运用。民间艺人在一首曲牌反复演奏时，善于用各种演奏技巧对旋律作加花装饰而形成变奏，如《喜相逢》（笛曲）、《婚礼曲》（唢呐曲）等。“放慢加花”也是一种常用的变奏手法，它将“母曲”的结构成倍扩充，同时做加花装饰。如《欢乐歌》（江南丝竹）、《南绣荷包》（二人台牌子曲）、《柳青娘》（潮州弦诗）等乐曲都把“放慢加花”的段落安置在“母曲”之前。另一种变奏手法是采取变化主题的结构，如二胡曲《二泉映月》主题在其后的五次变奏时做句前、句中或句末的扩充和紧缩。而琵琶曲《阳春白雪》中之《铁策板声》则采取结构次序的倒装。这种结构次序的变更在锣鼓段中更为常见。

20世纪20年代以来，刘天华、聂耳等对民族器乐的继承和发展做过一些工作。中华人民共和国成立后，音乐工作者继续对各种优良传统曲目进行整理、加工、改编，使乐曲原有精神得到更加完美的表现，同时还涌现出大量的新作品。乐器改革方面，在统一音律、改良音质、扩大音量、方便转调、增加低音等方面有了很大进展，并产生了大型民族管弦乐队合奏等新品种，在内容和形式方面都有了新的发展。

二、中国民族传统器乐的相关概念

1. 国　乐

指的是从古代流传下来，在近代又有所发展的属于“国粹”的音乐，可见“国乐”的创作时间指的是古代。

2. 新 音 乐

指的是那些学习过西方音乐的人所写的音乐，如学堂乐歌，可见新音乐的创作时间是在1840年鸦片战争之后。

3. 中国音乐

则不仅指古代传承下来的音乐，也指中国人按西方理论创作和改编的音乐。

4. 中国传统音乐

是指中国人运用本民族固有方法、采取本民族固有形式创造的、具有本民族固有形态特征的音乐，不仅包括在历史上产生、流传至今的古代作品，还包括当代作品。可见，传统音乐包括“国乐”，但不包括“新音乐”，但它们都是“中国音乐”。

传统音乐是我国民族音乐中一个极为重要的组成部分，传统音乐与新音乐的区别并不在于创作时音的先后，而是在于其表现形式及风格特征。如二胡独奏曲《二泉映月》、《渔舟唱晚》虽是近代音乐作品，但其表演形式属中华民族所固有，所以也是传统音乐。相反，学堂乐歌、钢琴独奏曲《牧童短笛》等因其音乐形态特征借鉴了西方音乐，故不是传统音乐。

三、中国民族传统乐器

乐器的发展也随着人类社会的发展和时代的进步在发展，时至今日新品种不断增多。中国民族音乐传统乐器追溯最早将乐器予以分类的，当始于西周时的“八音”。其分类法是以乐器的制作材料为依据，《周官·春官·大师》载:“皆播之八音——金、石、土、革、丝、 木、匏、竹。”此分类法虽不尽科学，自周朝至清朝3 000多年来，却始终占着传统地位，可见其对中国传统乐器的分类影响甚巨。

中国民族音乐传统乐器按照其发声的原理可以分成拉弦乐器、吹管乐器、弹拨乐器和打击乐器。

1. 拉弦乐器

成型于明清。

二胡：明清时代为许多戏曲的伴奏乐器，并用于地方器乐小合奏（如江南丝竹）。至20世纪刘天华改革以后，开始成为适于独奏的乐器。著名曲子：刘天华十大名曲、《二泉映月》等。

板胡：因琴筒用薄木板粘成而得名，伴随着中国地方戏曲梆子腔的出现，在胡琴的基础上产生的一种擦奏弦鸣乐器。著名曲子：《大起板》（何彬编曲）、《翻身的日子》（朱践耳曲）。

高胡：“高音二胡”的简称，是民乐队中重要的二胡族的高音乐器。其形、构造、演奏弓法与技巧以及所用演奏符号等，均与二胡相同，只是琴筒（共鸣箱）比二胡略小，常用两腿夹着琴筒的一部分演奏。著名曲子：《平湖秋月》。

中胡：“中音二胡”的简称，是民乐队中重要的二胡族的中音乐器。在二胡的基础上改革制成。琴筒较二胡大，琴杆比二胡稍长，琴弦比二胡弦粗，音色浑厚。著名曲子：《草原上》、《苏武》。

京胡：原称“胡琴”，于清乾隆年间在胡琴基础上改制而成，最早也称“二鼓子”。京剧的主要伴奏乐器，其名也是因用于京剧伴奏而得。著名曲子：《夜深沉》。

2. 吹管乐器

成型于汉晋。

笛：在中国以戏曲伴奏为主，但也有发展出少数独奏曲，如《梅花三弄》等。现代以来有较多的独奏曲，著名的有《喜相逢》、《姑苏行》、《牧民新歌》、《阳明春晓》等。

箫：又称“洞箫”，中国最古老的民族边棱气鸣乐器。单管，竖吹。常独奏，也常与古琴合奏。

唢呐：由波斯传入，传统多用于吹打乐，近代在此基础上发展出独奏曲，著名的如《百鸟朝凤》。

笙：现代的著名曲子有《凤凰展翅》等。

埙：在古代用陶土烧制的一种吹奏乐器，圆形或椭圆形，有孔，是汉族特有的闭口吹奏乐器。因以陶制最为普遍，亦称“陶埙”，也有石制和骨制等。

巴乌：著名曲子《美丽的凤尾竹》前段的主奏。

葫芦丝：葫芦丝，又称“葫芦箫”，是云南少数民族乐器，主要流传于傣、彝、阿昌、德昂等民族中。

管子：乐器名称，一种吹管乐器，其历史悠久。起源于古代波斯(今伊朗)。在中国古代称为“筚篥”或“芦管”。在2 000多年前(西汉时期)，流行于中国新疆一带，后传入中原。其构造由管哨、侵子和圆柱形管身三部分组成。可用来独奏、合奏和伴奏。经过变化发展，管子的演奏技艺得到了不断丰富和发展。而广泛流行于中国民间，成为北方人民喜爱的常用乐器。

3. 弹拨乐器

成型于盛唐。

古琴：古琴是中国古代士人阶层中发展最广的乐器，长期以来流传大量的琴曲及各种流派，著名的曲目包括《广陵散》、《流水》、《潇湘水云》、《梅花三弄》、《忆故人》、《阳关三叠》等。

瑟：中国古代的拨弦乐器，瑟和筝的弹奏技巧很是相似。形状似琴，有25根弦，弦的粗细不同。每弦瑟有一柱。按五声音阶定弦。古时，瑟常常与琴或笙合奏。最早的瑟有五十弦，故又称“五十弦”。体较古筝大，而且都是单弦发音。

古筝：中国古老的弹拨乐器之一，流传至今已有2 000多年的历史，故被俗称为“古筝”，又称“秦筝”。筝在汉、晋以前设十二弦，后增至十三弦、十五弦、十六弦及二十一弦。古筝名曲有：《渔舟唱晚》、《高山流水》、《寒鸦戏水》、《汉宫秋月》、《蕉窗夜雨》等。在中国传统乐器中，古筝的音色优美，音域宽广，演奏技巧丰富，具有相当的表现力，深受广大人民的喜爱。

箜篌：是中国传统民族乐器之一，分为雁柱箜篌、转调箜篌、凤首箜篌、小箜篌。其中，与竖琴同源的竖箜篌经西域传入。好多人会把现代箜篌（雁柱箜篌）当成竖琴，可以说现代箜篌是竖琵琶式音箱，双排弦，弦通过筝码传到音箱，相比竖琴，可以压颤，演奏滑音颤音，泛音效果出众，运用了中国技法比如摇指、轮指等。因竖琴的有效弦长比箜篌长，羊肠弦使得竖琴音色柔软，而箜篌的音色，十分有力度，音色浑厚，音箱比竖琴大，音色更亮。

阮：一种弦乐器，柄长而直，略像月琴，四根弦，现亦有三根弦的。现代的阮一般都用四根琴弦，分为大、中、小阮和低阮。琴头一般装饰有中国传统的龙或如意等骨雕艺术品，两侧装有四个弦轴。阮的琴身是一个扁圆形的共鸣箱，由面板、背板和框板胶合而成。阮的结构原理、制作材料以及演奏技法和琵琶都有很多相同之处。传说因中国晋代人阮咸善弹此乐器而得名，故又名“阮咸”。著名曲子：《丝路驼铃》。

琵琶：自唐朝以后获得大量的发展，有许多流派及大批古曲，大致可分为文曲和武曲，前者如《塞上曲》、《春江花月夜》、《夕阳箫鼓》、《月儿高》等，后者如《十面埋伏》、《霸王卸甲》等。20世纪以后琵琶又出现了大量的新独奏及协奏曲，如《歌舞引》、《草原小姊妹协奏曲》等。

柳琴：柳琴主在明清时代主要是戏曲伴奏的乐器，在20世纪50年代，在一批音乐家和乐器改革家的努力之下，开始出现不少独奏及协奏曲，著名的有《剑器》、《北方民族生活素描组曲》、《春到沂河》、《毕卡兹欢庆会》等。

月琴：中国拨奏弦鸣乐器，由古代阮和琵琶演变而来。著名曲子：《数西调》（《枚西调》）、《松花江渔歌》。

扬琴：一种兼具打击乐器及弦乐器特点的乐器，明朝末期由波斯传入，普遍使用于民乐团，有“中国钢琴”之称。著名曲子：《将军令》。

4. 打击乐器

成型于商周，如“八音”、鼓、编钟、编磬、锣。

四、中国民族音乐主要曲目

民族器乐有各种乐器的独奏、各种不同乐器组合的重奏与合奏。不同乐器的组合，不同的曲目和演奏风格，形成多种多样的器乐种。各种乐器的独奏乐是民族器乐的重要组成部分。琴曲《广陵散》、《梅花三弄》；琵琶曲《十面埋伏》、《夕阳箫鼓》；筝曲《渔舟唱晚》、《寒鸦戏水》；唢呐曲《百鸟朝凤》、《小开门》；笛曲《五梆子》、《鹧鸪飞》；二胡曲《二泉映月》等等，都是优秀的独奏曲目。

纯粹用锣鼓等打击乐器合奏的清锣鼓乐，音色丰富，节奏性强，擅长表现热烈红火、活泼轻巧等生活情趣。如《八仙序》（浙东锣鼓）、《十八六四二》（苏南吹打）、《鹞子翻身》（陕西打瓜社）、《八哥洗澡》（湘西土家族“打溜子”）等。

由各种弦乐器合奏的弦索乐，以优美、抒情、质朴、文雅见长，适宜于室内演奏。如《十六板》（弦索十三套）、《高山》、《流水》（河南板头曲）等。

用吹管乐器与弦乐器合奏的丝竹乐，演奏风格细致，多表现轻快活泼的情绪，如《三六》、《行街》（江南丝竹）、《雨打芭蕉》、《走马》（广东音乐）、《八骏马》、《梅花操》（福建南音）等。

由吹管乐器和打击乐器合奏的吹打乐，演奏风格粗犷，适宜于室外演奏，擅长表现热烈欢快的情绪。如《将军令》（苏南吹打）、《大辕门》（浙东锣鼓）、《普天乐》（山东鼓吹）、《双咬鹅》（潮州锣鼓）。有不少吹打乐种，在乐队中兼用弦乐器，因而音乐兼具丝竹乐的特点，如《满庭芳》（苏南吹打）、《五凤吟》（福州十番）等。一般说来，北方流行的吹打乐重“吹”，吹奏技巧高；南方流行的吹打乐重“打”，锣鼓在吹打乐中起重要作用。

传统民族器乐演奏多与民间婚丧喜庆、迎神赛会等风俗生活，以及宫廷典礼、宗教仪式等结合在一起，较少采取纯器乐表演的形式。民族器乐的实用性使不少器乐曲牌因用于不同场合而产生变化。

传统民族器乐曲都有标题，分标名和标意两类。标名性标题只给乐曲取名以示甲与乙之区别，它和音乐内容无直接联系，如《工尺上》、《四段锦》、《九连环》、《十景锣鼓》等。标意性标题以曲名、分段标目和解题等提示乐曲的内容，如《流水》、《霸王卸甲》、《赛龙夺锦》等。

第五节 打击乐教学对学生音乐素质的培养

一、打击乐基本概况

打击乐，音乐名词，乐器分类名称之一。凡用打、击方式发声的乐器（打弦乐器除外）统称为打击乐（器）。戏曲中称为武场。京剧打击乐以鼓板（檀板与单皮鼓），大锣、铙钹、小锣四大件乐器为主。

二、打击乐的分类

（一）中国古代的打击乐

我们的先人早在周朝时代（约公元前 11 世纪 —— 公元前 771 年）就创始了乐器的分类，即：金、石、土、革、丝、木、匏、竹八类，俗称“八音”，在以后漫长的历史时期里，乐器的演变虽不断发展，但大体上仍沿用这种“八音”分类法。中国古代音乐家并未特别对打击乐器再进行分类，所以打击乐器散见于八音之中。

（二）中国近代的打击乐

近代中国音乐界，对打击乐器的再分类，大致有如下几种

（1）《民族乐队乐器法》（中央音乐学院编，1964 年 3 月人民音乐出版社）将打击乐器分为五大类：鼓、锣、钹、板、星。

(2)《民族音乐概论》（中央艺术研究院音乐研究新编，1963 年 7 月人民音乐出版社）将打击乐器分为五大类：鼓类、锣类、钹类、板梆类、其他类。

（3）《中国民族乐器分类》（简其华《民族民间音乐》1985）将打击乐器分为六大类：鼓类、锣类、铙钹类、钟类、竹板木梆类、铁板石片类。

(4)《中国乐器图志》(刘东升、胡传藩、胡彦久编著，1987 年 12 月轻工业出版社）将打击乐器分为三个类：皮膜类、金属类、竹木玉石类。

（5）《中国乐器》（1991 年现代出版社），将打击乐器分为二大类：体鸣乐器、膜鸣乐器。

（6）《中国乐器图鉴》（中国艺术研究院音乐研究所编，1992 年 7 月山东教育出版社），将打击乐器分为四大类：皮膜类、竹木玉石、综合类。

（7）《中国打击乐器图鉴》（李民雄主编，1996 年 2 月第一稿，待出版），将打击乐器分为五大类：鼓类、钟类、锣类、铙钹类、其他类。

（三）定音的打击乐

大多数打击乐器有一个确定的音，甚至连鼓的音也是确定的。但一般来说打击乐器的分类是看一个乐器是否有一个确定的音高。定音鼓、木琴和钢片琴等都有一定的音高。小鼓、大鼓、三角铁等一般没有确定的音高。但也有些打击乐器手在录唱片或演奏特别的作品前确定他们的鼓的音高。锣分有确定音高的和没有确定音高的两种，西方的锣一般没有确定的音高。吊钹也是有确定音高的，但很少见。

（四）打击乐器的基本分类

打击乐器是一种以打、摇动、摩擦、刮等方式产生效果的乐器族群。打击乐器也是最古老的乐器。有些打击乐器不仅仅能产生节奏，还能做出旋律和和声的效果。一般分为膜鸣乐器和自鸣乐器两种。

膜鸣乐器：也称“革鸣乐器”，就是通过敲打蒙在乐器上的皮膜或革膜而发出的乐器，如各种鼓类乐器，定音鼓、小鼓、大鼓、康加鼓、邦哥鼓、铃鼓。

自鸣乐器：也称“体鸣乐器”，就是通过敲打乐器本体而发声的，即自己就可以发声，比如：钢片琴、木琴、马林巴、颤音琴、管钟、木鱼、三角铁、吊钹、扬琴、钹、锣、编钟、铃鼓。

三、民族打击乐演奏法

在打法上可归纳为四种基本点子：

（1）以“仓七”冲头型为主及其变化形式，包括冲头、导板头、帽儿头、五击头、四击头、住头、归位、串子、长尖、紧锤、九锤半、搜场等。

（2）以“仓七台七”长锤型为主及其变化形式，包括快、慢长锤，一锤锣，摇板长锤(凤点头)等。

（3）以“仓台七台”闪锤型为主及其变化形式，包括闪锤、滚头子、纽丝等。

（4）以“仓台台七台”抽头型为主及其变化形式，包括抽头、马腿儿、凤点头、收头、夺头等。

其他锣鼓点均是上述多种节奏型的组合。

四、打击乐器的作用

（一）传统民族打击乐器

中国的民族乐器中有许多特有的打击乐器，这些打击乐器有的今天还在使用，有的今天已经不使用了（比如编钟）。这些传统的打击乐器是中国传统艺术中不可缺少的部分，比如在中国的戏剧中的磬、鼓、锣、钹，或者在说书时使用的快板、响板等。

在中国的传统音乐中打击乐器的使用比较少，打击乐器（除木琴和编钟外）一般也被看作是下级的乐器。在春秋和战国的文献中就有嘲笑秦国的打击音乐的文章，如：《史记》中《廉颇与蔺相如列传》中“秦王击缶”的故事等。

（二）戏剧中的打击乐

戏剧武场四大件中，大锣具有固定音高点的下滑音响特点，小锣具有固定音高点的上滑音响特点，铙钹具有不同音高的平行音响特点。其组合成的综合音响能密切配合念白的四声调值语调与节奏感，从而加强了语言的音乐性。同时，在与唱腔及文场乐器的配合上，均具有独特的色彩与功能。

京剧中除武场四大件外，还运用了其他众多的打击乐器，如水钹，大钹，齐钹，小镲锅，木鱼，梆子（或称广东板），碰钟（即星子），小汤锣，云锣，大筛锣（大型的低音锣），大、小堂鼓等。现还吸收了定音鼓、吊钹、军钹等打击乐器。

打击乐在京剧音乐以至整个戏剧舞台方面占有重要的地位。它不仅在渲染舞台气氛、调节表演身段、配合语言韵律、掌握唱腔与伴奏音乐的节奏和速度以及丰富乐队的音响方面起着积极和良好的作用，而且在以节奏音响带动全局、贯穿全剧、统一整个舞台的节奏方面起着重要的作用。

（三）管弦乐队中的打击乐

打击乐在西洋管弦乐队中也起了极其重要的作用，西洋管弦乐团以及管乐团中的打击乐器主要有定音鼓、大军鼓、小军鼓、马林巴、颤音琴、木琴、军镲、三角铁、铃鼓等等。

在大部分的管弦乐曲完成的时代，打击乐器并未受到重视，最普遍使用为定音鼓，用途仅为增强乐曲气势。再来是小鼓、大鼓、钹、木琴等。不过后来乐曲逐渐走向多样化，打击乐器丰富的节奏性因此得到善用。在20世纪初期管乐开始发展，各式各样的打击乐器慢慢被研发改良，作曲家得以利用多样的音响效果使乐曲更加有变化。打击乐器相当于乐团的第二指挥。

第六章 歌唱教学中培养学生音乐素质

歌唱注重气声字，表演强调精气神。

——周立清

第一节 歌唱的认识与理解

一、歌唱的概念

（一）歌唱（sing）

是指人类通过发声器官产生音乐性声音的过程，与说话相似。歌唱产生的音乐称为声乐。专业从事歌唱的人为歌手。歌唱也指由个人或者团队，经由专业或者非专业训练后，借助声带，发出优美动听的声音。不用于日常交流，仅仅用于抒情和艺术的表达。歌唱通过对唱腔、音高、音色、音程、音量、旋律、节奏、表现力等方面，以抑扬有节奏的音调发出美妙的声音，来阐释作品和艺术性地表达情感，给人以享受。歌唱是一门艺术，要想提高自身的唱歌能力，应训练唱歌技巧。训练的内容包括：唱歌的姿势、呼吸、气息、发声和咬字等各方面的要求等。

（二）演唱（sing in a performance）

以唱的方式来表演（歌曲、戏曲等）。《魏书・释老志》："又有沙门、道进、僧超、法存等，并有名于时，演唱诸异。"北魏杨炫之《洛阳伽蓝记・永明寺》："（陈留王景皓）夙善玄言道家之业，遂舍半宅，安置佛徒，演唱大乘数部。"最早的"演唱"源自远古时期人类的祭祀与宗教活动，当时的人们因为无法解释的自然力量，以及对生老病死的恐惧，而向图腾或神灵祭祀与祈祷。在这些祭祀与祈祷中，出现了最早的带有节奏韵律的语言方式，这就是最早的"演唱"了！

（三）说　　唱

说唱指曲艺表演，RAP既为说唱乐。产自纽约贫困黑人聚居区。它以在机械的节奏声的背景下，快速地诉说一连串押韵的诗句为特征。深受广大乐迷的喜爱，并在世界各地广泛传播。说唱文化传入中国短短十年内，已经有先后几批爱好者为之传播，为说唱文化做出了卓越贡献，很多人说中国人不适合这种外来的音乐，但事实证明音乐是没有国界的，一个好的音乐可以加深国家人民之间的友谊，更可以促进全球人民团结友爱，升华情操。

（四）声乐（vocal music）

是指用人声演唱的音乐形式。声乐是以人的声带为主，配合口腔、舌头、鼻腔作用于气息，发出的悦耳的、连续性、有节奏的声音。按音域的高低和音色的差异，可以分为女高音、女中音、女低音和男高音、男中音、男低音。每一种人声的音域，大约为两个八度。声乐包括：美声唱法、民族唱法和通俗唱法，2006年中国又出现了原生态唱法。通常声乐指美声唱法。古代泛指音乐和音乐活动。《周礼·地官·鼓人》："鼓人掌教六鼓四金之音声，以节声乐，以和军旅，以正田役。"晋潘岳《西征赋》："隐王母之非命，纵声乐以娱神。"唐李复言《续玄怪录·麒麟客》："歌鸾舞凤及诸声乐，皆所未闻。"清高士奇《扈从西巡日录·康熙二十二年三月朔壬寅》："妙妓杂乐，无不毕陈，云贺药王生日。幙帟偏野，声乐震天。"今指歌唱与歌唱艺术。可以有音乐伴奏，亦可无音乐伴奏，皆以歌喉为主，与器乐不同。

二、歌唱是人的本能

歌唱是人的本能，你听过雨夜盲女的哀曲吧？也听过快乐的男女山歌对唱吧？这些人从未受过声乐训练，可他们的歌声也同样令你感动，因为他们完全发挥了自然的歌唱本能。关于呼吸、发声、共鸣、高音的问题，一切都逃不出自然的条件，连带着一切物理条件，都是根据自然而产生的。遗憾的是，我们却往往摒弃这种自然的条件，而去苦苦地找寻一些"捷径"、"秘诀"，这是很可悲哀的事。歌唱家在歌唱时，喉头的作用虽属，但心力也可左右它。在歌唱时，喉头的动作完全是自发的，歌唱家歌唱时，想唱什么音，声带张力与振荡次数就会完全与思想吻合。发声时当然还要用横膈膜、腹肌、肋骨、喉舌等快速的力量。一个初生婴儿，根本不知道这些事，却能把这些力量用得很好。当他哭的时候，哭得很伤心；他笑时，又会发出悦耳的音调。由此证明，人生而就有一种能力，能够自由自在地、并带有表情地使用我们的嗓子。

三、歌唱的作用与好处

（一）歌唱有益身体健康

不仅仅是艺术活动，也是一项有益于人体健康的运动。长期坚持歌唱的作用明显。

1. 唱歌促进心理健康

这是人们用直觉就能感受到的，它能释放悲伤，让人情绪变好。不仅如此，唱歌对身体健康同样有好处，它能增强人体的免疫系统，唱歌中使用的横膈膜呼吸法，还能起到缓解压力的作用。经常唱歌的人讲究发声和共鸣，这就加强了脸部的锻炼，尤其是口部肌肉的锻炼。而且经常唱歌的大多数人都会有一个很好心情。歌唱善于调节心理，心情不佳时，可通过变更不利环境、通过适度地唱歌宣泄等方式，改善心理状况。我们常常可以看到，当一个人在演唱一首迷人动听的歌曲时，他会在不知不觉中步入自我陶醉的境界，无形中便摆脱了孤独、失落感，解除烦恼。

2. 唱歌提高人的免疫力

研究表明，压力会影响人体的免疫系统，如果您对自己做的事情感觉很好，免疫系统就会得到增强。研究还发现，人在唱歌时，大脑中会释放出一种名为催产素的荷尔蒙。这种荷尔蒙能使人们之间增进感情。一个人在青春期时大脑中释放的催产素是最多的，也许正是因为这个原因，许多人对自己在青年时期听过或唱过的歌印象特别深刻。这种荷尔蒙的释放也能解释一些音乐爱好者或者戏曲票友喜欢经常定期组织活动，一展歌喉、宣泄自己的情感。各国军队无疑也深知这一点，总是让士兵一起有节奏地高唱进行曲，从而提高战斗力。科学家还发现，大合唱的成员每次排练后，他们体内一种名为LgA的免疫球蛋白含量增加了150%，而在一次公开演出后，这种免疫球蛋白更是增加了240%，这说明，虽然不能说唱歌能抵御感冒，但在适当的情况下，唱歌确实能够增强一个人的免疫系统。

3. 唱歌增加人的肺活量

歌唱可以强健心肺，相关研究表明，无论老人、年轻的学生，还是无家可归的人，在唱歌后的情绪都会变得更好。此外，患有肺气肿的病人在接受唱歌训练后，呼吸也有所改善。业余歌唱爱好者的个人仪态仪表也更好。心肺功能降低是人体老化的重要标志之一。平常呼吸量为500毫升，但唱歌时可升至数千毫升，提高呼吸的频率，加强了胸筋的扩张速度。唱歌时的“丹田发声”与气功锻炼有着异曲同工之妙。几首歌曲下来，就像练了气功一般。唱歌时，吸取了大量的新鲜空气，很快又排尽肺脏内的浊气，既起到强健心肺的作用，又能使血液摄氧量大大增加。由于唱歌时胸腹部肌肉松弛和收缩运动，起到按摩胸腹部肌肉的作用，可以加强肠胃的蠕动，提高食欲和消化吸收。

4. 唱歌提高人的记忆能力

艺术和学习之间是有联系的，音乐使用右脑，而语言则使用左脑，两者之间的神经通路是很强的。所以大多的人几乎每一首唱过的歌，大都能记住它的曲子。对于孩子来说，有机会接触音乐和唱歌是非常重要的。对艺术的学习能够训练我们的神经通路，这些神经通路对我们学习其他领域的知识具有非常重要的意义。由于唱歌时要记住旋律和歌词，尤其是当学唱一首新歌时，脑血管处于舒展状态，经常唱歌脑筋就像在做思维体操，起到健脑防老年痴呆的良好作用。

5. 唱歌有益人的健康

专家认为，唱歌比锻炼身体更为有效果。如唱歌减肥法的基本呼吸方法是腹式呼吸法，唱歌时调节空气的吸入和呼出量，脂肪分解时所需的氧气便能充分地被吸收，有助脂肪的燃烧。“一个人唱完一首歌的氧气消耗量，和跑完一百米的氧气消耗量相比较效果相当，所以说唱一首歌等于跑了一百米。”举例说，张惠妹的《三天三夜》，可以消耗19.3卡路里。有网友表示，自己唱完歌后的确能明显感觉出汗，有运动后的感觉。

（二）歌唱的多项好处

现在人们越来越重视歌唱活动，美国歌唱教师协会还总结出了歌唱的12项好处。

（1）歌唱时进行深呼吸，能增强肺部功能，清新血液。

（2）歌唱能促成好的身体姿态，优美的形体动作及生动的面部表情。

（3）歌唱能促进思维活跃。

（4）歌唱能增强自信心，有益于形成乐观沉稳的性格。

（5）歌唱可以锻炼思想集中，增强记忆力。

（6）歌唱能改善讲话能力，建立正确的发音和丰富的音调。

（7）歌唱可以熟悉更多的诗词，加深对语言文字的领会能力。

（8）歌唱发展了对独唱、重唱、合唱、音乐剧、歌剧等声乐艺术的欣赏能力。

（9）歌唱促进了对其他艺术的兴趣。

（10）通过歌唱加深了对美好事物的追求，体现对理想的探索。

（11）歌唱有助于情感的表达，是个人与外界沟通的桥梁。

（12）歌唱是自娱自乐的良好方式。

四、歌唱的表现形式

歌唱的形式是指齐唱、独唱、重唱、合唱等演唱的组合形式，是歌唱的基本表现形式。用什么样的演唱形式要根据歌曲题材、体裁和要表现的情绪而定。现将几种常见的演唱形式分述如下。

1. 齐　唱

齐唱是指一个歌唱集体，大家都唱同一个旋律，也就是单声部的群唱。如《大刀进行曲》、《解放区的天》、《打靶归来》、《我的祖国》等适合用齐唱表演。

2. 独　唱

由一个人演唱的形式叫独唱。因性别和各人的条件、音色不同，又可分女高音、女中音、女低音、男高音、男中音、男低音等独唱。其音色特点是：女高音华丽灵巧，女中音温柔圆润，女低音丰满宽厚，男高音高亢明亮，男中音浑厚庄严，男低音低沉庄重。他们之间的音域也各不相同。女高音中还有音色清脆灵巧的花腔女高音；音色秀丽甜美的抒情女高音；音色刚强壮实的戏剧女高音。男高音中有音色明朗而抒情的抒情男高音；音色壮丽而坚实的戏剧性男高音等。

3. 重　唱

重唱是指立至四人各人唱各自不同旋律，也就是唱多声部歌曲的演唱形式。有男声二重唱、女声二重唱、男女声二重唱和由三个或四个声部组成的三重唱、四重唱等。

4. 合　　唱

合唱指多声部的群唱。男女声分四个声部的叫混声合唱；男声多声部群唱叫男声合唱；女声多声部群唱叫女声合唱。人数较少的多声部群唱有人称作小合唱。但不能把人数众多的多声部群唱叫大合唱。因为大合唱已有上面所说的另一种含义。

5. 表 演 唱

演唱歌曲时，边唱边做动作，这种有动作表演的演唱，称为“表演唱”。表演唱在演唱方面往往采取对唱或小组唱形式。

6. 领　　唱

在齐唱或合唱中，由一个人单独演唱一个乐段或一些乐句的，称为“领唱”。领唱部分一般与齐唱或合唱部分构成呼应，形成对比。

7. 对　　唱

两个人或两组人作对答式的演唱，称为“对唱”。对唱有男女声对唱，男声对唱，女声对唱等形式。对唱大多是单声部歌曲，气氛热烈而欢快。

8. 轮　　唱

将许多人分成两个或三四个声部，各声部相隔一定的拍数，先后演唱同一曲调，称为“轮唱”。

9. 小 组 唱

一个小组的人同时来演唱一首单声部的歌曲，称为“小组唱”。小组唱实际上是齐唱的一种形式，只不过人数较少而已。如果演唱的是多声部歌曲，则称为“小合唱”。

10. 大 联 唱

围绕一个特定的专题，选择内容有关的歌曲，并采用诗朗诵或乐曲联奏等方法，将各歌曲连贯起来进行演唱，称为“大联唱”。大联唱不一定局限于齐唱，可能还包括独唱、合唱、轮唱等多种声乐演唱形式。

11. 演 唱 会

演唱会（Concert）指具有一定规模的现场演出，如果乐队没有足够的歌迷支持，是不可能举办这样大规模的演唱会的，因为租借一个像体育馆或剧院这样大的场地通常需要一定的金钱和名声，能在数以万计的歌迷面前演出，这本身就是一件非常有满足感的事情，何况还有非常可观的门票收入（当然，也有不少大型演出是免费入场的）。演唱会对于歌迷来说则是一个狂欢的节日。通常人气歌手会举行多场演唱会，目的是提高人气及公司通过门票获得一定收益。巡回演唱会，是指在一定时间内人气歌手辗转各地举行演唱会以提高人气、获得收益。

第二节　歌唱的条件和要求

一、歌唱的器官

声音的形成是发声器官协调工作产生的生理现象，这个现象的产生是气息运动和声带振动所形成的物理现象，但歌唱的发声运动又和我们平时说话的发声有所不同，因而歌唱发声又是一个物理的声学、音响学现象。而进行歌唱艺术实践又是一个复杂丰富的心理活动过程，因此我们的歌唱运动可以说是生理、物理、心理“三位一体”的行为。歌唱的发声器官是由呼吸器官、发音器官、共鸣器官和咬字器官四个部分组成，它们是歌唱发声的全部物质基础，是歌唱发声运动中的主要功能系统。

1. 呼吸器官

呼吸器官，即“源”动力，是由口、鼻、咽喉、气管、支气管、肺脏以及胸腔、膈肌（又称横膈膜）、腹肌等组成。气息从鼻、口吸入，经过咽、喉、气管、支气管，分布到左右肺叶的肺气泡之中（肺中由两个叶状的海绵组织的风箱构成，它包含了许许多多装气的小气泡）；然后经过相反的方向，从肺的出口处分支的气管（支气管）将气息汇集到两个大气管，最后形成一个气管，再经过咽喉从口、鼻呼出。与呼吸系统相关的各肌肉群的运动也关系到呼吸的能力，是歌唱“源”的动力和能量的保证。我们日常的呼吸比较平静，比较浅，用不着使用全部的肺活量，但歌唱时的呼吸运动就不同了，吸气动作很快，呼气动作很慢。如果遇上较长的乐句，气息就必须坚持住。而一首歌曲的高、低、强、弱、顿挫、抑扬变化，也全靠吸气、呼气肌肉群的坚强和灵活的运动才能完成。

2. 发声器官

发声器官，即发出声音的器官。它包括喉头、声带。喉头是一个精巧的小室，位于颈前正中部，由软骨、韧带等肌肉组成。声带位于喉头的中间，是两片呈水平状左右并列的、对称的又富有弹性的白色韧带，性质非常坚实。声带的中间又称声门，声带是靠喉头内的软骨和肌肉得到调节的。吸气时两声带分离，声门开启，吸入气息；发声时，两声带靠拢闭合发生声音。声带在不发出声音的时候是放松并张开的，以便使气息顺利通过。声带发声，一部分是自身机能，一部分是依靠声带周边的肌肉群协助进行发声运动。我们在声乐训练的时候，应该充分注意到这些肌肉群的功能作用，合理地运用它们，养成良好的习惯，避免在不正确的发声习惯下唱坏了嗓子。还有喉咙的上部与舌根之间，有一个很重要的软骨，叫会厌。会厌的功能有两个：一是起到声门的保护作用，当我们吞咽食物和饮水的时候，它本能地自动盖住气管，让食物通过时避免进入气管，我们往往有时不小心喝水“呛”了气，就是会厌动作不协调所致。二是歌唱的时候，会厌竖起，形成通道让声音流畅地输出。

3. 共鸣器官

人体的共鸣器官主要有胸腔、口腔和头腔三大共鸣腔体。胸腔包括喉头以下的气管、支气管和整个肺部。口腔包括喉、咽腔及口腔。头腔包括鼻腔、上颌窦、额窦、蝶窦等。在歌唱中，由于音商的不同，使用这些共鸣腔的比例是有所不同的。一般来说，唱低音时，胸腔共鸣发挥最大，唱中音时口腔共鸣应用较多，而唱高音时主要是靠头腔鸣发挥作用了。如果我们能正确、合理地运用好这些共鸣腔体，并相互协调配合好，那我们就能获得圆润、悦耳、丰满、动听的歌声。

4. 咬字吐字器官

咬字吐字器官（即语言器官）包括唇、舌、牙齿和上腭等。这些器官活动时的位置和不同的着力部位，形成了辅音和元音（即语言）。发声歌唱时，咬字、吐字器官各组成部分的动作比平时说话要更加敏捷而夸张。敏捷是为了使咬字准确清晰，夸张是为了使美化的元音或韵母通畅地引长发挥。所以语言器官是我们在吐字咬字时的物质基础，也是我们学习吐字咬字时出声、引长和归韵的重要器官。声音是歌唱的基础，要训练好声音进行歌唱，首先要了解所参与发声器官的构造和作用。歌唱运动的感觉远不如看得见、摸得着的如钢琴、小提琴训练那样的肌体运动来得容易，这就要求我们每个歌唱者要有敏锐的自我感觉，并在专业声乐教师的指导下反复训练，以形成条件反射去断定自己的声音是否正确，是否符合声器官运动的基本规律。还有一点要指出的是，上述各部分器官及它们的运动形式是歌唱的生理学为基础，而这些器官的协调活动，则是在人体神经系统的调节与支配下完成的。任何身体的运动都受到心理的指挥或暗示，歌唱者的意志、情感、愿望及舞台感觉等等，很大一部分与心理的因素有关，有时候心理的制约因素甚至比发声技术更重要地左右着我们的训练，我们应该充分注意到心理的重要性，当我们在歌唱时，尤其在台上表演时，则需将注意力集中在歌曲的内容与情感上，以情带声，而不要把注意力分散在具体器官的位置及活动状态上。

二、歌唱人声的分类

人声按音域的高低和音色的差异，可以分为女高音、女中音、女低音和男高音、男中音、男低音。每一种人声的音域，大约为两个八度。

1. 女 高 音

女高音的音域通常是从中央c即小字一组的c到小字三组的c。演唱女高音的歌手，由于音色、音域和演唱技巧的差别，又可以分为抒情、花腔和戏剧三类。抒情女高音的声音宽广而清朗，擅于演唱歌唱性的曲调，抒发富于诗意的和内在的感情，冼星海的《黄河大合唱》中的《黄河怨》就是一首抒情女高音独唱曲。花腔女高音的音域比一般女高音还要高。声音轻巧灵活，色彩丰富，性质与长笛相似，擅于演唱快速的音阶、顿音和装饰性的华丽曲调，表现欢乐的、热烈的情绪或抒发胸中的理想。如意大利作曲家贝内狄克特的声乐变奏曲《威尼斯狂欢节》就是由花腔女高音独唱。戏剧女高音的声音坚强有力，能够表现强烈的、激动的、复杂的情绪，擅于演唱戏剧性的喧叙调。意大利作曲家威尔第的歌剧《阿伊达》第一幕第一场中的《胜利归来》就是一首典型的戏剧女高音独唱曲。

2. 女 中 音

女中音的音域和音色都在女高音和女低音之间。音域通常从中央c下面小字组的a到小字二组的a。法国作曲家比才的歌剧《卡门》中的女主角卡门是一个放荡、泼辣的吉普赛女郎，运用女中音演唱恰好表现了卡门的野性。

由于角色有限，而且这一音区较接近语音，难以形成鲜明的特色。换言之，如果没有剧情的需要，这种真正的女中音是难以得到发挥的，所以真正优秀的女中音相当稀少。比较著名的女中音角色是：瓦格纳《尼伯龙根的指环》中的大地之母艾尔达和圣·桑的歌剧《桑松与达丽拉》（1872）。圣·桑一生创作了13出歌剧，《桑松与达丽拉》是罕见以女中音为主角的歌剧之一，也是圣·桑的代表作。桑松的故事记载于《圣经·旧约》，取古代以色列人的英雄桑松为题材。故事叙述了以色列的老百姓遭受腓力斯人的蹂躏和压迫，英雄参孙号召民众反抗。腓力斯人以妖艳的女祭司达丽拉色诱，妖女达丽拉探明桑松之所以拥有神力，是由于上帝耶和华赐给他的长发，于是趁其熟睡时把他的长发剃光，就这样桑松做了腓力斯人的俘虏。他们剜去桑松的双眼，每日劳役。桑松求告上帝耶和华并又一次得到了神力的帮助，推倒神殿大柱，3 000 腓力斯人与他同归于尽。

我国著名的女中音歌唱家有关牧村、子祺、德德玛、吴玫玫、罗天婵、梁宁等。

3. 女低音

女低音是女声中最低的声部，音域通常从中央 c 下面小字组的 f 到小字二组的 f。音色不如女高音明亮，但比较丰满坚实。俄罗斯作曲家柴可夫斯基的歌剧《叶甫根尼·奥涅金》第一幕第一场的《奥尔伽的叙咏调》就是由女低音独唱。

18 世纪末—19 世纪的前半期是女低音的黄金时代。韦伯《奥伯龙》中的国王侍从、罗西尼《湖上美人》中的马尔科姆等，均出色发挥了这一声部的声音特色。女低音还可以演书童或少年，如唐尼采蒂《夏摩尼的琳达》中的彼罗托，《路克莱莎·波其亚》中的奥西尼等。除了罗西尼《灰姑娘》中的辛德瑞拉、《赛米拉密德》中的阿萨斯等角色之外，女低音的形象又常与荡妇、懒婆娘、老年妇女等联系在一起。例如彭奇埃利《欢乐的歌女》中盲眼母亲拉杰卡、瓦格纳《罗恩格林》中的女巫敖德路特等。

还有格林卡的《伊凡·苏萨宁》（1836）中苏萨宁的养子瓦尼亚由女低音演员扮演。他为挽救新立沙皇罗曼诺夫的生命，连夜赶路报讯，竟使坐骑急奔毙命。这里，瓦尼亚的女低音演唱颇为动人，给听众留下了深刻的印象。

4. 男高音

男高音是男声的最高声部，音域通常从中央 c 即小一字组的 c 到小字三组的 c。按音色的特点可分为抒情和戏剧二类。抒情男高音也象抒情女高音一样明朗而富于诗意，擅于演唱歌唱性的曲调。戏剧男高音的音色强劲有力，富于英雄气概。擅于表现强烈的感情。柴可夫斯基的歌剧《黑桃皇后》中的男主人公格尔曼，就是典型的戏剧男高音。

5. 男低音

男低音是男声的最低音。音域通常从小字组的 e 到小字二组的 e。按音色的特点还可细分为抒情男低音和深厚男低音等。男低音的音色深沉浑厚，擅于表现庄严雄伟和苍劲沉着的感情。马可等作曲的歌剧《白毛女》中的杨白劳就是男低音，浓重的歌声倾诉出心头的满腔悲愤。

6. 男 中 音

男中音的音域和音色介乎男高音和男低音之间，在一定程度上兼有两者的特色。音域一般从小字组的降A到小字二组的降a。冼星海的《黄河大合唱》中的《黄河颂》，就是著名的男中音独唱曲。这首歌以宽厚的曲调、雄浑的气魄，展现了一幅气象万千的黄河的壮丽图景，它象征着我们民族伟大而崇高的精神。

三、歌唱的准备

要学好声乐，必须具备一定的条件，即具有良好的音乐素质、掌握相应的音乐基础知识和技能。

1. 乐理知识的准备

学生在音乐方面要有敏锐的听觉、鲜明的节奏感和良好的音乐感觉，就是我们常说的音准、节奏、乐感。一个人的音乐素质有先天的因素，也有后天的培养，而后天的因素是主要的。在音准、节奏和乐感方面有敏锐感觉的人，就具备了学习音乐的素质条件。

对于初学声乐的学生来说，声乐课一般只包括两部分内容，一部分是声音技术，也就是发声练习，一部分是演唱歌曲。对于识谱等基本乐理的内容，在声乐课里是不太涉及的。所以需要学生在学习声乐之前或同时，进行基本乐理的学习，学好相应的乐理知识才能唱准、唱好歌曲。大致分：音乐理论、识谱等内容。专业的学生还要上钢琴伴奏课，钢琴伴奏课的主要内容是进行歌曲的艺术处理、合钢琴伴奏。

2. 视唱练耳的准备

歌唱的主要素质要求不仅仅包括嗓音条件，还包括音准问题。歌唱得好不好，音准节奏很重要。在歌曲演唱中如果音唱不准，就无法准确地表达歌曲的内容，甚至会很难听。音准很多时候靠耳朵，在你唱歌的时候，其实耳朵更重要，我们在演唱时往往忽略了用耳朵监听，要非常认真地监听自己唱出来歌声，包括音高音准和音色，只有把握音准才能变化音色来表达歌曲的情感。生活中我们经常发现，带着耳机唱歌的人容易跑调，是因为其伴奏音乐的声音太大而盖过自己演唱的声音，之所以跑调主要原因就是缺乏耳朵的有效监听。如何解决歌唱音准问题，如何解决歌唱跑调的问题，如何提高学生音乐素质，视唱练耳的专门训练可以有效地帮助学生。视唱练耳是学习音乐的基础，要准确地听辨和视唱出音阶、音程、节奏、旋律必须学习视唱练耳。此外还要多听原唱，要用耳朵认真聆听演唱者的声音，一般来说正常情况下我们的耳朵天生就有一定的分辨能力，稍加训练我们是可以从音乐中分辨出伴奏和人声的，只有把歌唱的耳朵训练灵敏，歌唱的声音才能真正好听，不光要会唱，还要唱好唱精，唱出情感才是最高境界，艺无止境，没有最好只有更好，永远在路上！

3．必备的嗓音条件

在嗓音的问题上，并不完全依赖天生存在优劣的差别，不同的嗓音条件适合不同的歌曲类型，而有许多学生表面看是嗓子的音色差，实际上大多是由于使用不当造成的病变，当技术问题解决了，音色就会发生变化。这就看教师的教学方法了，必须扬长避短，因材施教，好的教学法可以使学生发出前所未有的声音。

一般人认为，学习歌唱必须要具有天然的好嗓子，这说法既有正确的一面，又有它的片面性。天然优美动听的嗓子是学习歌唱的有利条件，但有好嗓子不一定就能学好声乐，而许多成功的歌唱家在训练前并未显示天然优美的声音。歌唱同说话的生理条件是完全相同的，但若完全用说话的状态来进行歌唱就不能体现歌唱的艺术特征。因为语音发音是下意识的“自然”发音，而歌唱发声是有意识的“非自然”发声，运用科学的发声方法有意识地锻炼发声器官，是可以从下意识地说话达到有意识地控制自如的歌唱发声状态的。因此，凡会说话的人，只要具备了一定的音乐素质，就可以学习歌唱。

4．语言的准备

语言的准备包括三个方面：一是普通话要准确，二是演唱地方民歌时要尽量掌握地方方言，三是演唱外国歌曲时的外文发音问题。对于初学的学生来讲，主要解决的是普通话发音准确的问题，发音不准一方面会造成歌曲“走味”，另一方面还会造成技术问题。

第三节 歌唱的技术与练习

学习歌唱要具备一定的能力。首先要懂得发声的生理机制，如了解歌唱器官的构造，歌唱发声的简单原理，声音的共鸣原理、共鸣腔的划分、共鸣腔的运用和声区的关系，运用共鸣的方法等。其次在进行歌唱技能技巧的训练时，必须掌握歌唱的呼吸方法、呼吸的运用，了解呼吸的支点、常用的呼吸练习方法。学习识别声音的性质、声部的划分，了解美声、民族、通俗唱法特点及嗓音的保健等。学习了解声乐理论基础，可使自己练习时不盲目，目标明确。除此之外还要再看看别人的声乐论著，声乐方面的录像、电视、录音等，这会给自己学习带来极大的方便和启发，对歌唱练习大有好处，也使自己在歌唱的道路上少走弯路。

一、歌唱的姿势

正确的唱歌姿势，关系到气息的运用、共鸣的调节以及歌唱的效果。保持正确姿势是学好歌唱的需要和基础，也是歌唱者良好的形象与心态的表现。在训练时，应让学生养成良好的演唱习惯，做到两眼平视有神，下颌内收，颈直不紧张，脊柱挺直，小腹微收，腰部稳定。

（一）歌唱姿势的重要性

对于歌唱的姿势，有人说：“姿势是呼吸的源泉，呼吸是发声的源泉。”唱歌训练，首先要有正确的歌唱姿势，没有经过专业训练的人往往不够重视姿势，姿势的正确与否是直接关系到发声时各个器官配合的协调姿势。姿势正确了，发声各部分就能正常地工作，而不正确的姿势，则往往带来不正确的声音。这好比我们的跑步运动员，赛跑时如果没有正确的跑步姿势，就会直接影响跑步的速度一样。

（二）正确的歌唱姿势

（1）身体自然直立，保持自然放松，这里的放松绝不是松垮、瘫痪，它应呈现一种积极向上的状态，也就是精神饱满的状态。

（2）头部保持于眼睛向前平视稍高的位置，胸部自然挺起，两肩略下后一点，小腹收缩，两臂自然垂落，全身有一种积极运动的状态。

（3）两脚一前一后稍分开，前脚着力、身体的重量要平稳，重量落在双脚上。

（4）面部，眼神要自然生动，眉、眼、嘴是五官中的重要部位，眼睛是心灵的窗户，因此在演唱中眼睛切记应当张大一些，不要眯起眼唱歌。

（5）嘴巴是歌唱重要的工具，可以说是歌唱的小喇叭，歌唱中嘴巴必须张得开，放得松，切记紧咬牙关。

（6）歌唱时下颌收回，正确的感觉应该是由小腹到两眉之间形成一条直线，脖子和后背、腰部连成一线，这样才使气息畅通无阻。

（7）演唱时可根据歌曲的内在情感赋予适当的动作，但动作要简练大方，切忌矫揉造作，画蛇添足。坐唱的姿势与站立时的要求一样，但要注意腰部挺直而不僵硬，也不要靠在椅背上，注意臀部不要坐满整个凳面，约坐 1/3 的面积，两脚稍分开，自然弯曲，不能跷腿坐，也不能两腿交叉叠起。

二、歌唱的呼吸

歌唱呼吸是发声的动力，是歌唱的基础。没有良好的呼吸方法来控制和运用气息，就不可有优美悦耳的歌声。一切声音表演技巧都与呼吸有着不可分离的关系。

（一）歌唱呼吸的理念

克拉克在《论呼吸》中主张：歌唱者第一件事就是学习适当的呼吸。普利斯曼在他的《喉头生理学》中认为：呼吸是声音的生命力。我国传统声乐论著中说：“气者，音之师也。气弱则音薄，气浊则音滞，气散则音竭。”也说明了中外古今的歌唱者都十分重视呼吸在歌唱中的重要作用。

学习呼吸，首先要了解呼吸的方法。呼吸的方法有三种：第一是上胸式呼吸。这种呼吸是一种用上胸控制呼吸的方法。它吸气量少而浅，仅及肺上部，易造成喉头与颈部周围肌肉的紧张，发出逼紧、干瘪、缺乏弹性的直声。这类现象在初学者特别是业余歌唱者身上较为多见。这是一种需要纠正的、不好的呼吸方法。第二是腹式呼吸。这种呼吸是一种依靠软肋扩张、小腹鼓起和收缩的呼吸方法。它吸气比上胸式要深，但也有其局限性。由于吸气过深，气息往往不流畅，影响发声的部位，中、低声区音色沉闷，声音缺乏灵活性，并出现音偏低的现象。第三是胸腹式联合呼吸。这种呼吸是一种运用胸腔、横膈膜与两肋、腹部肌肉共同控制气息的呼吸法。这种呼吸法是近代中外声乐界公认而普遍采用的科学的、合乎生理机制规律的呼吸方法，这种呼吸方法有许多优点。它控制气息的能力强，呼气均匀、有节制，能储存较多的气，有明显的呼吸支点，使音域扩大，并使高、中、低三个声区协调统一。

歌唱的呼吸是歌唱艺术中最重要一环，学习和掌握正确的歌唱呼吸是歌唱最必要的基础。有歌唱呼吸控制的歌声才是真正的声乐，可以说呼吸是歌唱的源动力。声乐界有“谁懂得呼吸，谁就会唱歌”之说，说明了呼吸在歌唱中的重要性，它确实是歌唱者首先应该学会的一项重要基本功。

歌唱时的呼吸与日常生活中说话的呼吸是不大一样的。在日常生活中，人们通过说话交流思想感情，因为一般距离较近时所需音量就较小，气息较浅，不用很大的力度，也不用传得很远，而且我们说话连续用嗓时间长了，嗓音就容易疲劳、嘶哑，这种说话的呼吸若用于唱歌就完全不能胜任了。唱歌是为了抒发情感，是要唱给别人听的。歌唱时面对的往往是大庭广众，须将歌声传至每个角落，因而要求声音既要有一定的音量，又要有一定的力度变化，要有长时间歌唱的能力，并要求根据歌曲的需要，时而长、时而短、时而强、时而弱、时而高、时而低有控制地平稳输送气息，要做到这些，就不是简单的事了。所以歌唱时的呼吸作为一种艺术手段，有它自身特有的一套规律和方法，它是一项技术性问题，是后天训练出来的。

（二）呼吸运动过程

歌唱的呼吸运动包含着吸气和吐气两个过程。

1. 吸 气

首先是吸气，在做呼吸练习时，先做好正确的演唱姿势，保持腰挺直，胸肩松宽，头自如，眼望远处，从内心到面的表情都充满情意，然后，“痛快地叹一口气”使胸部放松，吸气时，口腔稍打开，硬软腭提起，并与提眉动作配合，很兴奋地以后腰为主，将腰围向外松张，让气自然地、流畅地“流进”，使腰、后背都有“气感”，胸部也就自然有了宽阔的感觉，比如用“打呵欠”去感觉以上动作。

吸气要用口、鼻垂直向下吸气，将气吸到肺的底部，注意不可抬肩，吸入气息时使下肋骨附近扩张起来，腹部方面，横膈膜逐渐扩张，使腹部向前及左右两侧膨胀，小腹则要用力收缩，不扩张。背部要挺立，脊柱几乎是不动的，但它的两侧却是可以动的，而且也是必须向下和向左右扩张的，这时气推向两侧与背后并贮在那里，保持住然后再缓缓将气吐出。

吸气不宜过深，否则使胸、腹部僵硬，影响发声的灵活和音高的准确，吸气时也不要有声响，会影响歌唱的艺术效果，还会使吸气不易深沉，影响气息的支持，所以，在日常生活中要养成两肋扩张、小腹微收的习惯。

2. 吐 气

唱歌用气时，仍要保持吸气状态。这点很重要，就好比给自行车打足了气，不能一下子放松了，这里还有一个保持呼吸的问题，要保持住气息，就必须在唱的过程中永远保持吸气的状态，控制住气息徐徐吐出，要节省用气，均匀地吐气，这就是所谓气息的对抗。在呼和吸的过程中，要注意呼吸僵硬的感觉，整个身体表情都应该是积极放松的，紧张的部位就是横膈膜、两肋。两肋就像是一只充足的气球一样，我们要让声音坐在上面，往下拉，不能让气球往上浮起来，也就是说要把气息拉住，不能让它提上来，这就牵涉到一个气息支点的问题。

（三）呼吸的支持点

气息支持点也就是声音要有一个立足的地方，这个立足点也就是以横膈膜及下肋两侧作支持点，当我们咳嗽或笑的时候，可以直接感觉到它的支持作用。没有经过呼吸训练的人，常常唱歌时，脸红脖子粗的，青筋直暴，歌声僵直，高音上不去、低音下不来等等，都是与气息支持点没有保持住有关。反之，我们掌握了呼吸方法，有了支持点的感觉，那么，当我们歌唱发声时，便会感到声音仿佛落在我们所控制的气息上，也就是说声音是由呼吸来支持了，这种声音不但悦耳响亮，而且能强弱自如地做出各种变化来。

不同的乐句用气是不同的，我们在进行胸腹式联合呼吸时，呼吸气势的强弱、吐气的方法要根据所唱歌曲（或乐句）的不同而有所变化。

（四）呼吸练习方法

懂得了呼吸方法还不行，还需要坚持不懈的练习才能达到歌唱时运用自如。现在常用的有两种练习方法：第一是快吸慢呼，这种呼吸法，是歌唱时最常用的一种。应该经常练习。具体做法是：急速吸气，略停顿后，缓缓呼出。可以这样体会：想象一位久别的很要好的朋友，突然出现在你面前，你惊奇地倒抽一口气，几乎喊叫出来，就停止在这种状态上。几秒后，仿佛有一股外部的力量将小腹向后推压，感到小腹在与这股外来力量的对抗中，气息缓缓呼出。这时横膈膜起着有力的支持作用。第二是慢吸慢呼，缓缓将气吸入，略停顿后再缓缓呼出。可以这样体会：当你收到一束你喜爱的鲜花，你高兴地在闻花的芳香，这时你会发觉你的胸廓自然地而不是人为地向前、向上抬起，而肋肌，包括腰部，同时向四周扩张，保持这样状态，仅将腹部横膈膜以下的肌肉群放松、送气。送气时想到吹蜡烛，将燃着的烛光吹倒，但不吹灭，就这样，保持烛光不升起来也不灭掉，保持时间长一点，然后再换气。要达到这个要求，吸气一定要像闻花时一样自然、平静、柔和。呼气时一定要均匀，有节制。同样，如果要练慢吸快呼，那你就缓缓吸一口气后，一下子把蜡烛吹灭。

1. 延长气息练习法

（1）弱延音练习：发“丝”的音，一口气“丝”20—30 秒，5—7 口气为一组，每次练 3—5 组用“丝”替代歌词，完成整首曲目要求：轻，细，连，长。

（2）嘴唇嘟嘟练习：嘴唇放松，颤动一口气“嘟”20—30 秒，5—7 口气为一组，每次练 3—5 组气息的动作。

2. 胸腹式呼吸练习方法

（1）深呼吸三次。保证呼吸两个动作都要充分，并且均为5秒，找到气息的节奏。再深呼吸三次。保证呼吸两个动作都要充分，呼还是5秒，但吸就越短越好。

（2）将以上的动作重复三次，只是不呼不吸，屏住一口气（此时气息不动，只有肌肉工作）。将以上动作中的呼、吸肌肉动作颠倒（关键），再开始深呼吸三次，呼是10秒，吸越短越好。

（3）保持以上的动作，将呼慢慢延长10—30秒，吸还是越短越好，并呼时推动声带发元音（a，e，i，o，u，这是拼音），慢慢将元音变为歌词，保持发声及气息动作位置来唱歌。

3. 肺活量练习方法

歌唱中增加呼吸肌的力量，提高肺的弹性，使呼吸的深度加大、加深，提高和改善肺呼吸的效率和机能，从而达到提高肺活量改变歌唱质量。造成肺活量不足的原因有很多，其中最主要的原因是：缺乏有效的锻炼方法和充足锻炼时间保证。

锻炼肺活量的方法有很多，如：经常性地做一些扩胸、振臂等徒手操练习；坚持耐久跑练习，跑步也要注意和呼吸配合，距离要适当，强度不宜过大；练习肺活量也可以潜水或游泳，在水中不但手臂要不停地划水，还要克服水的阻力呼吸，这是提高肺活量的好方法。当然提高肺活量的方法还有踢足球、打篮球、折返跑等等。需要注意的是不管选择哪一种方法，都要持之以恒经常练习才能有效。

常用的方法还有：

（1）做仰卧起坐，每天晚上30个，随着时间推移适量增加。

（2）用一个脸盆装满水，把脸放进去，练憋气。

（3）嘴前放一盏蜡烛，尽量练声时保持蜡烛不摇晃，这样保持在体内的时间就会长一些。

（4）将纸片拿到手里，吸气，再吹，时间越长越好。

4. 连音跳音练习方法

（1）长连音练习快速数1，2，3……9，10一口气数20—30遍，5—7口气为一组，每次练3—5组。要求：要讲气息，发声，咬字分开工作，力求咬字清楚，力度平均。

(2)强跳音练习仍数1—10，每个之间间隔一秒，一口气数2遍，5—7口气为一组，每次练3—5组。要求：短，快，匀，净。

(3)可以将以上两个练习在一口气内交替进行。

5. 练习注意事项

歌唱最重要的是气息，练习气息首先要认清气息工作的相关肌肉，要使这些肌肉按照自己的思路来正确的工作。当然歌唱的练气是为了练习演唱时所必需的气息工作能力，而不是在比谁的气长。以练习多口气为一组，不要以一口气为判断依据。

6. 歌唱气息练习建议

(1)用5秒钟吸一口气，停5秒，再用10秒钟把气吐出来，要吐完，重复练习，没时间控制，随时可练，越多越好！

(2)最简单的就是边慢跑边唱歌。

(3)坚持每天唱，开始学要选一些难度小一点的歌。

三、歌唱的发声

歌唱是一门技术性和实践性非常强的学科，它主要是通过正确的发声训练和不断的歌曲演唱来逐步完成的。每位歌唱者必须通过发声练习的途径，科学地掌握歌唱发声的基本方法，才能使自己的歌声更美妙动人。

发声练习对于歌唱技能技巧的训练是最基本最简单和最有效的。实际上是把构成歌曲旋律最基本最简单的动机或乐句提炼出来配以单纯的母音或音节，在适当的音域内做半音上行或下行移动反复练唱。进行发声练习的方法和训练步骤各式各样，理论派别颇多。但是，无论采用什么样的方法和步骤，都是要达到以下目的：

(1)有意识地运用气息发声，逐步做到横膈膜控制呼吸。

(2)形成正确的喉头位置，解放喉头，稳定喉部器官，使声带运动与呼吸密切配合，调整适度，在唱高、中、低、强弱不同的音符时，都有较为理想的声音效果。

(3)训练调节共鸣腔体的方法，适当扩张可调节形状的共鸣器官——咽腔、口腔、喉腔。运用不能调整形状的共鸣器官——头腔和胸腔，通过共鸣腔体的调节与运用，增大音量，美化音色。

（4）呼吸、喉头（声带）、共鸣器官密切配合，协调运动地发声，做到声区统一，富于力度和音色变化。另外，发声练习时应选择适当的母音。开始进行发声练习时在a e i o u五个母音中，并不是每个人都能全部均衡地唱好，这就要在老师的帮助下从发音最自然、动听的母音开始练习，这样，就较容易调整母音着力部位和协调音波在共鸣器中的作用。练好最方便自然的母音后，逐步调整，带动其他母音，发声练习的进展就会快得多。发声练习最初以自然声区为基础，逐步拓宽到中声区的音域。在练好中声区的基础上，进一步扩展音域，达到声部应有的声音特色和音域。

（一）发声练习的具体要求

将歌曲演唱中对声音所需求的各种技术环节，通过有规律、有步骤的发声练习，逐步提高歌唱发声的生理机能，调节各歌唱器官的协作运动，养成良好的歌唱状态。我们练声的目的必须明确，是歌唱技术的提高，而不是简单的“开开声”而已。

首先要了解和熟记歌唱发声器官的生理部位及其功能，掌握歌唱发声的基本原理，通过反复的练声及歌唱实践来消化和验证其歌唱规律。因此在发声训练过程中应注意以下几点要求：

（1）歌唱呼吸。歌唱者必须明确其对于歌唱是何等重要，充分理解重视呼吸并练好歌唱呼吸基本功。一定要指正掌握运用气息发声和气息控制的方法（即横隔膜的呼吸方法）。

（2）歌唱喉器位置。打开喉咙，稳定喉头，是歌唱基本功训练的核心，正确的喉头位置是协调呼吸器官的运动，获得稳定、流畅声音效果的关键。

（3）歌唱的共鸣。歌唱者通过母音的转换、稳定喉头打开口腔、调节气息等手段，把声音振响在鼻咽腔以上的高位置头腔共鸣点上，来增大音量，扩展音域，美化音色，统一声区，使高、中、低三个声区的声音协调一致，天衣无缝，走动自如灵活。恰当地运用好歌唱的共鸣，可使声音传得远，圆润且优美动听。

（4）歌唱的咬字技术。正确的发声要与正确的咬字、吐字相结合。通过字、声结合的练习来提高唇、齿、舌的灵活运动能力，使之更完美而生动地表现歌曲和情感和内容。

（5）歌唱的音准把握。在歌唱发声时，还要注意对音准、节奏的训练，通过发声练习，逐步掌握连、顿、强、弱等全面的歌唱发声技巧，丰富歌曲的表现手段，增强歌曲演唱能力。

（6）歌唱的姿势。每次练习时，都要保持正确的歌唱姿势，正确的歌唱姿势是进入良好歌唱状态的前提。

（7）歌唱的心理。在练声、唱歌前，一定要摒除一切杂念，（要有良好的歌唱欲望），要充满信心、放松自如地进入歌唱状态，否则是唱不好歌的。

（8）歌唱的整合协调。从开始练声起，就要同音乐结合起来，即练声也要有良好的乐感。音程、音阶一方面是肌肉、音准、气息、共鸣等方面的技术练习，同时它们又都是乐曲的组成部分，要给它们以音乐的活力和生命。因此练声一开始，要求每个歌唱者把音程、音阶、练声乐句也唱得悦耳、动听。

在歌唱发声的过程中，呼吸、共鸣、吐字、表现缺一不行，它们是相互联系、相互促进、相辅相成的，这就是“整体歌唱”的真正含义。

（二）发声练习的步骤

歌唱发声基本功的练习，一般按音域进展的规律，可分为三个阶段进行。

1. 第一阶段以中声区训练为基础

中声区训练掌握基本的发声方法，调节和锻炼肌肉以适应歌唱技术的需要。无论哪一个声部，都应该从中声区开始训练。练中声区的音相对巩固后再逐步扩大音域，声乐学习要从基础入手（中声区是歌唱嗓音发展的基础），基础必须打得扎实，要记住“欲速则不达”的道理。

2. 第二阶段是扩展音域训练

在训练中声区的基础上，适当扩展音域，加强气息与共鸣的配合训练，练好过渡声区（即换声区的训练），为进入（头声区）的训练打好基础。（第二阶段的练习是关键的一环，需要花费的时间相对也比较长，）不要急于唱高音，要沉得住气，等这段音域巩固后，再进入高声区的练习。

3. 第三阶段高声区的拓展练习

高声区的练习可以在比较巩固上两个阶段的基础上（加强音量音高的训练），

进一步扩大音域，使各声种达到理想的音高范围。这个阶级的练习要特别注意高、中、低三个声区的统一，音的过渡不要发生裂痕和疙瘩，重点是加强（头声区）的训练，获取高位置的头腔共鸣，从而达到统一声区的目标。这样我们就可以唱难度较大的歌曲了。

（三）发声练习的基本技巧

发声练习是歌唱发声的一种综合性基本技能的训练，学习唱歌必须以最基本的发声练习开始。

（1）做获得气息支点的练习，体会吸与声的配合，利用科学的哼唱方法，体会并调节自己的歌唱共鸣。

（2）学会张开嘴巴唱歌，上下齿松开，有下巴松松的“掉下来的感觉”舌尖松松地抵下牙。

（3）唱八度音程时，从低到高，母音不断裂连起来唱，口咽腔同时从小到大张开。

（4）气息通畅的配合，发出圆润通畅自如的声音。

（四）发声练习的起音

发声练习开始的时候，必然会遇到如何起第一个音的问题，我们称它为歌唱时的“起音”或“起声”。歌唱的起声可分为激起声、软起声、舒起声。

1. 激起声

激起声是指当吸气完毕后，胸腔保持不动，声带先自然闭合，然后，再以恰当的气息冲击声带使之振动发声，这样发出来的声音结实有力，我们在发声训练如顿音、跳音的练习中常常使用，也用这种方法纠正声带漏气的毛病。此时与之相应的呼吸方法往往采用急吸急呼。

2. 软起声

软起声是声带在开始闭合的动作时，气息也同时往外送，开声门与气息振动声带同时进行。这种方法气息的冲击力比较“激起声”要柔和，发出的声音比较平稳、舒展。我们发声训练中也常常在练连音和长音中采用，同时也用“软起声”的发音方法来纠正喉音的毛病，与之相应的呼吸方法往往采用缓吸缓呼法。

3. 舒起声

舒起声是声门先开，然后气息再振动声带，它的特点是先出气而后发声，像叹气一样。在劳动号子中，常常用到这种起声法。这种方法可用来纠正（声音过于僵硬）的毛病，在（通俗唱法）中使用较多，较口语化。

总之，歌唱的起音首先要精神饱满，全身协调，根据不同类型的练声曲例来确定起音的方法，注意起音的音量不要过分强，以舒适的 mf 或 mp 音量为合适。

（五）歌唱发声练习曲

歌唱发声练习曲即练声曲，是发声歌唱的重要的基础训练。练声曲可以用各个母音或混合母音或子母音混合音，也可以用音阶的唱名“哆来咪”等来练唱，也可以在练声曲上安排歌词来练习，叫带词练习。

发声练习过程中，是以声音效果和发声器官肌肉适度的标准去调整发声器官的机能和状态的，每个人的发声器官的构造、嗓音条件、声音类型、发声习惯各不相同，因此，并不是每一种类型的练习都必须唱，而是有计划、有针对性地进行选择练习，而且不同的学习阶段，选择的发声练习也是不同的，但一般情况下，总是选择元音和比较平稳的音阶开始练声。

一般来说选择“o”或者“u”之类的比较圆润的元音开始着手练习，因为这些元音容易形成需要的空间，比较容易保持喉咙打开的基本状态，也比较容易形成喉咙空间的状态。但这也不是绝对的，唱歌者应根据自己的感觉找到最适合自己的母音来练习。我们在练习中要多动脑子，善于思考，千万不能一个劲地傻唱。

1. “哼鸣”的基本练习

一般在开始练声时，先练练“M”是有益的，因为发这个音容易达到高位置和靠前、明亮、集中的效果。

练习哼鸣时首先上下唇自然地闭上、口腔内部要打开，好像闭口打哈欠的感觉，感到声音向高位、额窦、鼻窦处扩展，但切勿把声音堵塞在鼻腔里，否则会发出鼻音。

2. 母音的练习

除进行哼鸣练习外，更多地是进行母音的练习，如a，i，o，u，e等单母音练习，也可用混合母音练习，如ma，me，mi，mo，mu等等。

3. 连音练习

歌唱声音的主要表现力就在于声音的（连贯优美），为了使声音有更多的连贯性，可以将练习的音域相对拉宽些，练习也可以随之难度更大些。

4. 顿音练习

顿音唱法又称为断音唱法。要求唱得清晰，短促，灵活，富有弹性，集中感强。练习时要注意一字一音的灵活性和一字一音的连贯性。

5. 连音和顿音结合的练习

在基本掌握了连音和顿音唱法的基础上，可以加连音、顿音结合在一起的练习，这样有利于歌唱状态的统一，顿音好像是一个“点”，连音像是一条“线”，这样以点带线，以便声音的位置统一，并保持气息均匀流畅。

6. 保持共鸣位置不变的练习

找共鸣位置最好的办法就是体会“哼鸣”感觉，如果这个共鸣焦点找准了，那么其他所有的音都应该向这个哼鸣位置靠拢，这样才能达到歌唱的高位置，使声音上下统一。

7. 声音灵活性的练习

这种练习主要是为了适应歌曲演唱中快速、流动的要求，以更积极地配合身体、喉咙、气息。

8. 结合字声练习（带词练习）

要求根据词意富有想象，有意境，有画面，语气有表现，声音有乐感，有感情地去唱。

力求做到字准腔圆，以情带声，声情并茂，慢慢地向歌唱歌曲作品过渡。

9. 练声注意事项

（1）要注意保护好自己的嗓子，适当地练唱，发声练习的时间，初学时20分钟一次为宜，以后逐渐地加至半小时或一小时（坚持每天练习最重要），绝对避免用全音量来练习。大声地乱唱，容易使歌唱器官受损。

（2）在没有能力唱高音之前，切勿做高音练习，经常唱一组你最满意的音，选择曲目更要谨慎，不要唱不适合自己的曲目。

（3）每次练习应有新鲜感，精神集中，感兴趣地练习。

（4）练习时要多用慢的、短的乐句作为最初的练习。

歌唱训练特别需要时间，奇迹是没有的。“百分之十的智慧，百分之九十的努力。”

四、歌唱的语言与咬字

语言表达是歌唱训练中的重要部分，歌唱语言就是将音乐化的人声与歌词相结合，进一步表达音乐情感的一种表现方式，歌唱语言能直接有效地反应歌曲的文学内容和思想内涵，能突出表现音乐作品风格，能按照艺术规律再现作品意境。歌唱语言有自身的特点要求，声母必须准确又灵巧，韵母的形态要保持好，适时自然地归韵，阴阳平仄要记牢，轻重缓急须分清，语气语势处理好。字头必须要咬准，但却又不能咬死，字头咬住后，应当自然及时地过渡到字腹，字腹吐清延长共鸣后，应当适时地收声归韵。字头字腹字尾这三者一定要注意衔接，过渡自然又顺畅，要一气呵成整齐划一，成为一个完美的整体。另外，拼音要唱准，如“l”和“n”，“平舌”和“翘舌”，“f”和“h”，“前鼻韵”和“后鼻韵”要区别开，声调准确。歌唱语言必须同歌唱的呼吸、发声、共鸣紧密结合融为一体。歌唱语言必须同灵活多变的呼吸、通畅的声音贯通的共鸣协调起来，才能收到声情并茂、感人至深的效果。

发声练习目的归根到底是为了更完善地演唱歌曲，要想完美地演绎作品必须要注意咬字、吐字的清晰，正确地掌握语言的回声，明确汉字语言的结构规律，将歌曲曲调与咬字吐字结合起来练习。练唱时，将每个字按照出声引长归韵的咬字方法，先念几遍，再结合发声练习，以字带声，力求做到字正腔圆，声情并茂，演唱时发元音的着力点，应尽量接近声区的集中点，使三个声区的共鸣得到衔接和灵活调整。

（一）歌唱要求字正腔圆

歌唱咬字是学生在学习歌唱的过程中，无法回避的问题。一位戏曲大师讲课时就讲道：“咬字要像大猫叼小猫一样，过紧过松都不行。”这是很有道理的。歌唱咬字并非咬得越清楚越好。把字咬得过于清楚或咬得过死，就破坏了声音的统一和连贯，甚至形成“字包声”的毛病。

其实我们大家都知道，把字咬得很清楚并不难做到，可是要把声音唱得很好，却是一件很难很难的事情。但要把声音唱得很好、音乐很连贯、字又非常清晰那就更难了。在训练的过程中，有人总想一下子把字咬得很清楚，同时也要把声音唱得非常优美连贯，这是很难一下子做到的。因此，在训练声音的过程中，理想的声音效果还没有形成时，把字咬得过于清楚是不可取的。

正确的做法是：在建立“歌唱通道”的情况下在行腔的过程中咬字，而不能咬住字以后再行腔。要在声音松弛、通畅、音乐线条连贯的基础上咬字，把松弛的声音作为语言的载体。在这一阶段的训练过程中，有些学生可能会出现因咬字太松而不清楚的现象，但没关系，只要好的歌唱状态及松弛、均匀的声音形成之后，再细致讲究地完善咬字，就很容易达到“腔圆字正”的目的了。

很多人咬字总是在嘴上下工夫，结果口腔里成字者居多，口腔里咬字的结果势必影响声音的统一、通畅和音乐线条的连贯。其实恰恰相反，歌唱咬字的部位偏偏不在嘴里。从歌唱的感觉上，应该把咬字(包括换字)的部位放在胸部的“剑突"附近。我们人体胸部的肋骨像“人”字形向两边分开，“人”字的夹角处有一块三角形的小骨，这就是“剑突”。歌唱咬字和换字的部位应该始终在这里进行。就好像咬字的嘴长在这里一样，每个字都要在这里转换、形成、发出。感觉上要把气、声、字在这个点上融合在一起。至于稍靠上一点还是稍靠下一点，要依每个人的最佳感觉和效果而定。

对于“字正腔圆”这一技术词语的理解有两种，第一种是：“只有字咬正了，腔才能唱圆”，要“以字带声”，有这种理解的人总是在嘴皮子上下工夫，把字咬得很死，声、字的融合，音乐的连贯往往受到很大的破坏。第二种是：对声音的最终要求是“字也要正，腔也要圆”。第二种理解是对的，是科学的。因为“字正”

和“腔圆”并没有直接的因果关系，字正腔未必圆。有很多语言能力很强的人，包括不少播音员和歌唱演员，字咬得很正，但唱出的声音（腔）确实不“圆”。

（二）唱歌咬字的技巧

歌唱艺术是声音与文学相结合的艺术，我们唱好歌曲，不能只讲声音，不讲感情，不讲咬字。我们应在充分了解和分析并正在理解歌曲的思想内容、表现手法以及词曲作者、歌曲的时代背景的情况下，运用高超的歌唱和准确的咬字技术进行适当的处理，把歌曲的艺术形象准确完整地再现出来，达到以情带声、字正腔圆、声情并茂。

1. 咬字口诀

咬声母嘴皮松，松到用手推得动； 唱韵母喉咙空，空到胸腔有空洞。 要换字下巴松，声音感觉往里吞。

2. 关于咬声母

初学唱歌要注意，咬声母千万别太用力，声母太用力则喉不开，唱歌状态难以很好地建立。

3. 关于唱韵母

初学歌唱要注意，声音与气要对立，气息往上送，声音往下移，两者一上一下有对抗，唱渐强有威力，唱渐弱能如意。要换气，任你抢气、偷气、慢吸、快吸都容易。如果声音与气同向往外跑，强、弱、快、慢力不能及，吸气、换气又慢又费力。前面的字，后面唱，好比“鲜”字前小后大加点“香”的感觉唱；窄的字，宽着唱，好比“乌”字外小里大加点“喔”的感觉唱；高音的字，在下面唱，低音的字，往下一蹬自动往上蹿（利用反作用力，推着声音上头）。前、后、宽、窄、上与下，目的都一样，为的是打开的喉咙不变样。

（三）唱歌咬字的问题与对策

歌唱时的咬字如大猫叼小猫，重则咬死，轻则叼不住。所以要有控制，而且要控制得刚刚好，那怎样才是刚刚好呢？

1. 咬字出现的问题

（1）咬得太死。很多学生刚开始学唱歌时都会出现这个问题，主观意识想把歌词唱清楚，所以很用力专注地咬字，反而把问题更加凸显出来，在唱歌的时候嘴巴就显得很笨拙，牙齿和下巴明显就会用力太多，而我们唱歌最大的要领是要“放松”。

（2）含糊不清。和咬得死相反的是含糊不清，歌词的字全部含在嘴巴里，一首唱下来，别人没有听清在唱什么。

（3）位置混乱。有些字如“一”咬得太靠前，也就是太靠前面牙齿的地方，这时就会引起嗓子太用力，喉头上提，正确的方法是放松嘴唇，上下牙齿自然松开，舌尖轻轻抵在下牙的地方，用打哈欠（用来吸气）加叹气（用来呼气）的状态把声音送出来，感觉声音是从腔体里面发出来，而不是很刺耳的嗓音。

2. 咬字问题的解决

在我们中国，大多数学生唱的歌还是中文的歌比较多，所以我们就从中文的汉字来谈谈。

（1）我们先来重温一下声母和韵母，我们唱歌的时候既要把声母交代清楚，还要把韵母唱完，形成一个完整的发音。例如：“三”，我们先发出“思”，再发出“安”，也就是：思——安——

（2）开口音、闭口音、半开口音。“在”“白”“张”是开口音，“本”“没”为闭口音，“我”“舞”为半开口音。

（3）先用声带轻轻地发出气泡音“爱”，切记，这个时候下巴和唇齿舌牙都要完全放松，然后再慢慢地把“爱”字说完，拉长，面带微笑，脸部的笑肌往上提，这样练习可以体会到如何放松地咬字，从而解决咬得太死的问题。

（4）含糊不清的咬字多是声母和韵母没有说清楚，如“三”，先说出清楚“思”，再说清楚“安”，可以用梁静茹的一首歌《爱你不是两三天》中的这句歌词，“爱你不是两三天”，用气泡音把每个字说清楚再唱。还有一个方法，就是每唱一句歌词之前都把歌词大声朗诵一遍，咬字的口型尽量夸张和放大一点。

（5）唱歌的发声犹如叹气时发出的声音，但是要把叹气的声音发实、发清楚，这个时候我们的声音就处在口腔的高位置上，所以不管是开口音，还是闭口音的咬字归韵都要归到这个位置上。

五、歌唱中的高音技术

能唱出漂亮辉煌而令人震撼的高音是每一位男高音或女高音歌唱家的毕生追求，如帕瓦罗蒂等。男声至少在高音 A 以上，女声至少在高音 B 以上。换声点很自然，没有真假声的界限。高音具有力度、穿透力、持久性，男声闭口音至少在高音 C 都能发挥，这才是真正的男高音或女高音。

（一）高音技术综述

高音技术不是人人都能轻易掌握的，掌握的人也未必能自如地运用。如何更好地学习和把握高音技术？首先，一般来说高音的基本功练习是必要的。其次是高音的技能技巧，唱高音时要把嗓子即喉器放低，而非普通人所说的“吊嗓子”即把嗓子拉高，想象自己唱的不是高音而是低音。唱低音反之。这个技巧很有效。再次就是歌唱整体的发声方式，一般人发声的位置很靠前，就是“用嗓子唱”和所谓“扯着嗓子喊”。真正歌唱高音发声的位置需要靠后点，可以试着刻意把脖子往后伸，把发声的通道完全打开。

如果想练成真正的高音，那么你至少要做到每天上午都能听到真正男声高音 C 以上或女声高音 A 以上的好声音。而下午以后一直到晚上睡觉前，你至少要做到能够在开口音唱到男声高音 F 以上（女声高音 B 以上）。所谓“美声”、“民族”、“通俗”的唱法，实际上是不同的演唱风格。要说到发声方法，那就只有一种是正确的。即声音在硬口盖处震动共鸣，高音在硬口盖和鼻腔之间共鸣。高音技术关键第一要练气，让歌唱有良好的气息支持。第二要掌握正确的发声方式，也就是放松。第三要磨平换声点，每个人都有自己的换声点，大部分人在换声点这里都会破音不顺。建议在练习中慢慢过渡，一点点增加假声的分量，只有真正做到统一声区了，声音听起来才连贯好听了。

（二）高音技术要点

1. 高音中的姿势

唱高音的姿势要求要先放松自己的肩膀和喉咙，调整好自己的气息，再用气息带动自己的声带强烈振动而发高音。唱高音的时候身体可以稍微向前倾一些，稍微踮起脚尖，这样感觉会让自己更轻松；但是切记要在自己站的很稳当的情况下才能这样。

唱高音的感觉是这样的，生活中碰见一件意外又十分令人吃惊的事而失声尖叫时，我们一定要记住那个喊叫的姿势，再拿来唱高音，那就对了。唱高音不同于唱低音，需要将气息控制成一条细线，冲击声带而发音。但我们知道，人体结构中肺叶比肺尖大，也即是下面比上面大，上面的肺尖被肋骨控制而无法再向外扩张。当横膈膜的力量已经用到顶点，而无法加压时，我们就必须要用腰力。用腰力来帮助歌唱的具体方法是先用手叉腰，这时不必注意腹肌，在吸气时它会自然地起作用的，把气吸到腰的四周，感觉到前后腰膨胀起来，然后张大口把气闭进来，用力把腰及肋骨向里一收，胸部向上一挺，你会感觉到压力压住了上颚，这就是用腰力的方法。

仔细体会，f_2—$\#g_2$ 我们用腹肌的收缩来增加压力，到了 a_2 就用腰力，到降 b_2 时，因为只需要少量的气（但是要用高压力的气），只要将上唇照打呵欠的样子张开就行了，要露出少许上面的牙齿，舌尖平放在下面的牙齿上，就能唱出降 b_2 来了。由降 b_2 以上，到 highC 以上的音，方法与降 b_2 是一样的。用腰部的力量帮助唱高音可以用一个例子来说明。具体地说就好像将一个长形的气球充满气后，用手将下半部一捏，那上半部就胀满起来，这好比是横膈膜已上升到顶点，不能再上升。我们将腰部吸满了气，然后整个腰部及下面张开的肋骨向内一收，胸部挺出，就好像用手捏气球的作用一样，产生了一股强烈、上升的气流，而这正是我们唱高音所要用到的。

2. 高音中的呼吸

无论什么唱法，气息的支撑都是非常重要的，高音其实并没有人们想象得那么可怕，只是在中低音的基础上，多给些气息就可以了，下面的气息要撑住了，上面的位置要够高，口腔该有的状态都要有，没有那么难的！

强调用丹田发音是歌唱中高音的基本要求，刚开始呼吸时找不到“丹田”也没关系，只要让你两端的肋骨扩张就行了。但必须记住，气只要吸满就马上开始唱，中间不要有间隔或控制。练唱完一句后就放松，然后再反复以上动作。高音其实就像水泵压水一样，向下发力激出向上的力，而不是向上拔，这就是为什么世界上很多著名的歌唱家在唱高音时总是蹲一下的原因，不过平时也要多拿高音的歌曲练习才行，此外，心理素质也是唱好高音的一个因素，要有必胜的信心才 OK。

唱高音的时候气息一定是以小腹、丹田为根基的，京腔讲究“丹田气”也是指的这种发声位置，找找感觉。

（1）如果你是一个女孩，鞋子上突然有一只老鼠，你会怎样？估计会“啊——”的一声长鸣，并且还有“假声”的发声位置。等你平静之后，你再“啊——”一下看，大多数再也“啊”不上去了。为何？因为你收到惊吓的那一刻，你的小腹在紧张（想想被惊吓的感觉，是不是全身肌肉绷紧？）。正因为有了这样的根基，加上一股强大的气流（可以理解成唱歌的气息），直冲嗓子眼，声音不高才怪。所以，你可以把飙高音的感觉理解成“紧张”、“振作”，记住，一切以小腹为根基，要唱高音不是抬起头往上扯的，是感觉重心向下的一种反弹力。

（2）见过橡皮水管吗？要水管里的水飙向更远怎么办？掐紧水管前端，缝隙一小，压力增大，水就冲得更远。其实高音不一定要音量很大，有些歌手演唱高音时唱出很大的声音，我们说那是用力气和肺活量在唱，而不是在用气息和技巧在唱。想象水龙头理论，应该可以悟出些道理。

（3）气息下沉就是用腰腹部的力量，具体方法可以去拎很重的东西。地上有一块很大的石头，把它搬起来吧。你一弯腰，嘴里数数：“一、二、三、走……”，我想这个“走”字你一定用了气息。不多说了，感觉一下吧！这只是一些笔者创立的让你感觉气息的方法，不正规，但很有效。

3. 高音中的共鸣

可以多用假声或真假结合的声音，这个主要还是共鸣的问题，高音部分用的共鸣腔是以头腔为主，其他共鸣为辅来完成的。假声顾名思义，不是你真正的声音，如果你唱假声时，声音太虚，那就不是假声了。假声比较实，但又令人感到轻松。

4. 高音中的Close及掩盖技术

男高音当真正唱到高音时，是需要Close即关闭技术的！这点毋庸置疑，只不过是有的人没有理解也做不到。Close即关闭技术全世界都在用。真正含义搞不清，就会糟蹋了许多好声音。Close技术是关闭下面的共鸣箱，而打开上面的共鸣箱。我们唱高音时需要头腔共鸣，那就得提高软盖。我们开上唇，目的是提高软盖，同时还要用腰力来顶开软盖。现在有人用“掩盖”这个名词来解释高音控制技术，其实是蛮好的。它的意思是高音要有所控制，不可太白，要多少有点掩盖，就好像上面有一只碗，覆盖着高音一样。

当我们唱高音时，上颚向上提，软口盖升高即打呵欠状，气压向上挤，聚到上面，形成一个像教堂那样的圆顶空间，也就是要让气体充满这个空间，这样，才会发出漂亮的高音。如果上面不打开，空气上不去，哪里还有高音呢？所以，用“掩盖”也表示了声音向上集中的意思。我们可以再做一个试验来找到这个感觉：当我们打呵欠的时候，会感觉到上颚部分有凉飕飕的感觉（平时感觉不到的），那就是上面有了一个空间，气息也进去了。

5. 高音的小技巧

练唱高音的小技巧之一：这是一个简单易学的、飙高音的好方法。即嘴角夹个牙签唱歌，不要掉，很容易唱高音，也就是人们在歌唱时常说的开内口。

练唱高音的小技巧之二：叹着唱打开喉咙。叹气的练声方法主要是取得打开的效果，歌唱时是不可能真正叹着唱的，这样气息不好控制，而是气息沉下去后合理使用着唱。比如快吸慢呼方法就是锻炼这样的歌唱技能。

练唱高音的小技巧之三：找到并掌握歌唱的高位置，实质就是在歌唱中加入头声。如果一下子找不到或找不好歌唱的感觉，可以用半声来试着练习头声，会有意想不到立竿见影的效果。

练唱高音的小技巧之四：高音的训练不是一天两天就能完成了，这个是要有长时间的坚持不断的练习才能出成绩，提颧肌，打牙关，松下巴，顶软腭后咽壁的力量，笑肌的配合，腰部的肌肉力量，身体的兴奋度等等，都要很完美地配合。可以先练习张嘴，就是用手扶住下颚，然后张嘴，吐舌头，尽量地吐出来，然后两只眼睛看自己的眉心，这个练习是后咽壁的力量的练习，但是对扩宽音域提高演唱能力，特别是对唱好高音有很好的帮助。

（三）高音技术练习中的策略

1. 高音不是天生的

高音需要依赖一定的生理条件，但任何人只要没有严重的天生声带残疾都可以练唱高音。声带闭合不全、不同程度的声带小结手术痊愈者练习高音要谨慎。高音的表现能力与你本身嗓子条件有关，如果嗓子天生高亢是很大的优势，比如王宏伟就是典型的高嗓子，高音演绎显得不那么费力。嗓音条件不好的歌手就要靠大量的气息和方法了，但不管是嗓音条件好或不好，声音都是通过气息唱出来的，就像香烟要通过过滤嘴一样，声音过滤一下会更美。正常现象是早上声音低，晚上声音高，练习高音必须遵循规律，遵循人的生理规律，自然歌唱、逐步提高，切记好高骛远、急于求成。

2. 高音在指导下练习

高音练习是个技术活，必须有专业老师指导。经验告诉我们最好不要按照自己的理解去练高音，以免后悔莫及。要知道，一个好的声乐老师循循善诱循序渐进的指导，不仅教你很多前人总结的经验，而且可以有效克服学习过程中的困难，帮助学生相对快速地找到感觉，避免因练习失败而失声的情况发生。不过也要看看声乐老师的艺术演唱水平是否专业，老师自己是否有或能示范演唱高音，能否真正地现身说法言传身教。

3. 高音共鸣在头腔

不管你如何发声，声音都应该从硬口盖的位置共鸣出来。高音必然头腔共鸣即是硬口盖和鼻腔共鸣所产生的效果。鼻腔和硬口盖的共鸣很重要，要想办法获得头腔共鸣，还要依赖咽部控制气息。

4. 高音练唱饮食帮

唱高音的时候饮食常常起着关键性的作用。想在短期内练成永远不会反弹的高音，平时必须注意饮食，很多食物可以相当有效地迅速配合你短期提升音域的训练。但碳酸饮料是你音域的绊脚石，而水则是练唱高音的最好朋友。抽烟喝酒对练高音的影响很大。如果你觉得没有影响，说明你的反应是麻木的，日久必见真相。

5. 高音练唱的方法

开始唱高音只要把自己的声音放出来就好，要有点音量的，哪怕声音白一点也没关系，但要注意声音绝对不要虚，虚的声音没有气息支持，是没有根基的。白一点的声音类似婴儿啼哭……虽不好听但却真实不虚。很多同学经常犯这种毛病，音越高，声音就越虚。其实就是要唱的音越高，而要找的声音位置也越高。随着练习的深入，慢慢地鼻子就有感觉了，可以用上劲，声音里可以自然地带点鼻音共鸣，这样一来就可以减轻嗓子的负担。然后就可以再深入研究和学习找胸腔共鸣和头腔共鸣了。

如果你采取一种练习高音的方法已经持续一年以上，仍无明显效果，那证明你的高音练习方法是错误的。狂喊乱叫绝对练不成你想要的高音。高音练习的过程是低调和温柔的，并非扯着嗓子硬顶上去，你得学会 F 以下的轻声练习和哼鸣练习，这两种练习都是最有效的辅助练习。唱高音时注意声音要往后下方走，主要的练习可以安排在每天早晨起床后的 45 分钟左右进行，相对自然声区的发声训练，3—6 个月后效果明显。俗话说低音用声，高音用气，清晨自然发声练习对于中低音声区相当有效。

高音练习的方法很多，三大辅助练习缺一不可。轻声练唱、假声练唱、哼鸣练唱这三大好方法可以有效帮助学生比较容易找到感觉。可以先从低音开始练习，平稳进行，循序渐进，自然音域练好了，再练非自然音域。高音可以多练习“i”母音，最好不要从“呜”母音开始练高音。练习中要有足够的耐心，切勿用力叫喊。记住一句话，只要把你想要唱的声音唱出来了，而且嗓子又不会感到不舒服，那这种声音就是最好最合适的。

亚洲人和欧洲人的头骨结构和其他生理条件不同，所以不要盲目学习他们的发声方法，比如咽音，咽音虽好需谨慎。但是亚洲人唱高音的天生条件绝对优于他们，最明显的是：鼻腔很容易和硬口盖产生共鸣，即所谓的头腔共鸣 —— 这是唱高音的唯一正确的发声方法。

（四）高音练习的困惑与释疑

气息要沉下去是怎样的状态？唱歌时胸腔的状态是怎样的？气息从丹田上来是

怎样的过程？头腔共鸣是怎样的状态？

老师过于精细专业的教导可能导致你演唱初期会顾虑太多，其实最重要的是放松自然歌唱。喉咙处于放松的状态，嘴巴保持圆着，越到高音嘴要张得越大并保持着，不能松掉。顾虑太多对于歌唱是不利的，歌唱不是单独一个器官的运动，而是全身各个器官的积极协作运动，被广泛运用的是胸腹式联合呼吸 。歌唱者可以在不耸肩的前提下，用惊讶的表情练习倒吸气，口鼻一起联合呼吸。嘴巴是要圆着，但这只是表面的，更重要的是口腔内部的状态。解决办法可以保持打哈欠状态，打到最高点时撑住，也就是说打哈欠打到最高点，想象有呕吐的感觉。由于歌唱本身就是很感性的，对于刚接触歌唱时间不是很长的学生来说，需要时间去了解和实践感悟。所以只要唱得很放松，唱完也不累，站在台上唱，小剧院最后一排也能听得清楚，那么就说明歌唱者有共鸣、有头腔共鸣的效果。不要把歌唱想象得很复杂，高音时头稍低，腹部用力，利用腰腹的力量去演唱，而不是将力量集中在喉咙。意大利语中美声 bel canto，原文的意思是优美的歌唱，祝愿我们每一位歌者都能够自然优美优雅地歌唱！

勤学、苦练、多动脑是学好歌唱的关键。 学习歌唱时要在老师的指导下认真学习、思考、体会，并做好笔记。歌唱学习笔记也是反映歌唱学习进程的一面镜子，每个阶段采用的发声练习、歌曲内容、教师要求、练习效果、主要问题及纠正方法等都要详细地记录下来，慢慢理解消化反思。课后，还要坚持每天按老师的要求练习，这是能否学好歌唱的关键。“宝剑锋从磨砺出，腊梅香自苦寒来！”

第四节　歌唱的历史与发展

一、唱法的分类

唱法实际上就是一种特有的演唱模式，这种模式直接影响着演唱的外在表现及艺术风格，不同唱法表现出的风格也不尽相同。主要分为美声唱法、民族唱法、流行唱法（又叫通俗唱法）、原生态唱法等种类。每种唱法都有各自不同的艺术标准，用不同唱法演唱的歌曲具有各自独特的艺术魅力。

具体地说，美声唱法、民族唱法、流行唱法三种唱法之所以在风格表现上有较大的差异，主要是因为三种唱法在歌唱发声的原理运用上的不同所致。美声唱法注重发声的技巧性和规范性，强调声音的共鸣和掩盖，在生理上要求喉头向下使喉咙充分打开，追求具有强烈穿透力的“面罩集中点”以获得高质量的声音效果。民族唱法则注重歌唱发声的自然性，强调行腔与咬字的有机结合，主张“字”正才能“腔”圆的基本观点，追求“清”而“韵正”的传统格式。而流行唱法则更多的是注重“感觉”，强调乐感和模仿在歌唱中的重要性，追求声音的个性与特色，以及“口语化”式的演唱风格。由此可见，三种唱法从演唱模式到风格表现上的差异是显而易见的。

（一）美声唱法

这是17世纪产生于意大利的一种演唱风格。按字义讲，“bel canto”即优美的歌唱，并兼有美丽歌曲的含义。它不仅是一种发声方法，还代表着一种演唱风格、一种声乐学派，因之通常又可译作美声唱法、美声学派。美声歌唱不同于其他歌唱方法的特点之一，是它采用了比其他唱法的喉头位置较低的发声方法，因而产生了一种明亮、丰满、松弛、圆润，而又具有一种金属色彩的、富于共鸣的音质；其次是它注重句法连贯、声音灵活、刚柔兼备、以柔为主的演唱风格。

美声歌唱的格言是“谁懂得呼吸和吐字，谁就懂得歌唱”。美声唱法要求起音轻松明亮、准确圆润。对音量的控制不是用喉部肌肉来调整，而是依靠气息来控制。歌唱中有正常的微颤，每秒6—7次，是合适的，它是一种强有力的艺术表现手段，但因忽视表达上的细致、深刻，故常表现出追求声音效果、炫技和程式化的倾向。

（二）民族唱法

中国民族民间唱法是我国传统民族唱法的一个总称，它是以演唱民歌为主要目的的、具有浓郁民族特色的一种演唱模式。我国是一个多民族的国家，就汉民族而言，由于各地区在风土人情、生活习惯以及思想感情的表达形式上的差异，其表现民歌内在含义的重要手段——唱法及其风格也是不相同的。造成这种差别的主要原因，应该说还是来自于不同的民族种类与不同的民歌风格的影响。为此，在研究与探索民族唱法及其风格的同时，简介民歌之特点也是非常必要的。

民族唱法是与西洋唱法相对而言的。它按照中国人民的美学原则和欣赏习惯，用善于表现我们民族性格特征、精神风貌、字音语调、旋律特征的音乐形象和歌唱技巧，演唱我国各民族、各地区、各种具有民族风格的声乐作品的唱法，称为民族唱法。民族唱法是以民族语言为基础，以行腔韵味为特长，并与形体表演浑然一体的声、情、字腔相映生辉的综合演唱艺术。在长期的发展过程中，形成了声情并茂、字正腔圆、神形兼备、唱表结合、载歌载舞的二度创作原则。从广义上讲，民族唱法包括戏曲唱法、说唱音乐唱法、民间歌曲唱法及民族新唱法。狭义上的中国民族音乐指的是汉族音乐，简称“民乐”。中国的少数民族音乐却有着更多的样式和内容，如藏族音乐、蒙古族音乐、壮族音乐等。

我国的民歌种类繁多、历史悠久。在几千年的发展与变化之中，逐渐形成了属于各民族自己的多品种的民歌形式，这其中以汉族北方的山歌和南方的小调最有影响力和最有穿越时空界限之能力，并作为中国民歌的主要形式而不断地向前发展。北方的山歌具有粗犷质朴、直爽豪放的特点，如青海的《花儿》、陕北的《信天游》以及内蒙的《爬山调》等，给人以一种身居山间旷野之中，领略高原牧场自然美景的爽朗舒畅之感。而南方则以江苏的小调最有特色，如歌曲《茉莉花》、《无锡景》、《姑苏风光》等，曲调细腻委婉、脍炙人口、柔和而又流畅，给人以鸳鸯戏水、鸟语花香、小河潺潺流水之美感。这两种不同形式的民歌风格，代表了中国民族唱法的基本表现风格，但在唱法的技能技巧方面，民族唱法还强调“字正腔圆”，注重发声的自然性和声音靠前，在行腔咬字中唇与齿的有力配合，以获得“字清”而“韵正”的最佳效果等特点。

中国民族唱法因受其民歌的影响，在唱法上非常有特点，十分丰富，杂乱繁多迷人眼。经过较长时间的发展与演变，才逐步形成了较为统一的格式。具体地说，中国民族唱法在其发展过程中，基本上经历了形成期、发展期和成熟期三个阶段。

1. 民族唱法形成期

20世纪40年代初期，随着民族救亡运动的深入，民族音乐配合敌后抗战的需要也得到了一定的发展。特别是1942年延安文艺座谈会的召开，为我国民族音乐的发展指明了方向：在民族民间音乐的基础上，创造有中国民族风格的民族音乐新形象。1945年由女高音歌唱家王昆首演的新歌剧《白毛女》的问世，标志着中国新歌剧和统一的中国民族唱法的形成。这一时期的代表人物除王昆之外，还有稍后的郭兰英、何纪光等，他们为中国民族声乐在唱法上的统一做出了非常重要的贡献。

形成期唱法的特点主要表现在：完全使用真声（俗称“大本嗓”）去歌唱。由于声音缺乏气息的支持，喉咙较紧，因而流动性不够，硬且直，表现抒情与婉转的作品难度较大。

2. 民族唱法发展期

新中国成立后，民族声乐得到了空前的发展，特别是进入到了50年代的后期，一批具有跨时代水平的歌唱家先后涌现出来，他们是女高音王玉珍、马玉涛、阿旺、于淑珍等，男高音吕文科、郭颂、胡松华、姜嘉锵、吴雁泽等。他们的歌声传遍了祖国各地，许多曲目至今仍在传唱，如王玉珍的《洪湖水，浪打浪》、马玉涛的《马儿啊！你慢些走》、于淑珍的《我们的生活充满阳光》、吕文科的《克拉玛依之歌》、郭颂的《乌苏里船歌》、胡松华的《赞歌》等。

这一时期的唱法特点主要表现为：以民族唱法的发声方法为基础，结合运用西洋美声发声方法，走出一条中国民族声乐的新路。在这一方面取得显著成绩的代表人物应属男高音歌唱家吴雁泽，在几十年的演唱实践与研究探索中，他将西洋发声与民族唱法有机地结合起来，研制出了具有独特风格的唱法。即将假声运用于民族唱法之中，使得真假声能在歌曲的演唱中结合运用。吴雁泽唱法的最大特点就在于声音在高音区的渐弱（真声转为假声的运用）和声区的自如转换，以及利用气息的控制使声音的力度变化恰到好处，如他演唱的歌曲《清晰的记忆》在高音区的处理就是如此。这种技巧在声乐界是高难度的，他的演唱方法对当代民族声乐的发展都有着重大的影响和推动作用。

3. 民族唱法成熟期

改革开放的春风为民族声乐带来了艺术的春天。一批优秀的立足于民族声乐的改革与发展的耕耘者，用他们辛勤的汗水精心培育出了无数个歌坛新秀与人才。如果说女高音李谷一、男高音关贵敏和蒋大为的出现预示着民族唱法走向成熟的开始，那么，男高音阎维文等的出现则标志着中国民族声乐民族唱法已走向了成熟的新阶段。

成熟期唱法的特点，可以说是吴雁译唱法的发展与继续。阎维文等所运用的演唱方法，明显反映出“中西”结合这一特点：声音圆润且流畅，高音通达并带有泛音（是美声唱法与民族唱法在发声技巧方面的区别焦点），因而更富于表现力。由于民族唱法在发声方法上结合与吸收了美声唱法的泛音运用，其作品的表现难度也更接近于美声，如男高音歌曲《说句心里话》、《小白杨》、《再见了，大别山》，女高音歌曲《父老乡亲》、《我们是黄河泰山》、《在希望的田野上》等，无论是从作品的音域和音乐的大幅度跳跃，还是从旋律的抒情性与歌唱性来讲，都具备了气势磅礴颂歌般的赞美性这一特点。可以说，成熟期的民族唱法，是一种值得继续研究和普及推广的唱法，它代表着中国民族唱法的发展方向。

（三）通俗唱法

通俗唱法，又名流行唱法。始于中国20世纪30年代，流行一种轻柔的、多愁善感的唱法，以情取胜，用话筒扩大音响，由舞厅乐队伴奏，称为低吟唱法，后得到广泛的流传。通俗唱法其特点是声音自然，近似说话，吐字行腔，靠近口语，一般中声区使用真声，高声区使用假声，故音量较小，很少使用共鸣，演唱时必须借助电声扩音器，演出形式以独唱为主，常配以舞蹈动作，追求演唱效果，声音自然甜美，感情细腻真实，追求情真意切。演唱中又可根据歌曲情绪需要，分别采用柔声、气声、吼声、嘶哑等不同声音效果来演唱。音域较窄，女声常用音区为 C_1 到高音 f^2，男声常用音区为低音 b 到高音 g^2。

通俗唱法最大的特点，就是简单易唱、通俗方便。虽然在国内起步较晚，但发展迅猛，从某种程度上来看，其影响力已超过了美声唱法与民族唱法，正所谓：极易上口，人人歌之。

通俗唱法之所以发展甚快，易于普及，其主要原因是该唱法不像美声唱法与民族唱法那样要经过较长时间的专业技能技巧训练，掌握一定的方法才能去较好地歌唱，而是追求随意性，强调乐感与模仿、个性与特色、自然流露与即兴发挥，没有较固定的模式，人皆可唱。加之卡拉OK的引进，人们不用登上剧院或歌厅的舞台，利用一套卡拉OK设备，在家里就可实现做歌星的美梦。更由于宣传媒介为迎合人们的心理需求，刻意地宣扬歌星及流行曲，促成了追星风这一新潮，使所谓的发烧友对歌星的崇拜已达到了疯狂的程度，因此，模仿歌星及其所唱的歌曲，进而使通俗唱法具有群众性，并走向大众化也是发展之必然。

中国大陆的通俗唱法在其发展初期，还未能形成自己的风格，主要靠模仿。基本上是以模仿台湾歌星邓丽君的唱法开始，随后才逐渐走向成熟，逐步具备了自己的风格的（曾红极一时的歌星程琳就是最好的例子）。我国歌坛流行唱法走向成熟，应该说是自一曲《黄土高坡》而开始的。从那时起，模仿他人风格似乎成为过去，那种鲜明的西北风则成了中国歌坛通俗唱法的一个典型模式，这个模式代表着当今北方流行唱法的风格。

通俗唱法是一种具有较强即兴性的唱法，有感而发，随口可唱。在技能技巧的运用上不同于美声唱法和民族唱法那样规范，而着重强调其感觉。一个歌手是否能够发展成为歌星，不是要看他是否具备一副优质的嗓子，而是要看他是否具有较强的乐感和模仿力。乐感和模仿力好的歌手，可以模仿演唱一位歌星的歌曲达到以假乱真的程度，曾经就有人说：中国歌坛有许多个邓丽君。因此说，模仿（当然乐感也是非常重要的）在通俗唱法中是最为关键的一个方面。

由于通俗唱法具有追求个性与特色的特点，因而在唱法分类上有气声唱法、沙哑式唱法和呐喊式唱法等几种。歌曲《在水一方》（气声唱法代表作）、《我很丑，可是我很温柔》（沙哑式唱法代表作）和《妹妹你大胆的往前走》（呐喊式唱法代表作），表现了三种唱法的基本特点。

气声唱法的特点主要是喉部松弛，基本保持吸气的状态，发声时声带不需要闭紧而留有较大的空隙，以使其漏气，声音空和暗，因而也可称其为漏气式唱法。沙哑式唱法的特点是喉器上提，气息集中冲击松弛的声带且着力于喉部，使之出现气泡声，故有沙哑感。所谓呐喊式唱法，主要是运用大本嗓去歌唱，并且刻意使声音横向发展。由于用力较大，声音既白而又尖硬，故有喊的感觉。这三种唱法均有较大的缺陷，不易普及。虽说通俗唱法较强调独特风格，但上述三种唱法对歌唱的寿命有不利影响，故没有发展的可能性。

近几年来，通俗唱法有了较大的发展和显著的变化，其主要表现在于将一定的技能技巧运用于歌唱之中，丰富与加强了流行唱法的表现力。其主要原因是大批有专业美声基础的歌手加入，使通俗唱法在方法运用上更加规范化。实践证明，拥有美声唱法的基础，并具备演唱流行歌曲的特有感觉，两者有机结合的方法，可以说是中国通俗唱法发展的方向。活跃在我国歌坛上的著名歌星刘欢、毛阿敏、杭天琪、廖百威、麦子杰等，都是经过相当长时间美声训练而后改为通俗唱法的。他们演唱的歌曲优美抒情动听，在高音的演唱上，他们有独到的能力，其高度是一般歌手难以攀越的。因此，要提高通俗唱法的整体效果，提高歌手的歌唱能力，最大限度地加强唱法中的技能技巧训练与引进科学的发声方法，是我国通俗唱法的发展方向。

（四）原生态唱法

原生态指没有被特殊雕琢，存在于民间原始的、散发着乡土气息的表演形态，是我国各族人民在生产生活实践中创造的、在民间广泛流传的“原汁原味”的民间歌唱音乐形式，是中华民族“口头非物质文化遗产”的重要部分。它包含着原生态唱法、原生态舞蹈、原生态歌手、原生态大写意山水画等。

原生态民歌是各族人民智慧的结晶，是各个历史时期人民生活的生动写照。这些歌曲直接产生于民间，并长期流传在农人、船夫、赶脚人、牧羊汉以及广大的妇女中间，反映着时代生活的方方面面，可以说是各个历史时期人民生活的生动画卷。这些歌由大众口头创作，并在流传中不断地得到丰富和发展，歌词越加精练，曲调渐臻完美，具有很高的艺术价值。民歌的语言生动传神，它并不是将简简单单的生活语言直接拿来，而是也讲究韵律，讲究比兴等传统的诗歌手法，源于生活而高于生活，是百姓的杰作，是大众语言的精华。

我国原生态民歌的种类极为丰富，主要有内蒙古的长、短调牧歌，河套及周边地区的漫翰调、爬山调，陕北和山西西北部的山曲、信天游，甘、青、宁地区的花儿，新疆的十二木卡姆，陕南、川北的姐儿歌、茅山歌，江浙一带的吴歌，赣、闽、粤交汇地区的客家山歌，云、贵、川交界的晨歌、大定山歌、弥渡山歌，藏族聚居区的鲁体、谐体民歌，以及其他各民族的山歌等。

原生态这个词是从自然科学上借鉴而来的。生态是生物和环境之间相互影响的一种生存发展状态，原生态是一切在自然状况下生存下来的东西。原生态民歌是老百姓很自然地表达出的东西，而把很多民歌进行改编等则是原生态状况的变异，属于非原生态。

原生态唱法只是区别于学院派民歌唱法的一种说法，学院派民歌唱法大多吸收了一些西洋唱法，原生态唱法却是一种原始的、未加工过的唱法。

二、唱法的个性与共性

了解不同唱法的个性与共性、区别与联系，使我们在把握各种风格歌曲的时候就会更加准确。声乐艺术作为人类音乐文化的一个重要组成部分，其特殊的传情达意的方式是任何一门学科都不能替代的。

（一）不同唱法的区别

美妙悦耳的歌声对不同的人就有不同的感受，不同的唱法在艺术表现方面也不尽相同，各有特色。大家普遍认为，美声唱法重在唱声，民族唱法强调唱字，通俗唱法追求唱情。

1. 歌唱声带要求

美声唱法对声带天赋有近乎苛刻的要求，根据声带的长短厚薄，把人声分为不同声部。民族唱法则不分声部，以高音为主，男女都一样，要求嗓音脆亮、甜美。但通俗唱法不分声部，对声带没有特殊要求，但要求有特色音质、有磁性，即使带些沙哑也可以。美声唱法和民族唱法需要良好的嗓音条件，通俗唱法则要求嗓音的个性。

2. 歌唱呼吸要求

三种唱法均要求演唱者运用胸腹式联合呼吸和会自如运用横隔膜的技巧，都要求声道通畅，姿势自然，勿耸肩塌胸。

3. 歌唱共鸣要求

任何声音的发出，都不是只需要声带振动就能完成的，还要有共鸣腔体，才能把声波扩大、美化并发出好听的、音量较大的声响。美声唱法用全共鸣，即胸腔、头腔、口腔、鼻咽腔、额腔和骨骼都参与共鸣的过程，要求音色圆润，强弱明暗变化能力强，声音有穿透力。民族唱法则主要使用头腔、口腔、鼻、喉咽腔共鸣，要求音色明亮、高亢或柔美，有力度变化，共鸣区较靠前。而通俗唱法主要用口腔、鼻，喉咽腔，并不谋求大音量，而是使音色能美化。要着重指出的是，通俗唱法并非不重视、不需要共鸣腔，而是通过话筒，充分利用了电声扩大混响等音响设备这个巨大的体外共鸣器。

4. 歌唱真假声要求

声带振动会发出声音，不同的振动方式又可发真声和假声，假声多在高音区，对其中的机能，没搞清楚就不可能真正掌握和自如运用。美声唱法全用混声；民族唱法则多用真声，在高音区也使用混合声；由于通俗唱法的音域多不宽，用真声演唱即可应付。

5. 歌唱表演要求

歌曲演唱时，演与唱是不能分家的。以音乐本身的特点以及欣赏人群的爱好、习惯来说，我觉得，在美声唱法与民族唱法的演唱中，适合多用戏剧的表演手法，而通俗歌曲的演唱，则适合多用舞蹈性的表演手法，这与通俗歌曲的节奏特别强烈有关，也与通俗唱法的听众大多为青少年有关。

6. 歌唱情感要求

美声唱法更注重的是声音内在的感染力，不需要过多的表演方式、演唱方式的变化，更多的是通过演员声音技术等内在的方式变化达到感染观众的目的，美声唱法中即使是感情极其激烈的，其表现也是比较有节制的。民族唱法比较注重声音的民族性，音色较真实、明亮、靠前，讲究声情并茂，表现方式也是比较节制的。通俗唱法更重视歌曲的表现形式，通过表演方式、演唱方式等变化达到感染观众的目的。通俗唱法的许多方面都受到拉美民族音乐的影响，感情比较真挚，奔放，敢于释放。

7. 歌唱综合方面

三种唱法在演出场合、服装、道具、伴奏方式等许多方面还存在的诸多的不同。就是这种不同，使三种唱法各有不同的拥护者。特别是年轻一代，对通俗唱法的追捧可以以狂热来形容，而美声唱法和民族唱法的听众有一定的局限性。但从戴玉强、廖昌永、宋祖英许多歌唱家的地位就可以看出来，这种局限性仍然不能阻止他们发光发热。三种唱法的共存造就了声乐艺术多姿多彩的魅力。

美妙的歌声是人类的精神财富，它可以感动万千听众，产生强烈的共鸣。中央电视台举办的全国电视歌手大奖赛吸引了海内外的华人观众的高度关注，人们在感受声乐艺术无限魅力的同时，对各种唱法、歌手的表现进行热烈的探讨和评论，这说明声乐艺术在我国的逐渐普及和人们的审美情趣的日益提高。随着人类文明程度的不断提高，相信声乐艺术这朵奇葩将会开放得更加绚丽夺目。

（二）不同唱法的共同点

美声、民族和通俗唱法的演员都要求良好的气质与形象以及良好的艺术修养。作为一个歌唱演员，必须具有良好的个人气质与形象，在舞台上的表现的大方得体，并通过良好的声音给观众带来美的享受。央视歌手大赛已经开展了十几届，在最近几届大赛里面都加入了综合素质以及音乐基础理论的考试。这些都在提醒现在的歌唱演员要注意提高自己的艺术修养和综合素质。因此，三种唱法都要求有良好的音乐修养、艺术修养、文化与道德修养。此外，对通俗歌手来说，应要求他们具备很强的即兴发挥的创造能力，要求他能歌善舞，并具有很强的语言表达、表演技巧与观众交流的能力。

三种唱法都要以良好的气息及共鸣腔体、准确的咬字、对歌曲内涵准确的把握为基础。中国的语言文字很特殊，一个字一个音节，而外国语言既有一字一音节的，也有一字多音节的，情形有很大的不同。一般来说在三种唱法中，都要求用普通话演唱，口齿清晰，咬字准确。重要的是要研究歌词，弄清词意，以求正确地表达歌曲的内容。歌曲就是要让听众根据歌词以及音乐的意境去体会作者的情感表露，如果歌词都听不清楚，还谈什么欣赏歌曲。

三、美声历史发展

在人类声乐艺术的发展历史上，Bel Canto 是最重要的发展主线，Bel Canto 应翻译为“美好的歌唱”，在我国一般译为“美声唱法”。《格罗夫音乐词典》、《牛津音乐词典》及《辞海》中都从各个角度，用各自的方法对此进行了阐释。《辞海》中说：“Bel Canto 是 17 世纪产生于意大利的一种演唱风格。它以音乐优美、发声自如、音与音连接平滑匀净、花腔装饰乐句流利、灵活为特点。”Bel Canto 自产生以来，经历了数百年发展，已具有深刻的内涵。它既是科学的发声方法，也代表着歌剧发展中的一个重要的历史时代、一种音乐风格和一种歌唱风格，同时也贯穿着规范的歌唱技能技巧的一种发声训练法，因此，也可视为“美声学派”。作为科学的声乐学派，Bel Canto 自产生，经历了历史的考验，才逐渐形成了完整、系统、科学的发声方法和演唱风格。“美声”的诞生，是有各个方面的原因和前提的。

（一）美声概念

按字义讲，“Bel Canto”即优美的歌唱，并兼有美丽的歌曲的含义。它不仅是一种发声方法，还代表着一种演唱风格，一种声乐学派，因之通常又可译作美声唱法、美声学派。美声歌唱不同于其他歌唱方法的特点之一，是它采用了比其他唱法的喉头位置较低的发声方法，因而产生了一种明亮、丰满、松弛、圆润，而又具有一种金属色彩的、富于共鸣的音质；其次是它注重句法连贯，声音灵活，刚柔兼备，以柔为主的演唱风格。

（二）美声起源

美声唱法是产生于 17 世纪意大利的一种演唱风格。以音色优美，富于变化；声部区分严格，重视音区的和谐统一；发声方法科学，音量的可塑性大；气声一致，音与音的连接平滑匀净为其特点。这种演唱风格对全世界有很大影响。现在所说的美声唱法是以传统欧洲声乐技术，尤其是以意大利声乐技术为主体的演唱风格。

在文艺复兴思潮的影响下，逐渐产生了歌剧，美声唱法也逐渐完善。佩里根写出意大利最早的歌剧《达芙妮》，1600 年又写出了歌剧《犹丽狄茜》。作曲家的创作使歌剧突破了以往的唱法。歌剧中要求咏叹调和宣叙调相结合；要求合唱和重唱相结合；宣叙调需要足够的气息支持，要求明亮优美的声音能穿透交响乐送到观众耳边。歌剧的出现使美声唱法趋于完善。

（三）美声唱法特点

起源于 17 和 18 世纪意大利的强调自如、纯净、平稳的发声与灵活和准确的声乐技巧的歌剧唱法。美声歌唱的创始人 G·卡奇尼在他的《新音乐》的序言中介绍了这种演唱方法。继而 18 世纪的 P·F·托西、G·曼奇尼，19 世纪的 F·兰佩蒂、

M·加西亚等又著书做了详细阐述。美声唱法在演唱技术上的特点如下。

1. 呼吸方面

美声唱法要求有饱满的气息支持和灵活自如的呼吸控制能力，因此，排斥啜泣时的锁骨部位的呼吸法和胸式呼吸法，主张胸腹混合式的横膈膜呼吸法。美声歌唱的格言是“谁懂得呼吸和吐字，谁就懂得歌唱”。正确的呼吸方法是良好发声的基础。

2. 起音方面

美声唱法把轻松、明亮、准确、圆润的起音，看作是正确发声的关键，是调整气息及喉头状态以及集中共鸣的最基本的手段。起音分软起音和硬起音两种，初学者宜以练软起音为主，跳音练习也是一种很有益的练习，它实际上是一系列的起音，有利于锻炼呼吸支持、喉头的积极配合和集中声音的共鸣。良好的起音应以最少的消耗取得最大的效果。在良好起音基础上的演唱，可以使声音有弹性，有持久力，节约声带和体力消耗，延长演唱寿命。

3. 声区方面

美声唱法声区的统一是美声歌唱训练中的试金石，美声唱法取得声区统一的主要方法是：强调唱好各声区间的“过渡音”，就是唱上行音阶时，要把前一个声区的最后3个半音，唱得稍带下一个声区的特征（即虚些、假些、暗些）；唱下行音阶时，较高声区的最后下行的3个半音，要唱得稍具有较低声区的特征（即实些、真些、亮些）。

4. 连贯方面

气息流畅和喉头稳定、良好共鸣的反映，又是美声歌唱的旋律线条优美动人的主要特点。破坏声音连贯的原因是多种多样的：起音不准确，滥用滑音；声区不统一，音量忽大忽小，音色忽明忽暗，或出现破裂音；呼吸控制不佳，气息逼紧；母音的共鸣部位的不统一［特别是“窄”母音（i，e）和“宽”母音（a，o，u）之间的不统一］等，都影响声音的连贯。声音的连贯首先是母音间的连贯。用发子音的部位来唱母音（特别是在高声区）是造成声音不连贯、不统一或“白声”的原因之一。

5. 音量方面

美声唱法注重追求圆润、明亮、优美而抒情的音质，它的格言是“追求音质，音量自然会来”。它十分重视在一个单音上渐强渐弱的控制能力的训练，这不仅是训练呼吸控制和音量变化的能力，而且还可使声音松弛富有弹性，音色有多样变化，以丰富艺术表现力和促使声区的统一。声音的渐强渐弱主要是依靠气息来控制，也就是要用呼吸而不是用喉部肌肉来调整音量变化。用有气息支持的轻声来唱高音也是获得“头声”的良好途径之一。

6. 灵活方面

声音的灵活性表现在用快速的音阶、琶音、跳音或装饰音练习，或用花腔的华采段来训练歌唱者声音的弹性和灵活性，是美声学派教学中的一个重要内容，它可以促进声音松弛而富青春活力，有利于延长演唱寿命。

7. 音质方面

美声音质明亮、丰富、圆润而又具有金属色彩、富于共鸣的特殊音质，是美声歌唱的特征之一。人们往往从音质上来检验学派的正统性。良好的音质是良好的声带闭合、适度的气息冲击、适度的喉的低位置、适度的软腭提起，喉部及咽部肌肉积极但又不僵硬、不紧张地配合，正确的舌位，松弛的下巴和口型，自然而美好的歌唱心理状态等因素的综合协调一致的产物。理想的音质是既明亮又圆润，既结实又松弛，即所谓“又明又暗”。

8. 颤动方面

歌唱中正常的微颤应是每秒钟 6—7 次，过快或过慢都会破坏声音的连贯或造成不悦耳的音质。过慢的微颤又称声音“摇晃”，是喉头压得过低，过分追求声音的“深度”或洪大音量所致；过快的微颤又称声音“碎抖”（亦称“羊声”），是下颌肌肉紧张和过于追求明亮或甚至“白声”所致。歌唱中微颤的快慢又与歌曲内容及情绪有关，激动时快些，宁静时慢些、平稳些，它又是一种强有力的艺术表现手段。4 个世纪以来，美声歌唱的演唱风格、演唱技巧随着时代、作品的发展而发展，至今仍盛行不衰。

（四）中国的美声唱法

美声唱法传入我国是在五四运动以后，并逐步在我国古老的大地上生根，发芽。美声唱法对我国声乐艺术无疑是起了巨大推动作用。近年来我国年轻选手纷纷在国际声乐比赛中获奖，更进一步说明运用美声唱法来解释和表达外国声乐作品的艺术水准已达到相当水平。但如何使中国声乐走向世界？如何把美声唱法的优点与我国声乐艺术、语言特点相结合而形成中国声乐学派，这还有大量艰苦细致的工作，需要广大的专业和业余的声乐爱好者去不懈地努力。

意大利文中称美声唱法为Bel Canto。我国在开始引进这种唱法时，把Bel Canto翻译为“美声唱法”，并把学习这种唱法的人统称为“美声学派”。其实Bel Canto这个词意大利语的真正含义是“完美的歌唱”。我们仔细分析一下，“美声唱法”与“完美的歌唱”之间，在含义上是不尽一致的。“完美的歌唱”不仅仅包括声音，它还应该包括歌唱的内容及歌唱者的风度、仪表、气质等等。而“美声唱法”很容易地被顾名思义地理解为具有“美好声音”的唱法。把“完美的歌唱”理解为“美好的声音”，用田玉斌老师的话说，这种不全面、不准确的理解，使我国的声乐在发展中走了一些弯路。在很大程度上把美声唱法理解为只重视声音，声音高于一切，而忽略了其他方面的学习。因此致使不少学习美声唱法的人，在学习和实际歌唱中，要么重声不重字，要么重声不重情，甚至有的歌者非但不重字和情，就连声音也是装腔作势，唱起歌来很不感人。

基于以上原因，在声乐界有人曾主张将“美声唱法”改为“美歌唱法”。其目的也是为了能准确地认识美声唱法的含义，以避免在理解上乃至在实践出现偏差。其实，“歌”与“声”是不能画等号的。“声”是“歌”的“载体”，但绝不反映“歌”的内容。在对“美声唱法”的称谓已经约定俗成的情况下，再去在名称上大做文章，是无实际意义的。我们可以延用“美声唱法”这一习惯称谓，但关键是如何使美声唱法与我国的歌唱语言相结合，使歌唱者既能唱好外文歌曲，也能唱好中文歌曲。

运用好美声唱法，还应该知道美声唱法包括哪些实际内容和原则。意大利声乐教育家基诺·贝基先生在讲学中有关美声唱法的一系列主张和论述，经田玉斌老师概括整理为以下六个方面内容：

（1）美声唱法有声部之分；

（2）美声唱法要求声区统一；

（3）美声唱法要求母音一致、吐字清楚；

（4）美声唱法要求声音连贯；

（5）美声唱法要求具备良好的音乐修养；

（6）美声唱法要求声情并茂。

以上六点是美声唱法的重要内容，也可以说是六个重要原则。之所以称为原则，是因为学习美声唱法的人必须严格遵守，而且是缺一不可的，否则很可能是不完全和不完美的美声唱法。

（五）美声唱法的发展历程

1. 圣咏音乐是美声唱法的萌芽

美声唱法起源于欧洲，它的产生不仅与欧洲音乐的发展过程有着密切联系，而且作为人类文化意识形态的一部分，它同样也是社会、时代发展的产物。

13世纪前的欧洲音乐均为单声部音乐，其中，古希腊的声乐也以单声部为主，并受到严格的诗歌韵律的支配，主要以独唱、齐唱、领唱、说唱和吟唱为歌唱形式。在这一时期产生了诸如《荷马史诗》、《伊利亚特》、《奥德赛》这样出色的作品，它们是由盲人诗作者荷马创作并以说唱的方式演唱的。可以说这就是比较初期的声乐表现形式。

随着古罗马帝国不断对外扩张，欧洲进入了长期的教会统治的时期，在历史上被称为“中世纪”，教会教义几乎垄断了一切思想意识领域，歌唱同样成为各种宗教的附属品。古罗马帝国扩张不仅带来了领土的扩大，也为音乐世界带来了许多来自亚洲、非洲、欧洲的优秀艺人及丰富的音乐文化，他们聚集到罗马并使之成为当时欧洲最大的音乐中心。当时的教会演唱圣诗和朗诵《圣经》，这就成为了最早的合唱形式。教堂中用拉丁文演唱与宗教相关的内容即为被称咏的音乐形式。590年，罗马教皇格里高利一世选编、修订了配合教仪的《唱经本》，即著名的《格里高利圣咏》，实际上相当于规定了教堂中演唱教义的歌调。圣咏是欧洲声乐艺术的萌芽，它要求庄严、肃穆的演唱配合教堂的氛围。虽然圣咏有宣叙性和旋律性两种歌调，但由于它只是单旋律音乐，使人乏味。随着发展，演唱者将它做了一些华丽、流畅的“再创造”，形成了新的、更好的演唱方法。

在圣咏音乐流行的时期，从 11 世纪起出现了一些促进音乐艺术的发展、丰富声乐艺术内容的音乐形式。由于当时手工业和商业得到了发展，城市开始出现了针对宗教音乐的世俗音乐，它要求人们用音乐反映生活和世俗的情感。此后，又相继出现了游吟歌手、恋诗歌手、民歌手等专业的歌唱者，他们虽无法完全摆脱宗教的浓厚色彩，但已堪称为对宗教音乐的大胆突破。

2. 阉人歌手促使歌唱技巧的发展

13 世纪中期的欧洲音乐逐步突破单声部，开始进入复调音乐时期，声乐演唱也为多声部合唱形式，分别由女高音（Soprano）和女低音（Alto）担任，圣咏旋律则由男高音（Tenor）担任，后来又加入了男低音声部（Bass）。由于《圣经》的古训规定“妇女在教堂中应保持缄默”，因此，演唱中的女声部均由男童声代替。这些男童是被阉割的男童声歌手，在声乐发展史上被称作“阉人歌手”。他们的出现曾为欧洲声乐艺术的发展做出了巨大的贡献，并奠定了“美声唱法”的基础，也在一定程度上推动了歌剧的产生与发展，他们盛极的时代同时也带来了美声唱法的黄金时代。

早在 4 世纪，意大利就建立了专门训练童声演唱圣咏的歌唱学校，他们遵循古训，严禁妇女在唱诗班演唱，由于童声会随着年龄的增长而发生音色的变化，而不能唱出符合圣咏需要的优美自然的歌声，所以出现了这种不人道的“阉人歌手”现象。他们的声带及喉头不会随着年龄和身体的成熟而变化，阉人歌手具有女声的声带，同时又具备男子的体魄，所以，无须用假声就能发出悦耳的女声。虽然他们的声音不如真正的女声柔美，但他们华丽、轻巧、明亮的音色，宽广的音域，能令听众激动不已。

在阉人歌手兴起和盛行的时期，不仅排挤了女声，甚至在一定程度上几乎抢占了男声在歌坛上的地位。阉人歌手在欧洲盛行了近两个世纪之久，还有学校和教育机构专门训练阉人歌手。意大利著名阉人歌唱家法瑞奈里和卡法瑞里就是阉人歌手盛行时期的典范，他们的演唱技巧已经达到出神入化的地步。不容置疑，他们将欧洲的声乐水平推进到了一种较高的境界。

18 世纪末 19 世纪初，欧洲封建制度开始动摇，人们纷纷要求废除这种不人道的歌唱现象，同时妇女们也要求冲破封建束缚走上舞台，加上此时的男声也通过“关闭”的唱法提高了演唱能力，因此，阉人歌手在18世纪末开始走向衰落。

3. 歌剧与美声唱法的产生

阉人歌手的衰落一部分原因是由于大歌剧的兴起。欧洲文艺复兴运动促使人们冲破封建的、神学的、禁欲主义的束缚，个性得到解放，爱情成为人们歌颂的主题，资产阶级浪潮对封建制度进行强烈冲击。进入19世纪，阉人歌手这种不人道的现象逐渐被禁止。18世纪后期，大歌剧主题大都离不开对个性解放的要求和对爱情主题的叙述，并提倡采用现实主义的创作方法。因此歌剧舞台上逐步改变了由阉人歌唱家担任女角的演唱方式，奠定了男唱男角，女唱女角的新演唱形式，这是欧洲歌剧的一个重大转折。

为了实现男高音演唱技巧的飞跃，以配合不断发展繁荣的歌剧舞台，经过两百多年的教学和几代人长期实践探索，19世纪随着“关闭”唱法和“掩盖”唱法的出现使男声获得了稳定的高音，它标志着男高音演唱技巧的质的飞跃，并在歌剧舞台上，以男角为主角的局面逐步形成。可以说，19世纪是男声的黄金时代，无论是演唱技巧的发展，演唱人才的辈出，还是以大量的男角为主的作品涌现，均证明了男声在歌剧中的重要地位。

以贝里尼、唐尼采蒂、罗西尼为代表的意大利歌剧，以及法国歌剧都反映了这一时期的声乐演唱水平，声乐史上称这一时期为美声唱法的“全盛时期”。19世纪意大利伟大的歌剧作家威尔第的充满爱国主义激情的歌剧问世，标志着歌剧创作的新发展。由于他成功地在咏叹调上的创作，使得对声音的要求也进一步提高，既要有扎实的歌唱技术、强烈的情感表现方式、震撼人心的戏剧性，又要具有抒情性和流畅、灵活和柔美。以马斯卡尼为代表的真实主义歌剧演唱技巧又上了新的台阶。而瓦格纳的歌剧由于注重乐队的配置，加重了乐队在歌剧中表现的分量，因此想获得较清晰的演唱效果，演员们必须在发声上要为扩大音量而努力提高发声的技巧。为适应不断发展起来的歌剧舞台，美声唱法在发声技巧上经历了多次的飞跃，总而言之，歌剧的发展推动了声乐艺术的发展。

美声的发展与歌剧的诞生有密切的关系，如果说阉人歌手的出现奠定了美声唱法的基础，那么歌剧的诞生和发展又从更符合歌唱艺术发展的文化层面促使了美声的发展。

歌剧诞生于文艺复兴运动的极大影响之中，当时，佩里、卡契尼、蒙特威尔第等作曲家，在歌剧创作中为了仿效希腊悲剧的朗诵调，他们使旋律与歌词内容、情绪变化，以及语言的起伏紧密结合，在歌剧中主要起着展开情节的作用。

他们突破了传统和保守的束缚，创造了采用自然声音，由各角色来演唱自己段落的宣叙调演唱形式。为了使宣叙调的演唱更具有古希腊人在广场上演悲剧朗诵的那种声音效果，就不能采用声音微弱的童声和假声，而需要采用有足够气息支持，有丰厚声音共鸣，丰满洪亮而咬字清晰、真切，并富于穿力的声音。“这些就促使佛罗伦萨小组的成员除了创作之外，还必须研究解决如何演唱的问题，于是就在前人，特别是维基的三幕仅供清唱用的16世纪恋歌剧《安菲帕那索》的演唱经验基础上，发展出了美声唱法。”（摘自尚家骧的《欧洲声乐发展史》）

卡契尼提出要以洪亮致远的声音演唱歌剧的要求；蒙特威尔第则进一步使歌剧音乐戏剧化，写出了歌唱性的宣叙调和具有强烈感染力的咏叹调，这些都使得歌唱家们感到提高自己的演唱能力和技艺是良好表现音乐作品的基本保障。同时，蒙特威尔第在威尼斯建造了世界上第一座歌剧院，使歌剧从最初的宫廷和贵族的厅堂走入了正规的歌剧院，也为社会各阶层的观众提供了良好的欣赏场所。

这样，随着观众层次的扩大，欣赏要求不断提高，必然地促使歌唱家们开始研究训练完善他们的歌唱技术，以便自己的演唱能达到卡契尼、蒙特威尔第所提出的洪亮、致远、富于戏剧性的声音要求。于是，许多卓越的歌唱家以他们高超的演唱技巧、华丽的嗓音，穿过庞大的乐队“音墙”，清晰地把歌声送到剧场的每个角落，征服了观众，使歌唱艺术达到了新的高峰，所以可以说“美声”随着歌剧而得到极大的发展，是文艺复兴时期人文主义思想在音乐艺术上的表现；它不仅是一种歌唱技术和一种演唱网络，而且还是一定美学原则和艺术思想的体现。

由此可见，美声是借鉴、融合了圣咏、阉人歌手高超华丽的演唱方法，伴随着歌剧的创始与发展，逐渐成熟和完善并成为一个科学的声乐体系，它能在世界声乐史上达到一个光辉的顶峰，所依靠的正是那些严格、准确的技术要求和训练，依靠的正是那些动人的声乐作品和杰出的歌唱家们炉火纯青的高超技艺。由于“美声”这种歌唱方法与风格，很快得到欧洲各国声乐表演和声乐教学的采用和接受，并在它的发展中，逐步从地区性扩展为国际性，形成一种具有演唱风格、声乐技术、美学原则和教学理论的声乐学派。

浪漫主义是美声唱法的新发展时期。19世纪初，欧洲的文学艺术出现了一种新的潮流或新的风格，这就是所谓的“浪漫主义”或“浪漫主义文艺思潮”。浪漫主义形成于法国资产阶级革命后以及拿破仑专政时期。浪漫主义的文学艺术，反映了当时欧洲资产阶级和小资产阶级知识分子的思想感情和对社会生活的态度。浪漫主义的文学艺术，不仅是一个创作方法和作品风格问题，而且还是一个内容复杂的世界观和艺术观的问题。

在音乐创作方面，浪漫主义的形成是在19世纪初的20年代。“它的奠基者是奥地利作曲家舒伯特和德国作曲家威柏。”（摘自张洪岛的《欧洲音乐史》）舒伯特的创作是艺术歌曲、交响曲、室内乐等，威柏主要是歌剧创作。浪漫主义作曲家在音乐创作手法上做了许多革新，比如，在主题的音调上加强了抒情的因素，在器乐作品中贯穿了歌曲性的音调等。而在歌曲的创作方面，歌词大都采用名家的诗作，诗意盎然，讲究诗词和音乐浑然一体和“诗化精神”，要求将诗词的内涵充分地用音乐表现出来，同时，加强了伴奏，尤其是钢琴伴奏的表现功能和作用，形成了与歌声共同塑造艺术形象，推进高潮，揭示歌词意境，表现歌词未尽之意的新型关系。随着以舒伯特、舒曼、布拉姆斯等作曲家为代表的德奥浪漫主义艺术歌曲的兴起，便出现了不同于歌剧咏叹调演唱的艺术歌曲演唱风格。

虽然艺术歌曲的演唱同样运用“美声”技术，但它的演唱风格和技术要求却因内容需要，有别于歌剧。一是艺术歌曲的内容大都是浪漫主义诗人的文学杰作，要表现这些诗歌细腻的情感、浪漫的隋调、高雅的格调，就需要运用轻声、半声，以及高音区上渐强渐弱的技术来丰富声乐的表现力。二是艺术歌曲通常用钢琴伴奏，在声音的音量上要求控制，并与歌剧演唱强烈的音响形成了对比。三是艺术歌曲还具有室内乐的性质，不以表现戏剧性的激情见长，而以抒情为主。从而形成了以多种音色、清晰的吐字、细致的语调，以含蓄为贵、阴柔见长的艺术歌曲的演唱特点。

正如德国当代最著名的艺术歌曲演唱家施瓦尔茨科普高度概括的那样：演唱歌剧犹如用大刷子醮着涂料进行粉刷，演唱艺术歌曲则像是画“工笔画”，需要极细的笔来描绘。以舒伯特为代表的艺术歌曲的问世，还使欧洲的歌曲创作进入了一个崭新的境界，在欧洲声乐艺术的发展中占有重要的地位，并且还形成了与歌剧以及教堂音乐平分秋色的局面。随着艺术歌曲创作的繁荣，还出现了以音乐会演唱为主的职业歌唱家。

16 世纪意大利歌剧的兴起，确立和发展了美声学派的声乐技术和演唱风格；19 世纪德奥艺术歌曲的兴起和繁荣，不仅出现了与歌剧不同的演唱风格，还造就了许多专门从事艺术歌曲演唱的歌唱家。由此可见，音乐创作的繁荣和发展，歌曲创作手法的革新和开拓，对音乐表演和声乐演唱以及音乐教育都起着十分重要的促进作用。

20 世纪的声乐舞台可谓是百花齐放，各领风骚，多种演唱风格与流派并存。他们的竞争带来了演唱方法的多种多样，同时也是美声唱法日臻科学和完善的表现。

（六）美声唱法的流派

透过 17 世纪欧洲诸多乐派中最具影响力的四大歌剧乐派佛罗伦萨乐派、威尼斯乐派、罗马乐派、那波里乐派对演唱风格的要求，我们不难看出它们对“美声”的发展的重大意义。

1. 佛罗伦萨乐派

在佛罗伦萨歌剧乐派中有一个小组，他们突破传统的演唱形式，采用自然的声音，男演男角，女演女角。在贵族的宫廷里，在文人的聚会上他们都会尽情地演唱，弗朗西斯科·卡契尼就是当时最早、最优秀的女歌唱家之一。为了能使演唱再现古希腊人在广场上演出的悲壮效果，佛罗伦萨小组的成员开始了对声音及唱法的探究。传统的童声或假声已不能满足现实的需要，一种强调充分的呼吸、丰满明亮的共鸣、清晰真切的咬字及洪亮而致远的音质的演唱要求被提出。他们不仅创作歌剧，而且还要不断地对演唱、发声的技巧进行研究。于是，随着《达芙妮》、《犹丽狄契》等抒隋音乐剧的诞生而产生了代表佛罗伦萨乐派风格的演唱要求：在自然、朴素的演唱基础上要求甜美、柔和、典雅，旋律优美抒情给人以舒适之感。

2. 威尼斯乐派

在 17 世纪的歌剧史上，蒙特威尔第创立了威尼斯歌剧乐派，为早期意大利歌剧奠定了基础。如果说佩里和卡契尼是歌剧音乐抒隋的创始人，那么蒙特威尔第则是音乐戏剧性的创始人，可以说歌剧诞生在佛罗伦萨，发展在威尼斯。蒙特威尔第创作的宣叙调加大了乐队伴奏的比例，丰富和烘托了独唱的气氛，他的第一部歌剧《奥菲欧》与佩里和卡契尼的《犹丽蒂契》来自于同一题材，而他写出了戏剧性的悲剧效果。

在歌剧的创作上，蒙特威尔第首先使用了减七和弦，大胆地使用了转调和半音音阶，在乐队伴奏上，他首创了弦乐器的拨弦和揉弦的技巧。威尼斯乐派使歌剧走向社会，并使其走上了“花腔”——加花演唱的道路，他们追求华丽的演唱技巧和声音效果，他们以高超的声乐技巧出现在舞台上，引起了阵阵狂热。这种戏剧性的宣叙调和咏叹调使 Bel Canto 的演唱获得了更大的表现力。

3. 罗马乐派

作曲家卡瓦里埃原是佛罗伦萨人，后定居罗马，成为了罗马有名的作曲家，同时也成为了罗马乐派的代表人之一。歌剧这种体裁在罗马乐派中成了宗教的附属品。卡瓦里埃在宗教的气氛包围中，创作了寓言性的、颂扬封建道德的歌剧《灵魂与肉体》，以他为代表的罗马乐派的歌剧创作虽然在题材和形式上模仿佛罗伦萨乐派，在演唱上局限于宗教风格，但同时也具有自己的特点，在舞台布景、装置、服装上追求富丽豪华的场面。

4. 那波里乐派

17 世纪下半叶，意大利的歌剧被那波里歌剧乐派所取代，同时也为 Bel Canto 的演唱提供了更广阔的天地。其中包括 A・斯卡拉蒂。A・斯卡拉蒂是一位颇有才能的作曲家和歌唱家，他创作的歌剧具突破性，使美声从此走向一个新的发展阶段，而且也逐渐形成了那波里的美声风格：重视声音的明净、优美的音质和华丽的声韵效果。同时，他还为社会培养出了许多教授美声的教师。18 世纪美声的演唱风格具体表现在：

（1）要求演唱者深入理解歌词，力求自然质朴，追求高度的艺术表现。

（2）培养声音的美学观念，提高鉴赏力，使演唱更加合乎美声的要求。

（3）歌唱中特别强调气息的控制，强调 Legato（连贯性）及音色的优美，要求歌唱中语气富于变化，情感表达真挚。在即兴演唱高难度的华彩乐段时，要求严格的音准和节奏，流利灵活的乐句，松弛、明亮、丰满的声音形象。

（七）美声唱法的技术标准

美声唱法的成熟表现在声音训练方面的各种技术十分规范，具体表现六大方面。

1. 正确的呼吸

美声强调呼吸是歌唱的基础，要求"用气息托住声音"，肯定了胸腹式联合呼吸法，提出用调整呼吸状态来调整和影响歌唱状态的观点。

2. 准确的起音

认为美声只有完成良好的起音，才能获得轻松柔和、明亮圆润的声音。而要完成良好的起音，一定要正确呼吸，喉头稳定，思想集中，心理上做好充分准备，声带积极闭合。著名声乐家加尔西亚具体地概括出起音的要领：舌头平放，准确地唱到音高，平稳而不能滑动。

3. 声音的连贯

美声强调保持音质的一致，声音位置安放不变，音与音的连接讲究平滑匀净，音量渐强渐弱控制自如。

4. 声音的灵活

18 世纪比较崇尚花腔技巧和复杂的装饰音演唱，所以美声注重训练声音的灵活性，发展音域，打开喉咙，锻炼声音的控制能力。应多练习快速音阶、快速走句、跳音，要求声音清晰明亮而准确。

5. 声区与共鸣

声区是一个复杂的技术问题，很多专家对此都有自己的理论观点。但无论将声区如何划分，Bel Canto 都始终坚持在教学中统一声区，并认为声区是教学的关键，声区与共鸣是相辅相成的。要达到音色统一动人，富有穿透力，共鸣的位置必须相对稳定、准确。

6. 吐字和语言

歌唱要有良好的语言习惯。美声唱法要求语言中每个元音的发声是清晰准确的，歌唱中的元音转换要圆润、流畅，只有这样，Legato 的原则才能在吐字和语言中得到真正的体现。

（八）美声唱法的种类

美声唱法在演唱方法上又分竖唱法和横唱法两种。

所谓“竖”唱法是因为歌唱时嘴巴上下拉开，形成长条型或椭圆状的O型；喉咙以上下打开为主，会厌软骨充分“竖”起，声音给人有“竖”或垂直的感觉。

所谓“横”唱法则是歌唱时嘴巴左右拉开，露上齿亦像在笑；喉咙前后打开，不强调会厌充分“竖”起，而突出声带的张力—阻力为发音主体。由于声带的位置呈前后向，因而声音则有“横”的感觉。在歌唱实践中是选择“竖”唱法还是选择“横”唱法，主要是要根据每个人的具体生理条件及歌唱爱好者心目中所向往的声音模式而定。

总而言之，不论选择哪种唱法，只要运用得法，都可能达到歌唱表演的最佳境界。譬如当今世界男高音之王，具有“欧洲三杰”美称的帕瓦罗蒂、多明戈、卡雷拉斯，他们三人的唱法虽都属于美声唱法，但具体地说又有所不同。卡雷拉斯是典型的竖唱法，他在唱高音时嘴巴上下拉得特别长，呈O型。帕瓦罗蒂是横唱法的典型代表，他在唱高音时上齿始终是露出来的，而且口型是横向拉开的。而多明戈则为折中，介乎于二者之间，但偏向竖唱法较多。又如，我国著名男高音歌唱家施鸿鄂采用的是横唱法，而歌唱家刘维维则选用的是竖唱法。因此说，选择哪种唱法并不重要，重要的是怎样才能掌握并运用好一种唱法，并使之达到一定的高度。

（九）美声唱法的风格

美声唱法就风格而言，还有“俄罗斯”和“意大利”两大流派。在我国原有的九所音乐学院当中，除了中国音乐学院较多地研究中国民族声乐唱法之外，其余的八所（中央音乐学院、上海音乐学院、天津音乐学院、沈阳音乐学院、西安音乐学院、四川音乐学院、武汉音乐学院、广州星海音乐学院）在声乐教学的唱法研究方面，都是以美声唱法为主。20世纪50年代，我国歌唱艺术界因受当时苏联的影响，在唱法上基本采用的是“俄罗斯”式的美声唱法。这种唱法的特点是中低声区向前唱，高音时则突然靠后，音色较灰暗，声音松散，缺乏穿透力。进入80年代之后，通过国际声乐界的艺术交流和往来，以及大批学者的外出学习和引进，使得传统的模式与观念有所更新和改变。目前所推崇的是先进的意大利式美声唱法，即“面罩唱法”、“关闭唱法”和“掩盖唱法”。这三种技术均属于横唱和竖唱的一种。这种唱法的特点是音色明亮，声音集中且易获头声，音量较大而穿透力强，同时，吐字也较方便。因此，学习掌握和运用好这种唱法，是我国歌唱艺术紧跟世界潮流及使美声唱法在我国得到进一步发展的一个重要标志。

在作品风格的表现上，美声唱法也是丰富多样的，除能表现中外歌剧这一独具特色的风格之外，还有英雄史诗般的，如《长江之歌》、《英雄赞歌》、《延安颂》、《黄河颂》等；优美抒情的，如《生命的星》、《我爱你中国》、《吐鲁番的葡萄熟了》、《大森林的早晨》、《我像雪花天上来》等。其次，在演唱形式上美声唱法也是最完整和最有代表性的，如有大型合唱及组歌、小合唱(包括男声小合唱、女声小合唱)、男声四重唱、二重唱（包括男声二重唱、女声二重唱、男女声对唱）、独唱等多种形式。另外，美声唱法还具有音质圆润饱满、音色华丽流畅、音域宽广、声音高亢洪亮又极富于穿透力等特点。

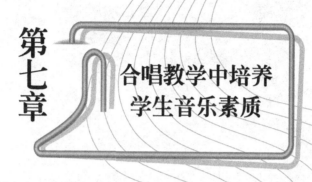

第七章 合唱教学中培养学生音乐素质

让学生的合作能力与团队意识在合唱艺术中得到尊重与提高。

——周立清

第一节　合唱艺术概述

一、合唱的概念

（一）合　　唱

是指两组以上的歌唱者，各按本组所担任的声部演唱同一乐曲。分同声与混声两种：同声的由男声或女声单独组成；混声的由男声和女声混合组成。按声部的多少，可分二部合唱、三部合唱、四部合唱等。

（二）大 合 唱

包括独唱、重唱、对唱、齐唱与合唱（有时穿插朗诵）的，通常由管弦乐队伴奏的多乐章的大型声乐套曲。

大合唱指集体演唱多声部声乐作品的艺术门类。它要求歌唱群体音响的高度统一与协调，是普及性最强、参与面最广的音乐演出形式之一。人声作为合唱艺术的表现工具，有着其独特的优越性，能够最直接地表达音乐作品中的思想情感，激发听众的情感共鸣。

《黄河大合唱》是冼星海最重要的和影响最大的一部代表作。作于 1939 年 3 月，并于 1941 年在苏联重新整理加工。这部作品由诗人光未然作词，以黄河为背景，热情歌颂中华民族源远流长的光荣历史和中国人民坚强不屈的斗争精神，痛诉侵略者的残暴和人民遭受的深重灾难，广阔地展现了抗日战争的壮丽图景，并向全中国全世界发出了民族解放的战斗警号，从而塑造起中华民族巨人般的英雄形象。

二、合唱形式

依据人声的分类，合唱的形式如下。

（一）同声合唱

由同类人声组成的合唱，称为同声合唱。同声合唱都有高音和低音两个基本声部。根据具体合唱歌曲的演唱需要，每个基本声部还可以分为第一、第二两个声部。同声合唱的高音声部可以分为第一高音声部和第二高音声部，同声合唱的低音声部可以分为第一低音声部和第二低音声部。

1. 童声合唱

由尚未变声的少年儿童组织的合唱。包括小学男女同学组织的合唱及初中低年级尚未变声或变声初期的男女同学组织的合唱。

2. 女声合唱

由变声后的女同学组织的合唱。

3. 男声合唱

由变声后的男同学组织的合唱。

（二）混声合唱

混声合唱是由女声（或童声）与男声混合组织的合唱。即由女高音声部、女低音声部、男高音声部和男低音声部四个基本声部组成的合唱为混声合唱。每个基本声部可分为第一、第二两个分声部。

混声合唱的女高音声部可以分为第一女高音声部和第二女高音声部，女低音声部可以分为第一女低音声部和第二女低音声部；男高音声部可以分为第一男高音声部和第二男高音声部，男低音声部可以分为第一男低音声部和第二男低音。

三、合唱特点

（一）合唱独特的优越性

人声作为合唱艺术的表现工具，有着其独特的优越性，能够最直接地表达音乐作品中的思想情感，激发听众的情感共鸣。

1. 音域宽广

合唱的音域是所有参与者音域的总和，从男低声部的最低音到女高声部的最高音可达到三个半至四个八度。

2. 音色丰富

在合唱中可包含男女高、中、低声部中所有的戏剧、抒情种类，还有每个人的不同音色，以及各种音色的不同组合情况。

3. 力度变化大

从最弱的ppp到最强的fff，都是合唱所能够胜任的力度变化范围，任何个人都是不能与之比美的。

4. 音响层次多

由于合唱是多声部音乐，不同的和弦、不同的和弦转位、不同的声部组合、不同的力度级别、不同的音色变化等等，都会产生不同的音响效果和层次。

5. 表现力强

合唱可以表现各种种类的作品，不论主调音乐还是复调音乐、不论任何历史时期、不论任何情绪、不论任何风格的作品，都可以通过合唱来进行完美的表现。

（二）合唱声音的特殊性

声音质量的优劣，不能脱离音乐和合唱艺术的特殊需要来加以评价。无论什么样的声音，只有当它完全吻合了音乐的需要，完全吻合合唱艺术的特殊要求，成为合唱艺术表演所需要的声音时，才能被认为是好的、美的声音。

（三）合唱特点综述

合唱是包含着同声的、混声的齐声、轮声、领唱、重唱以及和声的、支声的、复调的、有伴奏或无伴奏的一种集体歌唱艺术。常见的合唱有同声合唱（男声、女声、童声），混声合唱（男声与女声、童声与男女声），演唱形式有齐唱、轮唱、二部、三部、四部等合唱以及无伴奏合唱。合唱有声域更宽、气息更长、力度更大、音色更多的特点。好的合唱应该是均衡而协调。合唱的均衡取决于声音的音量、音色的平衡。合唱的协调取决于声音的谐和、音准。混声合唱一般为男女声部混合，如女高音 SOPRANO，女低音 ALTO，男高音 TENORE，男低音 BASS。女高音：明朗、轻柔、柔和。女低音：充沛、坚实而圆润。男高音：柔和、明朗、清晰、坚实。男低音：坚实、有力、充沛而宽厚。

四、合唱教育的重要性

有一句名言：“合唱是任何教育工作都不可替代的重要形式。”在许多的发达国家和地区都将学校的合唱活动当成培养学生高尚情操和团队精神的一项重要教学工作。校园从来就是合唱的摇篮，历史上的革命学生运动几乎都伴随着歌咏活动。现代的学校音乐生活中，合唱更是一种最受欢迎、最活跃的形式。

对于学校来说，合唱教育具有“投资少、易操作、普及广、意义大”的特点，大力开展合唱教育活动能培养学生对经典音乐的兴趣，提高团队合作意识和集体主义、爱国主义精神，能启迪心智、净化心灵，使学习更富有实效。

合唱音乐活动是学生学习、掌握、运用音乐知识和技能的一种艺术实践活动，这和器乐音乐教学目标是相同的；同时，器乐与合唱等音乐活动又是发展学生个性、特长、爱好的重要途径，这是和文化教学不同的，而且是非常重要的不同点。文化课堂教学是一个班几十名学生，用的是同一教材，老师有统一的教学目的、统一的教学要求和统一的教学方法。现有的这种课堂教学模式，不太可能完全兼顾具有不同特长、不同层次、不同爱好的学生，也不可能照顾和实现学生的愿望和要求，因而学生的特长和爱好也就不太可能发展顺畅。而音乐活动可以根据学生不同的意愿，将他们分别地组织起来，开展丰富多样的、适应他们需要的各种活动，让他们有可能充分地发展个性、特长、爱好和才能。

合唱音乐活动和器乐音乐教学一样，具有教育的、认识的、审美的和娱乐的多重功能性，它不仅仅能发展学生在音乐方面的爱好和才能，还可以使学生接触到在书本和课堂教学里涉及不到的各种知识和技能，以认识世界、认识社会、丰富知识、启迪智慧、陶冶情操、开阔视野，是对学生进行素质教育的重要阵地，是学生音乐素质培养的有效途径，是培养学生的创新精神和实践能力的重要手段。

第二节　合唱的发展历程

合唱艺术和其他艺术一样，因人们思想情感的表达、交流和社会生产活动的需要而产生。它又随着社会生产的进步，物资交换的产生，人际交流日益频繁，经济生活逐渐多样化，思想情感不断丰富、复杂和深化等社会因素的发展而发展着。

一、合唱的产生与发展

合唱是人类发展的产物。人类从奴隶社会到封建社会早期，由于生产劳动、人际交往、日常生活的各种活动的需要，逐渐创造并产生了能表达思想情感的、有简单旋律的歌唱活动形式，包括个人的歌唱、众人群体式的歌唱、一人唱众人和的领唱齐唱式的歌唱等。随着各种社会因素（劳动的、物质的、精神文化的等）的发展，劳动技能和生产工具的不断创造更新，人们思维方式和生活方式的变化、深化，单旋律的歌唱形式已经不足以表达人们的思想情感，必须有多样的、新的表现形式产生，才能满足人们日益频繁的交往的需求。

二、欧洲合唱的发展

在欧洲中世纪，自宗教的“圣咏”开始，出现了有低八度“平行”声部的多声部歌唱，使歌唱的声音色彩有了“厚度”，也有了相对丰富的表现力，与“齐唱”相比，颇有新意，渐渐地被人们所接受。在往后的历史进程中，又产生了四度、五度等平行声部，进而逐步突破了“平行”的声部进行，使音乐史上漫长的“单旋律”时期进入到一音对一音、两音对一音、四音对一音等的“对位”“复调”时期。经过一段繁荣发展，到16、17世纪，又进入了多声部的“主调音乐”时期，一直发展到由不同音色（男声、女声、童声），不同音域（高音、中音、低音）的人声组成的，以“四声部”为基础的歌唱表现形式——“合唱艺术”。

三、中国合唱的发展

我国合唱事业的发展与我们的历史发展紧密相连，历经坎坷由小变大，由弱变强，大致可以分为五个时期。从19世纪末到20世纪初的清朝末年合唱艺术从西方传入开始，是第一时期。近代学堂乐歌的迅猛发展，以沈心工、李淑同的《春游》、《送别》，赵元任的《海韵》（1927年，中国专业合唱作品第一部）为代表的是合唱发展的第二时期。我国合唱发展的第三时期是30年代初到40年代末以聂耳、冼星海为代表的，既有革命的一面，又有西方专业技法的《救国军歌》、《在太行山上》及《黄河大合唱》（可称为合唱之魂）等，以及一些学院派的合唱歌曲。合唱发展的第四时期是新中国建立以来，50—60年代是辉煌期，如50年代的《祖国颂》、《祖国万岁》；60年代的《长征组歌》；70年代有政治合唱；瞿希贤的无伴奏合唱《牧歌》、《乌苏里船歌》等许多优秀作品。我国合唱发展的第五时期是当代，最近30多年中国合唱有很大发展，田青的《云南风情》、谭盾的《蜀道行》、陆在易的《祖国母亲》等等大量合唱作品。

中国少数民族地区的合唱很早在民间就有了并一直流传下来，少数民族地区有偶然性的多声部组合音乐，大部分都是合唱音乐雏形，有支声复调，但与音乐的汪洋大海比起来，还显得不够丰富，但作为研究却很有价值。

在我国历史发展的进程中，可以发现不少民歌（包括少数民族的民歌）和地方戏曲，除了主旋律外，常常还有衬腔、帮腔，有的还有支声部，一唱众和、此起彼落等形式，开始具有原始的、一定的“合唱”因素，随着历史的发展，逐渐就形成了“多声部”——“合唱”的歌唱形式。

四、合唱技术的发展

多声部合唱，是以女高音、女低音、男高音、男低音四个声部为基础组成。一般情况下，主旋律常常在第一声部，第四声部是多声部合唱的“和声”基础，上方三声部以它为依托。第一声部一般是“旋律层次”，第四声部是“基础层次”，这两个声部是四声部的“外壳”——“外声部”。第二、三声部是“内声部”，是“和声层次”。因其是不同音色的男、女声和不同音域的高、低声部组合而成，其结构比较均衡、合理，又因其音域从低到高可有三个八度以上，其表现力也十分丰富，有表现人们多种多样思想情感的极大的可能性。

合唱的表现手法很多，绝不只这几种类型。但是有一点是明确的，所有各种表现手法，都是为了更好地衬托、丰富、突出主旋律。多声部合唱作为一个整体，旋律声部和其他声部之间，是相互依存的关系，只有旋律声部没有其他声部，则不成其为合唱，反过来也一样。因此，合唱中的每一个声部都是重要而不可缺的，这才是完整的合唱艺术。

第三节　学校合唱队的组织管理

一、合唱队各声部的组合形式

“合唱”是由若干个声部组合而成的一种多声部的艺术形式。声部是以不同人声的音质、音色、音域做各种不同的组合而形成的。一般的组合形式分“同声”和“混声”两类。

人声未经生理“变声”，男、女生的音色、音域比较接近，统称“童声”。小学和初中大部分学生（特别是初一、初二部分学生）尚未变声，可分设高、低声部或高、中、低三个声部。由他们组成的合唱队称“童声合唱队”。

经过生理“变声”的男、女学生的音质、音色、音域差异较大，女声一般是明亮、圆润，男声一般是坚实、浑厚。变声后男声的实际音高比女声要低一个八度，男、女声的高、低声部比较分明。因此，一般可分女高音（Soprano）、女低音（Alto）、男高音 (Tenor)、男低音 (Bass) 四个声部。由已经变过声的初、高中和高校的男生或女生组成的合唱队分别称为“男声合唱队”或“女声合唱队”，也称“同声合唱队”。由男、女生共同组成的合唱队称“混声合唱队”。

（一）同声齐唱、合唱：

同声齐唱：
- 童声齐唱
- 女声齐唱
- 男声齐唱

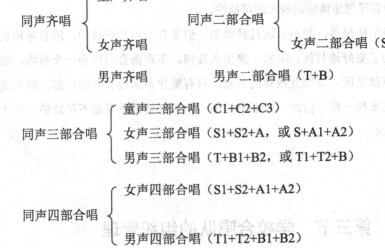

同声二部合唱：
- 童声二部合唱
- 女声二部合唱（S+A）
- 男声二部合唱（T+B）

同声三部合唱：
- 童声三部合唱（C1+C2+C3）
- 女声三部合唱（S1+S2+A，或 S+A1+A2）
- 男声三部合唱（T+B1+B2，或 T1+T2+B）

同声四部合唱：
- 女声四部合唱（S1+S2+A1+A2）
- 男声四部合唱（T1+T2+B1+B2）

（二）混声齐唱、合唱：

混声齐唱：
- 男声＋童声齐唱（T、B+C）
- 女声＋男声齐唱（S、A+T、B）

混声二部合唱
- 童声＋男声（C+T、B）
- 女声＋男声（S、A+T、B）
- 男女高声部＋男女低声部（S、T+A、B）

混声三部合唱
- 第一、二声部女声＋第三声部男声（S+A+T、B）
- 第一声部女声＋第二、三声部男声（S、A+T+B）

混声四部合唱
- 第一声部女高音（S）
- 第二声部女低音（A）
- 第三声部男高音（T）
- 第四声部男低音（B）

以上是合唱的一般组合形式，有时根据乐曲的需要，为了增强“和声”的浓度和厚度，丰富合唱的表现力，也有将某个声部或几个声部再分为两个声部，而形成五、六、七、八个声部或更多的声部。

二、合唱队各声部的音域范围

学生合唱队的总音域一般是从（E）F 到 g^2（a^2），可以超过三个八度，四个声部的音域分别是：

S　c^1——g^2（a^2）

A　g——e^2

T　c——g^1（a^1）

B　（E）F——c^1

童声的音域一般是八度到十度：d^1—d^2 或 c^1—e^2。

以上只是各声部基本的音域范围，在这个范围内，各声部在发声上不会感到有什么“负担”，可以发出比较动听的歌声。在人数众多的合唱队里，可能会有少数队员的音域略宽或略窄于基本音域范围，这要从实际出发，对个别队员可以换个声部，或使其扬长避短，很好地和合唱队融为一体，发挥合唱队应有的整体作用。

三、合唱队各声部人数的配置

学生合唱队的规模大小、人数多少应视实际情况而定，一般考虑60人左右，也可以30、40、50人或70、80或更多人组成。

合唱讲究声音的和谐、协调和均衡。

现以60人规模的“四声部”混声合唱队为例，其各声部人数配备比，似乎是每声部15人，才显得“均衡”。可是，因主旋律常在第一声部（女高音），第四声部又是“和声”的基础，这两个“外声部”应该酌情配强一点。

S　女高音——16—18人

A　女低音——13—16人

T　男高音——13—16人

B　男低音——15左右人

声部的人数配备比，主要应以合唱作品对各声部所需音量、音色的均衡为依据：其一，应考虑各声部队员自然的、个人音量差异的不同情况，来配备各声部的队员人数，如女高音声部的音量已经很强，强过了其他声部，就可以考虑少增加或不增加人数；又如女低音声部的音量很强，音色很浓，则可以考虑多减少一两人；两个男声部的人数配备也应该这样来考虑。其二，应考虑到表现不同的合唱作品所需各声部不同的音量、音色来配备各声部的队员：如贺绿汀作曲的《游击队歌》，需要突出一下男声的音量、音色，则可以考虑在演唱时将男高音、男低音适当增加一两人。余下类推。

“合唱”是一种艺术表现形式，没有固定不变的程式，一切服从于音乐表现的需要。因此，各声部人员的多少要依据实际情况（队员的声音、作品的需要）来确定，某个声部多一两个，其他声部就得少一两个。或者总人数增加、减少一两个，都是可以的。

同声的、混声的二声部、三声部都应该根据上述原则，进行声部人数的配置。

四、合唱队形的排列组合

合唱队形排列得整齐、美观、有层次，能给观众一种视觉美感。但它又不仅是一种形式，还要考虑到队形排列的“合理性”，所谓“合理”，就是要有利于各声部之间彼此呼应、协调，能使合唱队整体的艺术表演得到充分的发挥。

合唱队中男声的音质、音色比较浓重、浑厚，一般都排列在女声的后面，如齐唱、男女声二部合唱（男声为低声部，女声为高声部）队形都可以这样排列：

T + B
S + A

男女混声二部合唱（男女高声部一侧，男女低声部一侧）队形的排列为：

T + S	B + A

一般混声四部合唱队形的排列：

T	B
S	A

女高音声部常常是主旋律声部，而指挥的右手又相对地比较灵活、表现力强，女高音声部也有安排在面对指挥者右侧的。为了主旋律声部和基础声部这两个外声部更好地互相呼应、靠拢，将男低音声部安排在女高音声部后面，也不失为是一种合理的队形排列。

T	B
A	S

三声部合唱的组合，有同声的（童声、女声、男声）、混声的多种组合形式。一般分成高、中、低三个声部。现以“I”表示高声部，“II”表示中声部，“III”表示低声部，可以有下列各种队形排列：

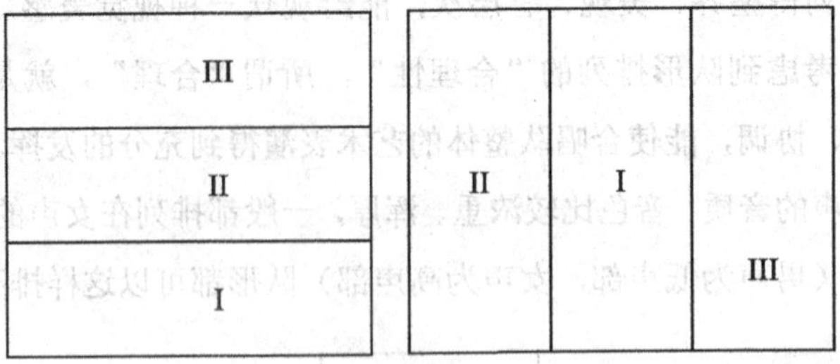

总之，合唱队的声部不论多少，队形排列是没有固定模式的。只要能充分发挥每个声部的作用，能够有利于发挥合唱队整体的表现力，不要拘泥一格，可以创造多种多样的队形排列形式。

五、合唱队员的组织确定

（一）合唱团吸收确定学生合唱队员的基本原则

1. 合唱的自愿原则

学生报名参加合唱过程中，必须强调“自愿”的原则。合唱活动是满足学生个人的兴趣、爱好，充分发挥、展现学生个人的才能、特长的场所，是不能有一点强迫和勉强的。若学生的课余兴趣、爱好在文学、戏剧、绘画、舞蹈，或是天文、化学、生物等，则应该得到充分的尊重和爱护，这样才有利于学生健康地发展、成长。如勉强其参加合唱队，则既抑制了其兴趣、爱好的正常发展，又不可能在合唱队中积极地活动，于合唱队，特别是于学生个人都没有什么好处。所以一定要坚持学生自愿，若他们对合唱有兴趣，想参加，肯定会有热情、积极的态度来参加合唱队，一般都能有较高的出勤率，能积极、认真地参加排练和演出，也能珍惜、爱护合唱队的一切，包括合唱队的纪律和荣誉。

2. 合唱大众性原则

合唱队是学校课外活动的重要组成部分，应该想办法将有兴趣、音准好、想参加的学生尽量地吸收到合唱队里来，充分满足他们的愿望和要求，千万不能用种种“理由”将他们排斥或拒之合唱队的“门外”。但“五音不全”的学生怎么办？一般说来，除了发声器官确实有缺陷的学生外，其余的学生都有潜力在合唱里找到快乐和成功。

对音乐的感知能力，主要表现在对构成音乐的一些要素的感知：如音高感，节奏感、旋律感、音色感、速度感、和声感等，而人所具有的音乐潜能是超乎人们想象的。如特殊教育学校的弱视学生，他们对上述各要素就特别地敏感，无论是音乐感知能力、音乐记忆能力，还是音乐表现能力，都令常人惊叹不已。又如部分失聪、失声的学生，他们虽然不能听，不能唱，但他们跳舞时的节奏感、内心的旋律感仍能使人信服。何况无生理缺陷，成长得很健康、活泼的普通学生呢？是的，有些学生音唱不准，节奏不稳，还可能有其他各种各样的不足，但这些都不能说明他们没有这方面的能力，而恰恰表明了他们的音乐潜能可能没有被很好地发掘出来。

（二）学生合唱队员的音乐感知能力。

影响学生音乐感知能力的主要因素有三：

第一是环境因素。学生从小就在家庭里生活、成长，家庭环境对他们有着直接、深刻的影响。学生有没有经常从广播、电视、电影及各种视听设备中接触到各种各样的音乐；有没有受到家人或亲友们在这方面的影响；有没有在学校、各级青少年宫或社区中，参加过一些音乐方面的社会实践活动。这些虽然是“散状”的，不系统的，无计划地影响着他们，但不能忽略了这种影响，事实上，他们可能从中积累了不少有关音乐方面的知识和技能，或者是相反。

第二是教育因素。这里主要是指学校的音乐教育，从幼儿园到小学、中学，都是在老师指导下，有目的、有计划、有系统地接受着音乐教育（课堂的和课外的），包括感受、体验、欣赏、理解各类音乐作品，包括对音乐知识的学习和技能的训练，包括一些演唱、表演的实践等。成功的学校音乐教育能使学生对音乐的感受能力、欣赏能力、理解能力、体现能力和创造能力得到培养和提高，对学生的音乐教育起着“主渠道”的作用。有的学校音乐教育相对弱一些，学生音乐能力的提高和发展可能会受到一定的影响。

少数城市里的学生，课余时还在进行某一种乐器（钢琴、小提琴、手风琴、电子琴、二胡、琵琶等）的系统学习。这对学生的音乐素养的提高也有着不可低估的作用。

第三是学生的主观因素。由于每个学生的家庭背景和成长经历的不同，兴趣、爱好的不同，学习态度和努力程度的不同，通过环境的、家庭的、学校教育的影响所获得的成果也是有差异而不同的。

由此可见，学生的音乐能力是由众多客观因素和主观因素的影响而形成的。一些对合唱有兴趣、爱好而又自愿参加的学生，不论他们“基础”如何，一般都应将他们吸收到合唱队里来，给他们创造良好的客观环境，充分诱导、调动他们的主观积极性，使他们在合唱实践中，逐渐地感觉到自己的缺点、弱点在不断地被克服，音乐潜能在逐渐地被开发出来，看到自己点滴的进步，渐渐地有些自信心，有点成就感，从而形成一种正常健康的心态，产生一种难能可贵的“良性循环”，这正是我们学校教育和音乐教师应该做的。

（三）合唱团吸收确定学生合唱队员的策略

“学生学习不好要不要？”“学生‘表现’不好要不要？”还可以提出很多不想要的“理由”。但我们是学校，是教育人、培养人的场所，“有教无类”。首先，学校领导和音乐教师在认识上，不能将“合唱”与“学习”、“表现”对立起来，只要学生真正自愿参加，就不能挫伤他们的积极性和自尊心，很可能在他们自愿参加合唱队以后，由于兴趣、爱好、特长得到发展而相应地端正了学习态度，逐渐加强了对自己行为的自制能力。因此，没有任何理由将他们拒之合唱队的门外。

“参加的学生多了怎么办？”学生有这个积极性是大好事。可以根据学生的不同程度、不同情况，分别组成若干个队：有以年级组合的；有以同声组合的以齐唱为主的；有以二、三部合唱为主的；有以四部合唱为主的；有以提高、示范为主的……

“音乐教师忙得过来吗？”严格地说，学校课外活动（包括合唱队）是整个学校工作的重要组成部分，课外活动内容、活动时间、活动场地、辅导人员等，一切活动都应该纳入学校的工作计划，在学校有关部门统一安排下进行。课外音乐活动当然以音乐教师为主，但绝不仅是音乐教师的事，可以也应该由学校安排有这方面才能和能力的其他学科老师，协助音乐教师负责一两个队（事实上有不少学校就是这样做的），也可以指定个别少数确有能力的学生协助进行一些辅导工作。

我们的基本理念是“吸收队员”，而不是“选拔队员”。吸收那些有兴趣、有爱好、有参加愿望的学生为队员，不是以各种各样的“条件”、“标准”来限制性地挑选队员，否则往往会使落选的学生受到伤害。何况自由参加学校里的任何课外活动组织是每个学生的基本权利。谁能剥夺这种权利？

第四节　合唱队的技术训练

合唱队的训练，应从生理、心理的，情感、情绪的，发声、演唱技术的等诸多方面，循序渐进地进行。训练的过程实际也是艺术创作的过程，必须严格、认真、细致地进行。

合唱的训练者（老师、指挥、辅导者）必须认真备课。每一次训练的内容、重点，训练步骤和方法，个别少数队员的突出问题的处理，伴奏乐器和人员的安排，歌谱和有关资料、教具（如挂图，视听设备……）的准备等，每一个环节都要细致考虑，充分准备，才能保证有高质量的训练成果。

一、合唱曲目的选择

合唱曲目的选择，对学生合唱队是个重要问题，它和读书要有好课本，演戏要有好剧本一样，是关系到会培养出一批怎样的合唱队员的问题。

合唱曲目必须选择学生熟悉而又能理解的、能反映学生生活的，内容积极向上的，风格各异的，题材、体裁多样的合唱作品。尽可能选择我国和世界各国大师们的经典合唱作品，包括国内外的著名民歌和近现代的一些创作精品。

在合唱训练中，应该让学生在有限的时间里，尽可能多地接触到国内外最优秀的合唱作品，使他们渐渐地感受到合唱艺术精致的结构、和谐美妙的音响和极其丰富的表现力，以扩大他们的视野，培养、提高他们的审美能力和审美情趣，有将自己的声音融入集体的愿望和心态，从而提升、丰富他们的精神世界。

（一）合唱曲目的选择要“接地气”

对青少年来讲，他们的生理、心理发展尚未成熟，还在学习和成长的过程中，应该为他们选择一些反映校园生活、青少年生活等他们熟悉的、学生易于理解的、贴近他们思想情感的作品。这样的合唱曲一般是形象生动，旋律活泼，节奏欢快，富有朝气，容易上口。因为是歌唱自己的生活，学生愿意接受，容易诱发他们内心思想情感的冲动而热情奔放地去歌唱。

（二）合唱曲目的题材内容要宽广

对学生来讲，了解历史、了解社会、了解世界是十分重要的，他们除了从有关课程中学习了解这些知识外，还应该在另一条重要的学习途径——课外活动中，接触不同的艺术形式来加深了解和学习。

因此，应该选择不同历史时期我国革命传统的作品；有表现集体主义、爱国主义、国际主义、能激励学生上进的作品；有反映当前改革开放的丰富多彩的、多侧面的、具有“主旋律”意识的作品；有国外优秀的精品等。这是学生在合唱训练活动中来认识历史、认识世界、认识社会、提高思想修养、提高政治素质不可忽视的方面。

（三）合唱曲目的体裁要有多样性

我国是个开放的、多民族的国家，作为现代中国的学生们，作为民族大家庭的成员，应该了解、接触各地各民族（包括世界各国）的风俗、民俗，而民歌、民谣则是最好的“风俗画”和“课堂”，所以，应该选择一些比较典型的中、外民歌民谣。

还应该选择有舞曲风格的，进行曲风格的，颂歌性的，叙事性的；有伴奏的，无伴奏的；有领唱的合唱、表演的合唱等各种体裁的民歌和创作作品，它们应该是一些中国的、外国的经过历史和群众“筛选”而保留下来的合唱精品。让学生能接触、享受到在多民族及世界各地音乐宝库中宝贵的音乐遗产。

（四）合唱曲目的选择要富于变化

1. 选择不同调式调性的曲目

不同调式和调性有变化的合唱曲目对于提高学生的合唱水平和表现能力，特别是音乐素质的培养相当重要。不同调式（大调式、小调式、五声调式和国内外其他各种调式）的作品在演唱时的曲调感、亮度感、终止（段落）感等的感觉是不一样的。应该让学生能有机会接触到各种不同风格，不同调性，有不同表现力的各种调式的作品；还应选择一些他们力所能及的，有调性转移或调性变化（转调、移调、离调……）的合唱作品。让学生能在斑斓多彩，不同调性色彩的合唱排练、表演中感受到合唱艺术丰富多彩的表现力和无穷的魅力。

2. 选择不同节拍的曲目

作曲家以不同节拍的作品，来表现、传达人们不同的思想情感。4/4 不等于 2/2，也不是两个 2/4 拍子的相加，6/8 不等于 3/4，也不是两个 3/8 拍子的相加，它们的节拍和强弱关系是不同的，因而它们所表现的内容、情绪也是完全不同的。

应该让学生涉猎到不同节拍的合唱作品，使他们在接触不同节拍的合唱作品时，逐渐地具有对节拍的敏感性和表现能力，并使他们在表现节拍“强”“弱”关系的实践中，加深对不同节拍的理解、掌握，增强他们的感知水平、表现能力和审美体验，从而提高他们的音乐素养。

二、合唱的正确姿势与状态

青少年正处于长身体的时期，各个生理器官都应该不受损伤地得到健康正常的发展。歌唱活动必然要运用身体的有关器官和一些形体动作，那么，合唱训练是否得法，如何保证不伤害到学生的健康发育成长，这个问题的重要性是显而易见的。因此，要求并训练学生有正确的歌唱姿势和正常的歌唱状态，也是一个不可忽视的问题。

歌唱时要有一定的歌唱姿势、歌唱状态，这是歌唱的基础，是毫无疑义的。对一群富有朝气、玲珑活泼的学生应该要求他们有什么样的姿势和状态呢？过去有的老师要求学生在歌唱和训练时，要“上身挺直，双脚并拢，两手放在膝盖上，眼睛平视，面带微笑”，试想，这样的歌唱姿势学生们能做到自然地、有表情地歌唱吗？能表现出作品的情绪、情感吗？能使学生们处于兴奋的、积极的歌唱状态吗？这样的姿势和状态，对生气勃勃的青少年来讲，在练唱（或课堂上）的时候到底能坚持多久？精神涣散，注意力不集中，不需要多长时间，他们歌唱兴趣的减退、出勤率下降是必然的了。

歌唱本来是一项非常愉快的活动，一首好的合唱曲，常常会使学生处于一种比较激动、非常活跃的情绪之中，或者沉浸在美妙、和谐的歌声所表现的意境之中，甚至有一种强烈的要表现的冲动和欲望。这是青少年的心理和年龄特征的正常表现。当学生们受到所唱歌曲的情绪感染时，他们很自然地、不由自主地会通过眼神、脸部表情，乃至通过其他的肢体动作（所谓“摇头晃脑”）反映出来，使他们的情绪得到表露，欲望得到满足，精神得到享受，这是再正常不过的了。

我们不是要培养学生对音乐的感受能力、表现能力吗？那么，一种死板的、固定的姿势和歌唱状态，只能抑制、削弱学生对音乐的感受能力和表现能力。我们应该鼓励并引导学生歌唱时，将对合唱曲的各种感受，用自然的、肢体的、适当的行为方式表现出来，以加深对音乐作品的感受和理解。在表演时，当然要有整齐、统一的站姿，但也不一定自始至终一动不动地用立正的姿势，可以根据作品表现的内容、情绪，设计一些得体的动作，让全体或部分演唱者表演，以增强演唱的表现力。这就是合乎自然的、合理的、正确的歌唱姿势和正常的歌唱状态。

三、合唱必要技能的训练

在研究合唱技能训练前，首先要明确学生合唱队的定位。学生合唱队在学校里不是可有可无的，是学校课外活动不可或缺的一部分，它是和课堂教学相辅相成的一种学校教育活动。但它又不是专业的，更不是“职业”的合唱队，队员们还处在长身体、长知识的时期，身体的生理机能和各种器官尚未发育成熟，知识的学习也正在打基础的阶段。因此，不能脱离学生的实际，不能超越他们心理、生理的承受能力，以专业合唱队的要求来训练学生合唱队。

作为学校课外活动的合唱队，是一批对音乐、对歌唱有兴趣爱好、想学习提高的学生们所组成的，要使他们能以优美动人的、有理解的、有表现力的嗓音来歌唱，进行一些基本的合唱技能（或其他的）训练是完全必要的。

（一）合唱呼吸的训练

1. 什么是呼吸

首先要让学生知道人体的口、鼻、气管、支气管、肺、横膈膜等，是人们用以呼吸的器官。人们的生活不能一刻没有呼吸。讲话要呼吸，活动要呼吸，就连睡觉也还在呼吸。这些生活中的呼吸，都是人们赖以生存的本能活动。一般的、自然的呼吸维持着人的正常生活，每分钟需要呼吸 15 次左右（每个个体会有差异，呼吸次数有多有少），有它一定的规律性。有些大运动量的活动，需要更多的氧气来维持，在一定的时间内，需要吸入更多的空气，就要加快呼吸的频率，如跑步运动时，呼吸就会加快，开始时跑 6 步、8 步呼吸一次，后来跑 4 步或跑 2 步呼吸一次，人的生理机制会自动地调节。有时也由人的主观意志去调节，这样的呼吸仍然是有规律的。

2. 歌唱的呼吸

歌唱时的呼吸和生活中的呼吸是不完全一样的，生活中的呼吸是自然的、无须准备的。没有谁在开口说话前先准备好吸口气再说话。而歌唱时的呼吸，它会受到合唱曲的乐句的长短、乐曲速度的快慢、乐曲情绪的起伏、乐曲力度的变化和声部的交错等多方面因素的影响，使呼吸的频率，呼吸的气量和呼吸的力度、速度、深度都处于复杂、多变的状态，这就使得每一次呼吸都必须根据演唱的需要，有充分准备地进行 —— 有准备地吸气和有计划（或称有分配）地呼气。呼气时应根据乐句的长短，有控制地或快、或慢地呼出。否则使一个乐句用几次呼吸来完成，这和平时说话时经常断句没有什么两样，是不完整的，歌唱时是需要避免的，所以要让队员进行必要的呼吸练习，也就是我们平时所说的要“学会用气”。

3. 合唱的呼吸训练

学生合唱队应避免做单纯的、机械的、孤立的呼吸训练。首先，因为它不是专业合唱队，没有这个必要。更重要的是脱离了音乐表现。单纯的、机械的呼吸练习，是没有内容的，没有感情色彩的，也是没有意义的。呼吸并不是歌唱技能训练的目的，只是演唱过程中表现音乐的一种手段而已，当然是不可忽视的手段，但绝不能将学生的注意力吸引到呼吸上来，使他们一唱歌首先想到的不是情感情绪的表达，而是呼吸的技能。因此，呼吸练习一定要和练唱有内涵的乐句、乐曲结合起来，这种结合是必需的，即在练唱时学会呼吸，在呼吸时注意作品乐意的表达。可以用节奏缓慢有长音的某些乐句、乐曲（如《草原上升起不落的太阳》、《听妈妈讲那过去的事情》）或节奏紧密、快速的乐句、乐曲（如《游击队歌》、前苏联歌曲《青年歌》）来进行呼吸训练，要让队员懂得“呼吸”同样是表现歌唱艺术的一种重要手段，该吸时吸，该呼时呼，呼吸的频度、力度、速度、深度等，都影响着作品表达的质量。

有些合唱作品，将每个声部需要呼吸之处，已标上了记号，如“∨”或“’”等。更多的作品是没有标明呼吸记号的，需要训练者做出处理，这个工作是不能马虎的。

4. 循环呼吸训练

在呼吸训练中，还应适当地进行“循环呼吸”的训练。学生的生理机制在成长过程中，对呼吸器官的运动的控制能力不是很强，遇到合唱曲中有长音或长句，一次呼吸不够用，而乐句又不容许中断时，这就需要合唱队整体用“循环呼吸”的方法去完成。虽然这种情况不会很多，作为呼吸和演唱的一种技能，适当地做一些训练也是可以的。

循环呼吸的训练可视队员多少将队员分成三个组（①②③）或四个组（①②③④），需要做循环呼吸时，让各个组轮流换气。①组换气其他两组或三组照常连贯演唱，一般是一拍后由②组换气，其他组照常连贯演唱，轮到③或④组换气时也一样。循环呼吸由于不是同时整体换气，且换气时间特别短暂，总有2/3或3/4的队员在不间断地演唱，所以从整体上听，声音还是连贯完整的。

循环呼吸的分组，不能将合唱队员前后左右“块状”地分成若干组。那样的分组，由于换气组是“块状”的、集中的，就会形成前后左右有轮流间断的、不连贯的痕迹。应该使每个队员前后左右相邻的同伴都不属于同一组，即“点状”的分组。如分三组，第一排队员从左起1、4、7……为①组，2、5、8……为②组，3、6、9……为③组，第二排左起1、4、7……为②组，余下类推；第三排左起1、4、7……为③组，余下类推；若分四组也可用这种方法。这样在演唱时就不会有声音间断的痕迹了。

（二）合唱发声的训练

为求得演唱合唱作品时，有优美动听的声音和丰富的表现力，进行适当的发声练习也是十分必要的。

1. 了解合唱的发声训练

青少年的发声练习，应根据他们的生理特点，以强调自然发声为主，要求声音自然、圆润，不要做他们生理机能所不能承受或勉强承受的“弱声”、“强声”和“高音”、“低音”的练习。一切音高、力度和扩展音域的练习，都应该在学生自然、流畅的发声基础上，有计划、有步骤、渐进式地进行，强声和高音以不“喊叫”为度，弱声和低音以不“挤压”为度，这是一条基本原则。否则，必将以损伤学生正在发育成长的发声器官与自然、甜美的嗓音为代价，还不一定能取得所需的效果，这不是学校课外音乐活动应该做的，但又是必须引起大家足够注意的问题。

学生合唱队中的“发声”训练，主要指的不是“专业声乐”的训练，除了每个队员个人有良好的、自然的、圆润的嗓音外，应该在集体的练声中，进一步发展和提高自然圆润的声音质量、声音的表现能力，特别是培养对多声部合唱的合唱意识。

因此，当合唱队的人员确定后，在合唱队训练时，应请学生分声部按指定位置入座。每人的座位应相对固定。使学生在分声部练习的环境中，逐渐增强声部意识，以及和其他声部的合作、协调的能力。

每次进行合唱训练，都必须有发声练习，犹如体育运动前的准备活动，通过发声练习，使学生的各个发声器官渐进地、有准备地进入“歌唱状态”。也就是所谓“开嗓子”。发声练习不仅可以起到“开嗓子”的作用，还应该通过合唱的发声练习，逐步解决合唱中的一些技术问题。

2. 合唱练声曲

运用合唱“练声曲”来练习发声，是提高合唱水平的重要途径之一。“练声曲”可根据学生的实际水平以及需要克服的技术难点，由辅导老师（合唱指挥）在合唱作品中选摘或自己编写。

（1）练声曲的编选：

1）合唱练声曲，应以二声部和多（四）声部为好。从练声开始，就让队员意识到自己的声音是融合在多声部的合唱音响之中，进而感受合唱音响的“立体感”和多声部的“整体感”。

2）练声曲可以是音阶式的、旋律音程式的（1—4、2—5、3—6……）、各种分解和弦式的，但这些纯技术的练习不宜过多。应多写、多选有一定乐意，旋律性较强的练声曲，让队员在练声时，就有声音表现的空间。

3）应该编写或选择和声效果比较好的练声曲（有以大、小三和弦为主的各种三和弦，有属七和弦和适量的副七和弦，有常用的变化和弦，注意到各个声部都有变化音的练习）。

4）要编写或选择各种不同节拍、不同调式的练声曲，以增强队员的节奏感和对不同调式的调性感。

5）也可摘录合唱曲中的重点或难点的片段作为练声曲，既是练声，又可为排练合唱曲清除“拦路虎”。

6）编写练声曲或摘选合唱曲片段，一般以 8 小节或 16 小节为宜。

（2）练声曲的练习：

1）有的练声曲，可依据学生的音域，做半音上行或下行的移调练习如：……a、bb、b、c^1、#c^1、d^1、#d^1、e^1、f^1……

2）可用唱名，也可用“A—啊”等其他母音或“Hum—哼鸣”来练习。

3）可用连音、非连音、顿音等表现方法来练习；也可用强声、弱声，渐强、渐弱，突强、突弱等有不同力度变化的方法来练习。

4）在多声部的练习中，为了使个体的声音很好地和集体的声音融为一体，要求队员学会在练习和演唱时，有能同时倾听其他声部演唱的能力，有对自己的音准、音色、音量、力度进行“微调”的能力。

5）发声练习应在每次合唱练习前进行，练习的时间不应过长，要求队员思想集中、精力集中，讲究效率。解决发声中的问题得有个过程，不是大量反复地、“机械”地练习就能奏效的。不能在练声的环节就使队员有疲劳感，应该让队员有足够的精力和饱满的情绪进入合唱曲的排练。

（三）咬字、吐字的训练

“咬字、吐字”是歌唱的又一重要问题。一首好的歌曲或合唱曲，其词曲的声腔、节奏、语气等是结合得很紧密而融会一体的，能充分地将歌曲的内容表达出来，使人们受到情绪的感染。因此，演唱者在歌唱时的咬字、吐字的清晰与否，听者能否听清歌词，是衡量演唱质量的主要标准之一。

在生活中，常常可以见到有人讲话时口齿非常清晰，表达流畅，而歌唱时则将歌词唱得含糊不清，这说明说话和歌唱的咬字、吐字不尽相同，歌唱时对咬字、吐字有更高的要求。

歌唱是一种艺术创作，通过音乐、歌词传递着人们的思想感情。我国使用的汉字是“方块字”，有别于西方拉丁化的拼音形成的词或词组。汉语语音是由声母、韵母和声调三部分构成。我国传统戏曲的唱腔和念白，还用“切音”的方法将每个字“切”成“字头”、“字腹”、“字尾”，无论是唱腔还是念白，演员们的咬字、吐字都非常清晰，一般是声母为字头，韵母为字尾（声调与旋律的走向有关，这里暂不涉及）。所谓咬字、吐字，即要找准声母，咬准字头，吐清字头、字腹、字尾，即将韵母引长最后归韵。

咬字、吐字常常受曲调的起伏、节奏的疏密，以及呼吸、发声等多种因素的制约，还可能由于队员演唱时口腔动作及唇、齿、舌、上下腭活动不灵活，咬声母、字头缺乏喷吐力，吐韵母引长、字尾归韵不能保持口型等原因，影响到咬字、吐字的准确性。因此，进行适当的咬字、吐字训练是必要的。

歌唱的咬字、吐字也应在歌唱的过程中训练。将这种训练与呼吸、发声训练结合起来。呼吸、发声的练习不能仅用“母音”，更多地应该用“词组”或短句，这样才能与咬字、吐字的训练紧密地联系起来。

朗诵歌词是个好办法。朗诵前，先将歌词中容易读错的字或词在黑板上注明汉语拼音，在老师（指挥）的指导下逐个正音。注意一定要朗诵出声调来。

还可以分声部按声部旋律的节奏来朗读歌词（不宜过多）。

除必须用方言演唱的作品外，应特别强调以标准的普通话演唱。

（四）音准的训练

“唱歌”音要唱准，这是基本要求，音唱不准，俗称“跑调”。几十个人同唱一首合唱曲，更不能各唱各的“调”，其音准要求更高。不仅有每个人演唱时的音准要求，还有整个合唱队演唱时的音准要求；不仅有每个声部“横向”（旋律）的音准要求，还有多声部“纵向”（和声）的音准要求。只有整个合唱队在横向、纵向方面的音准都解决好了，合唱队的音响才是和谐的、动听的、完美的，才称得上是高质量的。

每个音的音高是由“乐律学家”通过对长期的历史实践的总结、研究、计算所确定的。从公元前6—前5世纪开始，中外乐律学家为“乐律”（音律）提出了许多不同的“律制”，这是个专门的理论问题，此处不详说。

我国明代大数学家、乐律学家朱载堉（1536—1611）以其对数学的精深，对律学的造诣，通过精密计算与科学实验，约在1581年前后提出了“新法密率”，是音乐史上最早用等比级数平均划分音律，系统阐明“十二平均律”的科学论著。对世界律制的发展和实践，是十分重要的贡献。

约一个半世纪后，伟大的德国作曲家巴赫（Johann Sebastian Bach 1685-1750）通过研究和实践于1722年、1744年先后完成了两部《十二平均律钢琴曲集》，每部有24首，分别以12个大调、12个小调谱写而成，开创了“十二平均律”的实际应用之路，这是世界音乐史上对音乐“律制”的一次里程碑式的改革实践。

“十二平均律”产生以前，存在并实践着各种律制，有中国的，有外国的，比较有影响的是狄德摩士（Didymus 生卒年月不详）提出的“狄氏音差”又名“谐振音差”的理论，他认为一个全音应为九等分，5/9为大半音，4/9为小半音，如#C在C上5/9处，C—#C是大半音（我们称为变化半音），bD在C上4/9处C—bD是小半音（我们称为自然半音），所以#C不等于bD，而要高于bD，bD要比#C低。简言之，也就是带“#”号的音，比现在键盘乐器上黑键的音要偏高（0.5/9）一点，带“b”号的音，比现在键盘乐器上黑键的音要偏低（0.5/9）一点。

现在有些无音键、音品、音孔的乐器，如提琴类、二胡类等乐器，还有沿用大、小半音的方法即“谐振音差”的方法来演奏的，特别是演奏一些欧洲古典的弦乐四重奏，其整体音响显得分外和谐、纯净、饱满和完美。

1. 自然半音的音准

大、小调式与其他调式（教会调式、五声调式……）重要的不同点之一，是特别强调半音之间的倾向性（倾向关系）。当没有意识到或者没有充分感受到这种“半音倾向”时，少部分学生在唱有半音关系的一对音的时候，音准就会有点偏差，对“$\underset{\cdot}{7}$-1”、“4-3”比较强烈的有向上、向下倾向的半音关系，或者说“不稳定音”向“稳定音”进行时，一般都能唱准。而往往对“1-$\underset{\cdot}{7}$”、“3-4”不那么强烈的向下、向上倾向的半音关系，或者说“稳定音”向“不稳定音”进行时，少部分学生的音准会有一点偏差，只要在练唱的实践中，明确各种音关系，逐步树立起“半音倾向”的意识并具有倾向感，自然半音之间的音准问题是不难解决的。

2. 大、小、增、减音程，临时变化音的音准

多声部合唱的各声部本身，存在着横向的（旋律的）各种音程关系（包括可能有临时变化音），各声部之间又存在着纵向的（和声的）各种音程关系（包括可能有临时变化音），有临时变化记号的音，可能是调性变化后的某个调式音。无论是横向的，还是纵向的大音程、增音程，基本上都带一点“外张力”，即音程上行时，较高的音有向外偏高的倾向，如：1-6，5-7，4-7……，音程下行时，较低的音有向外偏低的倾向，如：3-1，6-4，7-4……；而小音程、减音程正好相反，基本上都带有一点“内缩力”，音程上行时，较高的音有向内偏低的倾向，如：2-4，1-6，$\underset{\cdot}{7}$-4……，音程下行时，较低的音有向内偏高的倾向。纯音程不论上、下行都不应有偏高、偏低的倾向而平稳地进行。

因此，音准的训练可以有适当的听“音程”，唱“音程”的练习，包括“旋律音程”、“和声音程”。但音准还受到合唱曲的速度、节奏、力度、调性变化及呼吸等各种因素的制约和影响，仅有“音程”的练习是远远不够的，应该以不同速度、不同节奏、不同力度、不同调性、不同呼吸状态的各种合唱曲的片段，来进行有“乐意”的音准练习，这比单纯地通过“音程”来练习音准要有效得多。

（五）节奏的训练

节奏是构成音乐作品必要的、不可或缺的要素。在多声部的合唱作品中，节奏的处理和表达（演唱）尤为重要，各声部之间的节奏时而统一，时而模仿，时而停顿，时而交错，变化万千。对合唱队员进行节奏方面的训练是提高合唱质量的重要环节。

节奏的练习，主要是掌握好作品进行中的力度（强弱）关系和音的时值（长短）关系。

音乐作品中的强弱关系，是指音与音之间的强音、弱音关系；是音的拍子与拍子之间的强拍子、弱拍子关系；是乐句之间、乐段之间的强弱关系，它们是以各种时值不同的音符组合为载体的。没有了“音”这个载体，强弱关系也就不复存在。同样的道理，有了各种不同时值的音符，没有强和弱的力度的区别，是没有表现力和生命力的。两者之间是“你中有我”，“我中有你”而互为依存的。

1. 合唱音乐作品中的力度（强弱）关系

主要是两个方面：

（1）认真地处理（唱）好“拍号”所指示的强弱关系。首先要使队员树立起不同“拍号”所指示的是不同“节拍”的观念，要让队员能分辨出不同节拍的不同点，然后能有区别地唱出不同节拍中的强拍、弱拍、次强拍。懂得四拍子不是两个二拍子的相加；六拍子不是两个三拍子的相加。之所以产生各种不同的拍号，是为了要确定不同强弱拍子的周期规律。表现出不同作品应表现的基本情绪。如《三十里铺》开始是2/4拍，中间又用了3/8拍，这种节拍的变化，不同拍子的处理在演唱、表现的情绪上是完全不同的。试着唱一下，就会感受到二拍子的1、2、5段，细腻地表现了“四妹子”的牵挂和期盼之情，而三拍子的3、4、两段，则恰到好处地表达了“三哥哥”自信和乐观的精神。

4/4拍子的《国际歌》，若唱成二拍子的强、弱、强、弱，就不能表现出它那庄严、肃穆、歌颂性的品格，其庄重、博大的内涵就无法表现。同样的道理，若将6/8拍子的《我和我的祖国》的强、弱、弱、次强、弱、弱的节拍，唱成三拍子的强、弱、弱、强、弱、弱，那同样是表现上的错误。

《歌唱祖国》开始是2/4的节拍，到“越过高山，越过平原……”就是4/4的节拍，不能再用二拍子强、弱、强、弱的节拍来唱，而应以强、弱、次强、弱的节拍来唱，表现出它歌唱性、歌颂性的品格，当回到“五星红旗迎风飘扬……”时，再以强、弱、强、弱的2/4节拍来表达它行进的、欢快的、豪迈的情绪。

要使听者能从合唱的歌声中，听出不同作品的不同“节拍”，不同的强弱规律来，甚至听出作品是什么“拍子”？是二拍子，是四拍子，是三拍子，是六拍子还是其他什么拍子。

一个不能忽略的问题是对“弱起”作品的处理。如上面提到的《国际歌》、《歌唱祖国》，还有如《义勇军进行曲》、《长江之歌》、《半个月亮爬上来》等，都必须特别注意处理（唱）好起拍的那个弱拍，和第一个强拍之间的关系，应该表现出它们之间明显的强弱对比，又要掌握适度，不能使其反差过于强烈。

（2）认真地处理（唱）好音乐作品中所标明的各种力度（强弱）记号。要让队员懂得在音乐作品上标出的各种记号，都是作曲家的创作意图的表现。因此，首先要忠实地表现作曲家所标明的各个记号，至于表现不同力度的对比幅度，可以根据指挥者和队员们对作品的共同理解，尽可能比较准确地加以表达。

“节奏是音乐的灵魂。”这句话是否准确、科学，可以再讨论，但“节奏”在音乐作品中的重要地位是毋庸置疑的。因此，一定要在练习、演唱的实践过程中，特别强调表现出作品的力度（强弱）对比。

2. 音乐作品中音的时值（长短）关系

（1）准确地把握（唱）好常规音符的时值和常规的节奏。强拍上是相对的长音，弱拍上是相对的短音的组合，即长强短弱，这是基础。

1）单纯音符 —— 把握准时值的长度，该唱多长是多长。特别是较长的音符，一部分队员往往会将 ×- 唱成 ×·，×--- 的四拍子唱成 ×--· 三拍半，这是不允许的，音的长度一定要唱足、唱够，这是正确表现音乐的需要。

2）附点音符 —— 一般出现在强拍或拍子的强部分，它后面往往是个相对的短音符，处在弱拍或拍子的弱部分，在准确地唱足它们的长度的同时，还一定要把握好并表现出它们之间的力度关系。

3）休止符 —— 休止符和其他音符一样，是构成音乐、表现音乐的手段之一，它也有时值，必须准确地表现出它的时值的长度。绝不能理解为是音乐的停顿或中止，有些在乐句中的休止符，为了乐句的完整性，甚至还不能换气、呼吸。

（2）准确地把握（唱）好特殊划分的节奏及节奏型。如连音、切分音等。

1）连音 —— 三连音、五连音，二连音、四连音等，一定要在规定的时值内，将连音准确地以均衡的时值唱出。有的队员往往将“三连音”×××唱成××× 或 ×××，唱其他连音也会有前后不均匀的状况出现。练习时一定不要孤立地只练唱连音本身，因为任何音符都是和前、后的音符连贯起来的，所以练唱连音，一定要将它前面或后面的音符连贯起来一起练。如 3 1 555 ｜ 3 1，333 2 ｜ 222 1 。五连音、七连音、二连音、四连音也应该这样练习。

2）切分音 —— 由于它是从弱拍或拍子的弱部分开始，延续到强拍或拍子的强部分，使“节拍”的强、弱节奏有了变化，如：1 2 3 ｜，4 5 6 ｜ 5 — ｜第一小节的“2”和第二小节的“5”都是从该小节第一拍的弱部分开始的，12 23，45 56 因为它是个相对长音，在实际演唱时，应将后面拍子的强部分前移，将切分音唱成相对的强音。这是切分音的基本特点。

××—×，×××，××·，××·，等各种音符组合不同的切分音，都是一样的原理、一样的唱法。

第五节　合唱队的排练

学生们参加合唱队，是参加了自己感兴趣的一项课外活动，也是参加了一种学习和实践的活动。通过活动，可以进一步学习提高，并发展他们的兴趣、爱好和特长，实现他们的某种愿望。

队员们在合唱队里需要吸收、学习音乐知识，接触更多的、不同类型的（各种中、外名曲，中、外民歌）合唱作品以丰富知识、扩大视野；需要在合唱的实践中，不断地培育、提高音乐素养和音乐审美能力；需要在合唱的排练活动中，进行各种合唱技能的训练，培养一定的演唱能力。这些都必须通过长期的、有效的合唱排练和演出实践才能奏效。因此，合唱队的排练工作是合唱队最基础的工作。

一、合唱排练的前期工作

（一）合唱队的排练计划

首先指挥（辅导教师，下同）要做出学年或学期的排练计划（方案），计划应包括下列内容：

（1）对每个队员基本情况的分析。他们参加合唱队的积极程度；独立视谱能力的水平；音乐知识和演唱技能掌握的状况；队员对参加合唱队的要求与期望；本合唱队有什么基本特点，长处何在，短处是什么。指挥者对队员状况有了基本分析、了解，才能为培养一支好的合唱队伍做出切实可行的计划（方案），才能有针对性地组织训练和排练。

（2）列出本学年或本学期重点需要解决的合唱技能（呼吸的、发声的、吐字咬字的、音准的、节奏等）方面的问题和解决的程度。

（3）依据队员们的实际水平和演唱能力，可先选编一些由浅入深的练声曲；初步确定一些供练习用的曲目；演出用的曲目和预备曲目。

（4）根据学校总体的工作计划，做好有关节日和纪念日的演出活动的计划安排。准备有关节日的各种资料，精心地选定曲目，安排好排练和演出的时间表。

与学生有关的节日，如教师节、国庆节、敬老节、元旦、劳动节、青年节、儿童节、党的生日、建军节等。这些节日不一定都要安排演出，但是在这些节日活动或练唱过程中，队员们可以增长知识，接受教育。

（5）根据学校的经济情况和学校原有音乐活动的设备，做出实用的、必须添置和维修设备的经费预算计划，如键盘乐器（钢琴、电子琴、手风琴、口风琴、风琴），其他乐器、音响，视听器材的添置、维修，演出时需要的服装，各种饰物（胸饰、头饰……），基本的化妆用品，乐谱用纸等的准备。

本着勤俭节约、一物多用的精神，开列具体的项目及所需经费金额，上报学校审查落实。

（二）合唱队的排练场地

合唱队应有固定的排练场地，最理想的是有专用的音乐教室（最好是阶梯式的）。为了避免外界对合唱排练的干扰，也为了不使合唱排练给他人以影响，音乐教室应设在校园中较僻静的地方，以利于在安静的环境中顺利、有效地开展排练活动。

为保证合唱排练有效地进行，还应创造、布置一个合唱排练的良好环境，使队员走进排练场地就感受到强烈的音乐气氛，诱发出排练合唱的热情与愿望。

音乐教室（排练场地）除了窗明几净、各种教学用具（乐器、音响设备等）安放得有条不紊各得其所外，还应有浓厚的音乐气氛。可以在黑板、墙面上，适当地布置和音乐有关的谱表、乐器图、乐理知识图表、音乐家画像、排练或演出的照片、各种有关资料和音乐活动信息的报道专栏等。所谓适当，就是不要过多，不要形成堆砌感。所布置的内容应有计划地、定期或不定期地更换，保持一定的新鲜度和丰富的知识含量。

（三）合唱队的排练时间

应根据各个学校的不同实际来安排。一般可安排每周一次，一次 2 小（课）时；有演出任务时可适当增加 1—2 次，每次 1—2 小（课）时。

寒暑假期间，应根据小学、初中、高中、高校学生不同的年龄层次做不同的安排。一般可相对集中一点时间进行排练，如暑假可在 2—4 周内，每周安排 3—5 次排练（学习），每次 2—3 小（课）时。

（四）合唱排练前的准备工作

（1）队员们所需的练声曲、合唱曲歌谱的准备。

（2）有关音响、视听设备（录音带，录像带，各种碟片——CD、VCD、DVD，幻灯片，幻灯机，投影仪，收录机，放像机，音响设备，多媒体电脑和其他所需教具——教学挂图、各种图示画片）的准备。

（3）依据队员的不同情况，先期分成男、女、高、低声部。严格地讲，青少年学生很难有真正意义上的高音和低音，分声部是演唱（学习）的需要，只能先大体上分一分，一定时期后还可做一些调整。但总体上是要使各声部的人数，基本达到按比例构成。

（4）排练场地应按声部划分区域，请队员在指定的区域入座，队员中少数基础稍差的，可安排在基础较好的队员旁边就座。每一声部内，队员的座位最好相对固定，使每个队员都能熟悉自己前后左右的同伴们的声音，可以提高练唱的效果，同时也便于“指挥者”在每次排练时掌握队员的出勤情况。

二、合唱队的排练工作

每一次排练，指挥一定要有一个较具体的、切实可行的排练实施方案。

（一）分析熟悉作品

对即将排练的作品，进行认真的分析，从作品的内容、形式、风格，作品的拍子、调式、和声、曲式结构，到作品的节奏特点、声部层次、段落对比、高潮所在、情绪起伏……，再加上指挥者自己的感受、理解，分析得越透彻、越深入，排练时就越能得心应手。在排练的过程中，要让队员们也能逐渐地感受、理解作品，并能运用自己的歌声有意识地去表现，这将会使排练起到事半功倍的作用，达到合唱排练的最佳境界。

（二）排练主要内容

（1）每一次排练的内容，应相对集中地安排解决一两个观念的、知识的和技能的问题。

任何观念的形成，知识和技能的获得，都是点点滴滴、长期积累的过程。合唱的训练和排练也一样，经过1年、2年、3年不间断的积累，培养出有一定基础、一定水平、一定素养的合唱队员和合唱队伍应该是可能的。

（2）根据需要确定练声曲和选定合唱作品。这是每次排练的主要内容。

（三）排练步骤方法

（1）排练的步骤应遵循“先易后难”、“循序渐进”的原则；也应根据“歌唱”固有的规律，“先练声后唱歌”。唱歌前必须使每个队员的发声器官、呼吸器官开始活动起来，使这些器官的肌肉处于积极的运动准备状态，这是进入歌唱前的极其重要的准备活动。

合唱曲有谱有词，而词是以乐谱的音的高低、长短、强弱为载体的，所以一般应“先唱谱，再唱词”。先唱曲谱有了旋律的印象，唱词就容易了。

唱谱时，队员必须唱出乐谱要求的音高、节奏、各种速度记号、力度记号、表情记号及各种其他符号；练唱时队员一定要用手“划拍”，并逐渐形成习惯。

合唱曲是多声部的作品，排练时应“先分后合”，即先分声部练唱，到一定的时候再将多声部合起来练。

上述的“三先三后”，是排练合唱的一般规律，但也不是一成不变的固定程式，若乐谱比较简单，可直接让队员“视谱唱词”，多声部合唱，其声部结构不是很复杂，试着直接进入合练也是可以的。

排练的过程可以有初排、合排、精排、复排等多个阶段，什么时候分练，什么时候合练，指挥者应在排练前就有慎密的思考和设计，排练时才能胸有成竹，指挥若定。

（2）排练的作品，如有录音带、录像带、碟片等各种音响制品的，应在排练过程中的适当时段，给队员播放，充分运用这些视听手段，通过对队员们的视觉、听觉等多种感官作用，使他们丰富感性认识，加深理性认识，起到事半功倍的效果。

音响资料的运用，是排练合唱步骤中的有机组成部分，每次运用要有明确的目的性，可以安排在排练的开始，也可以在排练之中和排练即将结束之时，还可以在排练中多次运用。但不能有随意性，也不能多用，以防干扰队员的思维和注意力。什么时候运用合适，由指挥者根据排练的需要进行安排，如需要了解、熟悉作品的时候；需要加深认识、理解作品的时候；需要提高对作品表现能力的时候；或者需要解决某个重点、难点的时候。

音响资料往往有多种版本，有国内的、有国外的，有正版的、有盗版的，为保证艺术质量，一定要使用有影响、有质量的院团所演唱的正版的资料。

（3）一首合唱曲，根据难易程度，往往需要排练2次、3次、4次或更长的时间才能完成，一周练唱一次，要化半个月以至一个月的时间，若在这段时间内仅练这一首作品，队员们肯定会产生不同程度的厌倦感或疲劳感，既有损排练质量又影响排练进度。可以考虑队员在初步熟悉“A”曲时，开始接触“B”曲，“A”曲快完成时，“B”曲已初步“成熟”，此时“C”曲可开始进入排练。用这种“渐进”的方法，使每次排练都能让队员接触到新的作品，这对他们练唱的积极性和练唱的效果都是有益的。假如一首合唱作品三次排练成功，则：

第一次排练　A

第二次排练　A，B

第三次排练　A，B，C

第四次排练　B，C，D

…………

（4）当有了积累的曲目后，可在每次排练时，将其中的一两首复习几遍，不要唱一首“丢”一首。“温故而知新”，在复唱“旧”歌时，常常会有一些新的感受、新的理解，也就会有更饱满的情绪和更积极的表现欲望，会将这些作品越唱越好。

（5）合唱排练应以练唱为主，这是毫无疑义的，但让队员们不间断地唱2小（课）时，也是不可取的。合唱排练不仅仅是练唱，除练唱之外，还需要指挥精心地、科学地、巧妙地做多种学习活动的安排。如：

有看有唱（看有关影像片 / 带）。通过视觉形象，增强对作品的感受和体验。

有听有唱（听音带、CD、听讲解）。通过听觉，加深对作品的认知和理解；讲授有关的史料、理论知识……

轻声（哼）唱、放声唱。开始熟悉乐谱、歌词时没有必要放声唱，可轻声唱。

默唱、有声唱。需要背谱、背词或在倾听其他声部演唱时，可用默唱。

个别声部唱、全体一起唱。既可轮流倾听、熟悉其他声部，又熟练了整曲。

还可以每声部随机指定（或队员自愿）1—2人组成“重唱”的形式来演唱，以检验队员们练唱的质量情况。

这样安排，既使学习贯穿始终，又使排练活动多样化起来，使队员们的思维活动、视听感受器官处于更加积极的状态。还让队员们在多种活动中，使发声器官得到多次、积极的休息。

三、合唱排练中应注意的几个问题

合唱是一种多声部结构的声音造型艺术，主要以歌者的歌声来塑造各种形象。塑造的形象是否准确，对准确理解、正确表达作品至关重要。因此，指挥者必须把握住声音造型的各种手段，在再创作过程中，务必做到相对准确地表现作品的思想和情感，真实地“还原”作品本来的表现意图。

指挥者在排练过程中，为准确地表现作品，必须辩证地、恰如其分地处理好演唱中的几个主要关系。

（一）音高和音量的关系

音高和音量是两个不同的概念。一个是指发出声音的高低，一个是指发出声音的量的多少。一般情况下，队员们常常会对高音用较大的音量，低音用相对少的音量。但有的作品在高音区不一定需要“放声”（大音量）唱，而有的作品在中、低音区又可能需要放大音量来唱。

（二）音量和力度的关系

这又是两个有区别的概念，“音量”是指发声量的多少（大、小），而“力度”则是指发声所用“力”的强弱。一般认为音量的大小和力度的强弱是成正比的，音量大，力度自然强，音量小，力度自然弱。这样“音量”岂不就等于“力度”？两者之所以有区别，就在于“音量”大，力度可以强也可以弱，“音量”小，力度也可以强可以弱。应依据具体的作品来正确处理。

知道了“音量”与“力度”的区别，掌握并能处理它们之间的辩证关系。就使指挥和队员们有了丰富多样的表现作品的手段。除了“轻声强力度”外，还可以有“轻声弱力度”、“强声强力度”和“强声弱力度”等处理方法。也不排除对作品的局部处有其他力度记号、表情记号的处理。

（三）停顿和呼吸的关系

音乐中的停顿（休止）是多种多样的，有乐曲终止时的停顿，有乐段告一段落时的停顿，有乐句间的停顿，也有乐句中（内）的停顿。停顿可以是一首乐曲、一个乐段或一个乐意的终止，此处需要有一次呼吸，预示着下一句新的开始。要强调的是停顿也可以是音乐表现的需要，并不是某种意义上的终止，这种停顿需要的是气息的保持而不是呼吸。呼吸，一般是按乐句的段落来调节进行的，绝不能影响乐句的完整性，不能由于呼吸不当而断句。

（四）伴奏和练唱的关系

合唱的伴奏，应根据合唱作品表现的需要，特别是学校的条件（设备、会乐器的队员）等因素来决定用什么乐器伴奏。

可以用键盘乐器——钢琴、电子琴、手风琴、口风琴、风琴……

可以用小乐队——以学校现有的中、西洋乐器，由3—5人、7—8人或更多人组成综合性的小乐队，可以不论乐器种类，但尽可能要有高、中、低音不同层次的乐器。

在演出时可以用键盘乐器伴奏，也可用小乐队伴奏。排练时一般用键盘乐器伴奏。因为小乐队本身有个排练问题，要排练到基本成熟，才能和合唱队一起合练，否则会由于不熟练，与合唱队互相干扰，而影响排练质量。

“除无伴奏合唱”外，伴奏是表现合唱作品不可分割的有机组成部分，它对表现合唱作品的“丰富性”、“完整性”可以起到很好的作用。如：

“陪衬”的作用——为了突出合唱作品的表现内容，可以有“绿叶衬红花”似的，以各种不同的伴奏“织体”，起烘托陪衬的作用。

“背景”的作用——为了表现合唱作品的特定内容，可以有描绘天地自然间的（风雷吼鸣、潺潺流水、虫鸟鸣叫……）模拟声响的伴奏，也可以有表现人们行进、劳动等的“节奏”型伴奏，起背景“画面”的作用。

“丰富”作品的作用——为了使合唱作品表现得更完美、更丰满，对少数还有发挥、补充余地的作品，可以通过伴奏加以发挥、补充，以弥补作品的“不足”，使合唱更完整、更丰满起来。

"承上启下"的作用 —— 为了使合唱作品有个好的开始和结尾，乐段、乐句之间有很通顺流畅的连接，伴奏中的"前奏、间奏、尾奏"部分，起着对合唱的"准备"和"引入"的重要作用。

初步了解了"伴奏"的一般作用，排练时就应该注意下述两个问题：

一是为了更好地表现合唱作品，对作品负责，应尽可能用现成的、正规的伴奏谱，或根据具体情况，指挥者自己写伴奏谱，非不得已，请不随便用"即兴伴奏"。

二是排练开始，"伴奏"（键盘乐器）就应同时进入，使队员们自始至终能在充分表达乐意的正规的伴奏声中练唱，这对提高他们的"乐感"、排练质量和音乐素养具有莫大的好处。

第六节　合唱队的演出

合唱队的演出，对每个队员及合唱团队有着重要的意义。演出是一项社会活动，不论是参与校内还是校外的演出，只是"社会"的大小不同而已。参加校内外"学习检阅式"的演出，如：各种汇演、观摩、比赛等，这是一种学习活动，合唱队可以在活动中"取人之长，补己之短"，以丰富提高自己；参加校内外各种重大纪念日的演出，不仅是队员和合唱队应尽的义务和责任，同时也是从感性到理性，接受集体主义、爱国主义、国际主义教育的极好机会和有效途径。

演出是一种艺术创造活动。作曲家的作品，经过队员们对作品的认识、理解，经过声音"造型"、情感投入和各种细致的艺术处理，完成对作品在艺术上的"二度创作"。通过演出，呈现在观众面前的是经过艺术加工的"艺术品"，为他们提供了审美对象，使他们得到"艺术享受"；对队员和合唱队来讲，是提高音乐修养、提升审美意识、增强艺术创作自觉性的重要契机，也是合唱队不断地提高自己的重要环节。

演出是一种"表现"（释放）活动。队员和合唱队通过一段时期的学习排练，有了知识的积累、技能的长进、初步的"艺术创造"经验等"能量"的积聚，必然会产生要"释放能量"和要表现的迫切欲望，希望把已经学到和掌握了的都展现出来。

演出活动就可以满足队员们某种表现的愿望。通过演出，使队员们在情感上得到释放，心理上得到极大的满足，从而进一步增强他们在合唱队里再学习的积极性和主动性。

演出还可以反映、检验合唱队的组织工作是否合理和完善，排练、训练过程是否得当和有效？得以检讨和改进组织工作、训练内容、排练活动。

所以让队员参与一些必要的社会演出活动，去认识生活、认识社会、认识历史，在演出过程中增长知识、增长阅历、增长才干，提高各方面的修养，不正是全面培养和提高学生素质所需要的吗？

一、演出前的准备工作

合唱队的演出，在台上只是几分钟的时间，这几分钟所展示形象的优劣（精神的、气质的、服饰化妆、队列设计……），以及合唱的艺术、技术含量、演唱情绪的感染力量、表达作品的艺术质量的程度，其“功夫”全在演出之前。“种瓜得瓜，种豆得豆”，主要是靠平时的训练、排练，有了严格训练的“过程”，才会有理想的演出“结果”。因此，队员和合唱队一定要重视“过程”，那种平时不认真排练，到时候“台上见”的思想是绝对不可取的，对待“艺术创作”必须要有严肃认真的态度，一丝不苟的敬业精神。要在排练和演出实践中逐步养成这种良好的习惯和作风。

演出前的有关具体准备工作是十分重要且不能怠慢的。

（一）服饰　化妆　站台

1. 关于演出服饰

演出服饰的确定，应该掌握几个原则：

（1）服装要相对统一——几十人的合唱队，各穿各的服装，台下观众的第一观感就是一片“杂乱”。要给人以美感、好的印象，首先服装要相对统一（包括上衣、裤子或裙子、袜子、鞋子）。

有条件的学校能制作统一的演出服当然好，合适的、统一的校服也是可以的。除此外，男生的服装相对容易统一，如白衬衣、蓝（深色）裤子，女生一般可以白衬衣、各色花裙子，或各色袖子、领子相对一致的羊毛衫加上深色的裙子或裤子。

袜子鞋子较易统一，浅色或深色的袜子，深色或浅色的鞋子（皮鞋、运动鞋、休闲鞋乃至解放鞋、布鞋），鞋型应该统一。

（2）头饰、胸饰要简洁——小学合唱队员可以有点头饰，特别是女生可以扎条绸带或蝴蝶结之类，也可以用较硬的纸画上小动物或其他图案做成“头套”，胸前可统一在左或右戴一小饰物，颜色要与上衣相配。大、中学生合唱队员可以戴胸饰，但要大气。

（3）服饰要符合学生身份——这是要特别注意的一点。服饰的色彩、款式切忌成人化，如男生是西装革履，女生是拖地长裙，不伦不类的，都打扮成绅士、贵妇人似的“小大人”，完全抹杀了青少年固有的天性。小学生要在服饰上能表现出天真活泼、聪明伶俐、积极向上的精神风貌；大、中学生要在服饰上表现出机敏睿智、朝气蓬勃的阳光青年的风采。

2. 关于化妆

化妆是为了弥补在灯光照射下脸部的某些“不足”，也是为了每个队员的肤（脸）色得到相对地“统一”。如演出场地的光线很强，白天有日光，夜晚若有 2 000W 以上的灯光，照在脸上则脸色是一片“灰白”，因此，脸部化妆的色彩应稍浓一点，在强光下看，肤色才是健康的；若光线不是很强，只有 2 000W 以下的灯光，则化妆的色彩可以偏淡一点，这时的肤色看起来才是正常的。

化浓妆还是淡妆，一定要根据演出场地光线的强弱而定，起到弥补、“校正”脸色的作用。切忌在脸上做色彩的堆砌，使得本来稚嫩可爱、阳光朝气的脸部美感荡然无存。

3. 关于站台

几十人的合唱队，演出时应该有站台，让队员们在台上能高低有序、错落有致地展现在观众面前。视合唱队人数多少，可有高低层次地站成 3、4 等多排，每排的高度可比前排提高 30 厘米左右，并排队员可有 5—10 厘米的间距。有条件的学校可以制作一套供 80 人用的站台。没有站台的可用课桌椅代替。

（二）连排 彩排

1. 连 排

在平时正常排练的基础上，做演出前的最后排练（也可以在演出场地排练）。若演唱一组合唱，曲目的排列要有所讲究，“分量”较重，篇幅较大的作品应排在后面，不同调性、不同风格、不同节拍、不同速度的作品应错开排列，不使听众有重复感、雷同感，而是有新鲜感。连排时就按这个排列次序一首接一首地排练。

2. 彩 排

所谓“彩”就是需要化妆、着装，在正式演出的舞台（场地）上，如正式演出一样的预演，彩排时可以有观众，使演出环境更具现场真实感。

之所以正式演出前需要彩排，是因为通过彩排可以检查、发现服饰、化妆、队列、演唱、伴奏、站台、灯光等有无不足之处，以便及时修正补救，使正式演出取得更完满的效果。

有的队员一站到舞台上，情绪会特别激动，少数的甚至会“亢奋”起来，除了会产生一些不必要的多余动作外，往往不能控制好自己的声音，由于情绪激动一般情况下声音会略冲高，个别的队员可能会暂时地不能自控，发出和作品不和谐的声音。通过彩排，可以使没有正式演出经历的队员们得到实践锻炼，使他们的紧张心理、好奇心理与由此引发的局促不安的情绪和各种无谓的小动作，都能得到适当的缓解，逐渐地适应演出环境而有自如的表现。

二、正式演出应注意的几个问题

（一）上下场要安静、敏捷、有序

正式演出时的上、下场，可以有三种情况：一是合唱队员上场完毕，然后开启大幕；二是合唱站台安排在二道幕后，待合唱队员上场后，才开启二道幕；三是在大幕开启后，合唱队员在观众的注视下列队上场。

不论哪一种情况，都可以依下面的顺序上下场。

若一个 60 人的合唱队，假设分 3 排每排 20 人，上场前，在后台先按队形站好，安静地候场。上场时第一排左边 1 号（为方便说明，临时将队员编个号）先出场，站在合唱站台前靠左的方位，第 2、3 名依次出场，使场上第 1 排队员将空站台挡住，第 19、20 名暂缓出场，在第 1 排右边留出一个缺口，以便后面队员上场，第 2 排左边第 1 名接着第 1 排第 18 名队员出场，走上站台的第一格，第 19、20 名同样暂缓出场，留一缺口，便于第 3 排从第 1 名开始依次进入站台的第 2 格，然后第 2 排的 19、20 名，依次进入自己的位置，最后由第 1 排的第 19、20 名队员关门，至此上场完毕。

演出结束，下场的次序与上场时相反，由第 1 排第 20、19 名先下，第 2 排第 20、19 名跟着下，接着第 3 排 20、19、18……3、2、1 名下，第 2 排 18、17……3、2、1 名跟着下，第 1 排 18、17 接着直至下完。至此下场完毕。

用这样的顺序上下场，可以使第 1 排队员遮挡住后面队员上场时不整齐的脚步动作，同时又显得有序、美观。

上下场时还要轻巧、敏捷，不能有笨重的脚步声或弄出不应有的其他声响。

上下场是演出的重要环节，必须规范有序，只有顺序不乱，才能做到安静、快速、美观，才能使队员自信地进入歌唱状态。

（二）集中精力和注意力

正式演出是将作曲家创作的乐谱转化为音响的二度创作。绝不是将乐谱简单地再现，而是根据不同作品所表现的不同内涵和意境，通过在长期排练中的感悟、理解，集中地通过有情绪、有表情的声音，艺术化地表达出来，最终完成对作品的艺术创作。

1. 注意精力集中

在舞台上、整个演出过程，除了有一定的规定动作外，不能有任何不必要的动作，包括不东张西望（眼睛搜索台下有无熟人等）。这些都是思想不集中的表现，肯定影响演出质量，同时也破坏了舞台上的整体形象。

2. 注意看指挥

指挥是演出时的“统帅”。每一个作品的情感起伏、速度调节、强弱对比等，都是通过指挥的眼神、脸部表情、双手的手势及其他肢体语言来传达的，每个队员都不能有丝毫的疏忽。不仅在演唱时应该这样，就是每一首作品唱完后的间隙，仍要注视着指挥，指挥转身向观众致意，示意伴奏和全体队员准备下一首作品的开始，这些都是整个演出的有机部分，是一个完整的整体。

3. 注意把握好演唱的情绪

要求队员把握好演唱时的情绪特别重要，演唱时想的只能是作品应该表现的内容和情绪。随着作品演唱的进行，在脑子里要出现一幅一幅画面，将作品所应该表达的情绪、情感正确地、恰如其分地通过演唱表现出来。

演出一定要有十分饱满的情绪和自信的、“阳光”的精神状态，是毫无疑义的。但也要有“相对理性”的，使作品内容和情绪的表达恰到好处地表现。所谓“相对理性”地“恰到好处”，是指情绪表现要有足够的兴奋度，不足不行，情绪表现过于“冲动”也不行。这既是艺术创作的需要，也是培养队员们树立严谨的、准确的、一丝不苟的科学态度的需要。

（三）注意几个重要的细节（声音、口型、打拍子）

（1）合唱是“声音造型”艺术，主要通过声音来表达思想内容的。演出时观众需要欣赏的是：音准、音色是否和谐，音量、力度是否均衡，整个声音表现是否协调，有的观众会闭着眼睛欣赏——仔细地听。最重要的是能否通过歌声准确地、有感染力地表现出作品的思想感情，来打动、激发听者的情绪和共鸣。

所以每个队员在演出时，都要十分注意讲究自己的声音，要能有随时控制声音变化和调整（微调）自己声音的能力，将自己的声音完全地融入到整个合唱队的歌声中，使合唱队的歌声更协调、更和谐、更美妙、更有感染力。

（2）合唱演出，不论是在室内还是室外，有舞台还是没有舞台，都是一种艺术表演。除了服饰、化装等要相对整齐统一外，另一个重要的问题是口型。演（歌）唱时口腔的上、下腭是否按要求打开？这不仅关系到发声的问题，还关系到演出过程中口型是否统一的问题。如果几十人的口型，不能根据演唱作品的需要，有的将口张得很大，有的口开得很小，整个合唱队队员们的口型大小不能相对统一，则除了歌声会受到一定影响外，演出的舞台（外观形象）效果，也会是杂乱而不一致的，从而影响到整体演出的效果。

（3）演唱合唱作品，除了练唱时可以而且应该用手“划拍”外，正式演出时，不可以再用手划拍，更不允许用脚“踏拍”。此时完全要依靠每个队员的内心节奏和整个合唱队长期合作的默契。这不仅关系到合唱队的“舞台形象”，更重要的是培养和体现合唱队的水平、修养。

三、演出的伴奏和无伴奏问题

（一）伴奏乐器的确定

除“无伴奏合唱”曲外，演出时必须要有乐器伴奏。用什么乐器？应根据演唱作品的需要、学校的条件，从现有乐器中选用。有的作品适宜用（小）乐队，有的作品适宜用钢琴，有的适宜用手风琴，若现有乐器无选择余地，有什么用什么亦无不可。

（二）伴奏乐器在舞台上的摆位

（1）钢琴安放在合唱队伍的前右侧，即指挥的左侧，无论是三角琴或是立式琴都应将琴盖打开，以放大音量。

（2）手风琴伴奏者也可安排在合唱队伍的前右侧，使手风琴的音窗朝向观众。若有多个伴奏者（3个或3个以上），可安排在合唱队伍前的中间位置，面对指挥。

（3）十人以上较大的民族乐队，可安排在合唱队伍前的中间位置。十人以下的小民族乐队可安排在合唱队伍的前左侧，即指挥的右侧。使二胡等乐器的音筒口，朝向观众。

（4）十人以上较大的由西洋乐器组成的乐队，可安排在合唱队伍前的中间位置，十人以下的可安排在合唱队伍的前右侧，让小提琴等乐器的f孔（音孔）朝向观众。

（5）民族乐器和西洋乐器混合的乐队，若十人以上可安排在合唱队伍前，若不足十人，可视民族乐器的多少，安排在左侧或右侧均可。

（三）有伴奏的合唱

伴奏是合唱作品的有机组成部分，表现合唱作品，伴奏起着重要的作用。

演唱往往由伴奏的“前奏”开始，起始好坏，对作品的顺利表达有着重要的心理影响。“前奏”、“间奏”、“尾奏”时，一般是没有歌声的，伴奏者要演奏得特别认真、细致，让合唱队员的歌声能自然地、顺利地进入或结束。合唱队员要特别注意伴奏，该进（唱）时进，该停时停。注意力须高度集中，不能有丝毫马虎。

伴奏者也是演员，伴奏所表现的速度、力度、情绪的起伏，与歌者的紧密配合，必须由指挥者统一指挥。指挥者应随时注意激发和指示歌者和伴奏者的表演；歌者应眼看指挥、耳听伴奏不断调整自己的歌声和情绪；伴奏者也应眼看指挥、耳听歌声做到密切配合，以完成伴奏任务。使指挥、合唱队、伴奏真正做到三位一体，才能准确地、完满地表现作品。

（四）无伴奏的合唱

无伴奏合唱的作品一般难度较大，倒不一定是旋律、节奏、调性变化有多难，主要是没有伴奏的依托，队员们不容易把握音准，如：柴可夫斯基作曲的《金色浮云》，3/4 拍转 2/4 拍，全曲没有一个变化音，只出现了一个八分音符和一个附点四分音符，其余全是四分音符和二分音符，旋律、节奏都不难，由于无伴奏，唱到最后还在调上，是很不容易的，全靠平时的有效练习，主要是要有很好的“调性”感。演出时更要精力集中，演唱过程中一定要十分仔细地倾听整个演唱的音响，努力把握和微调好自己的音准。

演出时可由指定的人员，在台后用钢琴弹奏合唱曲的开始音（开始第一个和弦）或开始乐句，也可由指挥用定音器来确定作品的开始音。当确认全体队员都已把握住了起始音后，指挥应立即指挥开始演唱。时间长了，所给音的印象会逐渐淡化而抓不住音准。这就需要全体队员的注意力高度集中，不能有丝毫的懈怠。

第八章 音乐创造中提升学生音乐素质

艺术的魅力在于创新，创新的关键在于思维。

——周立清

第一节　创造与创新的相关概述

一、创造是什么

（一）创造的基本概念

创造是指将两个或两个以上概念或事物按一定方式联系起来，主观的制造及客观上能被人普遍接受的事物，以达到某种目的的行为。简而言之，创造就是把以前没有的事物给产生出来或者制造出来，这明显是一种典型的人类自主行为。因此，创造的一个最大特点是有意识地对世界进行探索性劳动。

创造的本意是指发明制造前所未有的事物。后被发展到创作领域，是指撰写文章或创作文艺作品。《后汉书·应劭传》："其见《汉书》二十五，《汉记》四，皆删敍润色，以全本体。其二十六，博采古今瓌玮之士，文章焕炳……其二十七，臣所创造。"鲁迅《集外集拾遗补编·关于〈小说世界〉》："新的年轻的文学家的第一件事是创造或介绍，蝇飞鸟乱，可以什么都不理。"

（二）创造与创造力

创造力是与创造紧密相关的概念。一切创造都源于人类高超的创造力。创造力是人类特有的一种综合性本领。一个人是否具有创造力，是一流人才和三流人才的分水岭。它是知识、智力、能力及优良的个性品质等复杂多因素综合优化构成的。创造力是产生新思想、发现和创造新事物的能力。它是成功地完成某种创造性活动所必需的心理品质。例如创造新概念、新理论，更新技术，发明新设备、新方法，创作新作品都是创造力的表现。创造力是一系列连续的复杂的高水平的心理活动。

它要求人的全部体力和智力高度紧张，以及创造性思维在最高水平上进行。

（三）创造力构成要素

创造力构成可归结为三个方面。

1. 作为基础因素的知识，包括吸收知识的能力、记忆知识的能力和理解知识的能力

吸收知识、巩固知识、掌握专业技术、实际操作技术、积累实践经验、扩大知识面、运用知识分析问题，是创造力的基础。任何创造都离不开知识，知识丰富有利于更多更好地提出创造性设想，对设想进行科学的分析、鉴别与简化、调整、修正；并有利于创造方案的实施与检验；而且有利于克服自卑心理，增强自信心，这是创造力的重要内容。

2. 以创造性思维能力为核心的智能

智能是智力和多种能力的综合，既包括敏锐、独特的观察力，高度集中的注意力，高效持久的记忆力和灵活自如的操作力，也包括创造性思维能力，还包括掌握和运用创造原理、技巧和方法的能力等。这是构成创造力的重要部分。

3. 创造个性品质，包括意志、情操等方面的内容

它是在一个人生理素质的基础上，在一定的社会历史条件下，通过社会实践活动形成和发展起来的，是创造活动中所表现出来的创造素质。优良素质对创造极为重要，是构成创造力的又一重要部分。

（四）创造力基本特征

创造力的具体表现有四个特征。

1. 变 通 性

思维能随机应变，举一反三，不易受功能固着等心理定势的干扰，因此能产生超常的构想，提出新观念。

2. 流畅性

反应既快又多，能够在较短的时间内表达出较多的观念。

3. 独特性

对事物具有不寻常的独特见解。聚合思维在创造能力结构中同样具有重要作用。所谓聚合思维是指利用已有定论的原理、定律、方法，解决问题时有方向、有范围、有程序的思维方式。发散思维与聚合思维二者是统一的、相辅相成的。人们在进行创造性活动时，既需要发散思维，也需要聚合思维。

4. 人本性

创造力与人格特征也有密切关系。综合多人研究的结果表明，高创造力者具有如下一些人格特征：兴趣广泛，语言流畅，具有幽默感，反应敏捷，思辨严密，善于记忆，工作效率高，从众行为少，好独立行事，自信心强，喜欢研究抽象问题，生活范围较大，社交能力强，抱负水平高，态度直率、坦白，感情开放，不拘小节，给人以浪漫印象。

（五）创造力的培养

创造力的培养也可概括为以下几个方面：

（1）激发求知欲和好奇心，培养敏锐的观察力和丰富的想象力，特别是创造性想象，以及培养善于进行变革和发现新问题或新关系的能力。

（2）重视思维的流畅性、变通性和独创性。

（3）培养求异思维和求同思维。

（4）培养急骤性联想能力。急骤性联想是指集思广益方式在一定时间内采用极迅速的联想作用，引起新颖而有创造性的观点。

创造力在实践过程中发挥重要作用。需要创造者个人的艰苦奋斗，更需要有别出心裁的创造力实践并发挥出自我的主观能动性。需要有经典的创意，需要有独特的点子。很大程度在于独特非凡创造力实践。颠覆了书本只能用来看的传统视点，这是典型的创造力实践典范，打破常规，破旧立新并富于首创精神。

二、创新是什么

（一）创新的基本概念

创新是指以现有的思维模式提出有别于常规或常人思路的见解为导向，利用现有的知识和物质，在特定的环境中，本着理想化需要或为满足社会需求，而改进或创造新的事物、方法、元素、路径、环境，并能获得一定有益效果的行为。

创新是以新思维、新发明和新描述为特征的一种概念化过程。其起源于拉丁语，创新有三层含义：第一是更新；第二是创造新的东西；第三是改变。创新是人类特有的认识能力和实践能力，是人类主观能动性的高级表现，是推动民族进步和社会发展的不竭动力。一个民族要想走在时代前列，就一刻也不能没有创新思维，一刻也不能停止各种创新。创新在经济、技术、社会学以及建筑学等领域的研究中举足轻重。从本质上说，创新是创新思维蓝图的外化、物化。

（二）创新的内涵

1. 创新的哲学定义

是指以现有的思维模式提出有别于常规或常人思路的见解为导向，利用现有的知识和物质，在特定的环境中，本着理想化需要或为满足社会需求，而改进或创造新的事物、方法、元素、路径、环境，并能获得一定有益效果的行为。

2. 创新的社会定义

是指人们为了发展的需要，运用已知的信息，不断突破常规，发现或产生某种新颖、独特的有社会价值或个人价值的新事物、新思想的活动。创新的本质是突破，即突破旧的思维定势，旧的常规戒律。创新活动的核心是"新"，它或者是产品的结构、性能和外部特征的变革，或者是造型设计、内容的表现形式和手段的创造，或者是内容的丰富和完善。

"创新"一词早在《南史·后妃传·上·宋世祖殷淑仪》中就提到过，是创立或创造新东西的意思。1913年美国著名战略研究专家爱弥顿发表了《知识创新：共同的语言》，认为创新是指思想产生、深化、交流并应用到产品中去，使企业获得成功，国家经济增强，社会取得进步。

3．创新的哲学内涵

创新从哲学上说是人的实践行为，是人类对于发现的再创造，是对于物质世界的矛盾再创造。人类通过物质世界的再创造，制造新的矛盾关系，形成新的物质形态。创意是创新的特定形态，意识的新发展是人对于自我的创新。发现与创新构成人类对于物质世界的解放，既为人类自我创造及发展的核心发展的矛盾关系。代表两个不同的创造性行为。只有对于发现的否定性再创造才是人类产生及发展的基本点。实践才是创新的根本所在。创新的无限性在于物质世界的无限性。

4．创新的哲学要点

（1）创新就是创造对于实践范畴的新事物。是物质的发展的要求，物质形态对于我们来说是具体矛盾。我们认识的宇宙与哲学的宇宙在哲学上代表了实践的范畴与实践的矛盾世界两个不同的含义。创新就是创造对于实践范畴的新事物。任何有限的存在都是可以无限再创造的。

（2）创新的核心是矛盾。矛盾是物质的本质与形式的统一。物质的具体存在者与存在本身都是矛盾的。任何以人的自我内在矛盾创造的新事物都是创新。

（3）人是自我创新的结果。人以创新创造出人对于自然的否定性发展。此是人超越自然达成自觉自我的基本路径。人的内在自觉与外在自发构成规律在物质的总体上形成对立的内在必然与外在必然的差异。创新就是人的自觉自发！

（4）创新是人自我发展的基本路径。创新与积累行为构成一个矛盾发展过程。创新是对于重复、简单的劳动方式的否定，是对于人类实践范畴的超越。新的创造方式创造新的自我！

（5）创新从认识论上看是自我意识的发展。自我意识的发展是自我存在的矛盾面，其发展必然推动自我的行为的发展，推动自我生命的发展。

从认识的角度来说，就是更有广度、更有深度地观察和思考这个世界；从实践的角度说，就是能将这种认识作为一种日常习惯贯穿于生活、工作与学习的每一个细节中，所以创新是无限的。

从辩证法的角度说，它包括肯定和否定两个方面，从而也就包括肯定之否定与否定之肯定。前者是从认同到批判的暂时过程，而后者是一种自我批判的永恒阶段。所以创新从这个角度来说就是一种“怀疑”，是永无止境的。

（三）创新的重要性

创新是一个民族进步的灵魂，是一个国家兴旺发达的不竭动力，也是一个政党永葆生机的源泉，这是江泽民同志总结20世纪世界各国政党，特别是共产党兴衰成败的历史经验和教训得出的科学结论。

近代以来人类文明进步所取得的丰硕成果，主要得益于科学发现、技术创新和工程技术的不断进步，得益于科学技术应用于生产实践中形成的先进生产力，得益于近代启蒙运动所带来的人们思想观念的巨大解放。可以这样说，人类社会从低级到高级、从简单到复杂、从原始到现代的进化历程，就是一个不断创新的过程。不同民族发展的速度有快有慢，发展的阶段有先有后，发展的水平有高有低，究其原因，民族创新能力的大小是一个主要因素。

（四）创新的领域

创新涵盖众多领域，包括政治、军事、经济、社会、文化、教育、科技等各个领域的创新。因此，创新可以分为科技创新、文化创新、教育创新、艺术创新、商业创新等等。

教育创新是指通过对中小学生施以教育的影响，使他们作为一个独立的个体，能够善于发现和认识有意义的新知识、新事物、新方法，掌握其中蕴含的基本规律，并具备相应的能力，为将来成为创新人才奠定基础。总之，创新是国家、民族、学校的振兴之本，是推动人类社会不断向前发展的强大动力，也是艰苦奋斗、开拓进取、不断进步、事业有成的必由之路。培养学生的创新能力是一个漫长而又复杂的工程，它需要全社会的支持、教师的努力、学生的主动参与。在素质教育不断深入的今天，我们必须把培养学生创新精神落实到教学的每一个环节，持之以恒，锲而不舍，从而达到培养学生的创新能力，逐步实现素质教育的要求。

（五）创新的方法

21世纪的教育，或未来的教育不论做何种解释、何种做法，如果不进行教学改革和创新，不通过创新性的教学，启发学生的学习兴趣、激活学生的思维、发掘学生的潜能、促进学生的个性发展、培养学生的操作技能，就不可能培养出学生的创造精神和创造能力，也就不可能培养出适应时代需要的创造性人才。

1. 创新意识的萌芽——好奇

黑格尔说过："要是没有热情，世界上任何伟大事业都不会成功。"所有个人行为的动力，都要通过他的头脑，转变为他的愿望，才能使之付诸行动。如果一个学生仅仅记住了数学的各种定理与公式，而不能把学到的知识用于发现新问题，不能解决实际问题，只学习老师讲的知识，只记忆书本上的知识，是远远不够的，应在课堂上学到的知识的基础上，勇于探索，善于创新。这就需要教师应在教学中引导和培养学生的好奇心理，这是唤起创新意识的起点和基础。

2. 创新思维的营养——兴趣

我国伟大的教育家孔子说："知之者不如好之者，好之者不如乐之者。"可见他特别强调兴趣的重要作用。兴趣是最好的老师，兴趣是感情的体现，是学生学习的内在因素，事实上，只有感兴趣才能自觉地、主动地、竭尽全力去观察它、思考它、探究它，才能最大限度地发挥学生的主观能动性，容易在学习中产生新的联想，或进行知识的移植，做出新的比较，综合出新的成果。也就是说强烈的兴趣是敢于冒险、敢于闯天下、敢于参与竞争的支撑，是创新思维的营养。

3. 创新行为的举措——质疑

质疑一发现教学，是以智力多边互动为主的教与学相互作用的教学活动。质疑的指导思想是："以学生为中心"。多渠道地培养学生的创新能力，发挥学生的主体作用，让他们积极地参与学习的过程，做学习的主人，开启他们的创新思维的闸门。

我国古代教育家早就提出"前辈谓学贵为疑，小疑则小进，大疑则大进"，"学从疑生，疑解则学成"。20世纪中期布鲁纳认为发现教学有利于激活学生的智慧潜能，有利于培养他们学习的内在动机和知识兴趣。

4．创新学习的方法——探索

创新性学习方法即探索学习包括以下几个方面：

（1）直接式学习法。就是根据创新的需要而选修知识，不搞烦琐的知识准备，与创新有用的就学，没有用的就不学，直接进入创新之门。

（2）模仿学习法。就是指学生按照别人提供的模式样板进行模仿性学习，从而形成一定的品质、技能和行为习惯的学习方法。换句话说就是从学会到会学。

（3）探源索隐学习法。学生为了积极地掌握知识采用创新性的思维方式，对所接受的某项知识出处或源泉进行认真的探索和追溯，并经过分析、比较和求证，从而掌握知识的整个体系，探源索隐学习法对于激发自己提出问题大有益处。

（4）创新性阅读法。以发现新问题，提出新见解，从而能超越作者和读物，产生出创新思考获取新答案的阅读方法。

（5）创新性课堂学习法。通过老师的传授和指导，让学生获得系统的知识和形成一定的能力。为了能更好地培养学生的探求知识的能力，发挥学习中的创新精神，学习也可以通过预习中对新知的自学和探求，以便上课时进入一种全新的精神状态，利用一切机会鼓励学生大胆发言，大胆“插嘴”，学生会取老师之精华，方法往往很新颖独创、风趣幽默，常常收到出乎寻常、令人满意的效果，使课堂学习变得更加高效。

第二节　创造创新与音乐

一、音乐基本特点

1．音乐解析

音乐是反映人类现实生活情感的一种艺术。用有组织的乐音来表达人们思想情感、反映现实生活的一种艺术。它最基本的要素是节奏和旋律，分为声乐和器乐两大门类。音乐可以分为声乐和器乐两大类型，又可以粗略地分为古典音乐、民间音乐、原生态音乐、现代音乐（包括流行音乐）等。在艺术类型中，音乐是比较抽象的艺术，音乐从历史发展上可分为东方音乐和西方音乐。东方以中国汉族音乐为首的中国古代理论基础是五声音阶，即宫、商、角、徵、羽，西方是以七声音阶为主。音乐让人赏心悦目，并为大家带来听觉的享受。音乐可以陶冶情操。

2. 音乐情感

音乐是人们抒发感情、表现感情、寄托感情的艺术，不论是唱、奏或听，都内含着关联人们千丝万缕情感的因素。音乐是对人类感情的直接模拟和升华。人们可以从音乐审美过程中，通过情感的抒发和感受，产生认识和道德的力量。为什么音乐能表达人们的感情呢？因为音与音之间连接或重叠，就产生了高低、疏密、强弱、浓淡、明暗、刚柔、起伏、断连等等，它与人的脉搏律动和感情起伏等等有一定的关联。特别对人的心理，会起着不能用言语所能形容的影响作用。广义地讲，音乐就是任何一种艺术的、令人愉快的、神圣的或其他什么方式排列起来的声音。所谓的音乐的定义仍存在着激烈的争议，但通常可以解释为一系列对于有声、无声具有时间性的组织，并含有不同音阶的节奏、旋律及和声音乐与人的生活情趣、审美情趣、言语、行为、人际关系等等，有一定的关联。故高雅的音乐与低俗的音乐对人们的影响是大不相同的。或是，简单说就是好听的“杂音”。

3. 音乐功能

音乐是一种符号，声音符号，表达人的所思所想。是人们思想的载体之一。音乐是有目的、有内涵的，其中隐含了作者的生活体验、思想情怀。音乐从声波上分析它介于噪声和频率不变的纯音之间，从效果上讲它可以带给人美的享受和表达人的情感。音乐对于社会具有审美功能，认识、教育功能和娱乐功能。

音乐是一种抒发感情、寄托感情的艺术，它以生动活泼的感性形式，表现高尚的审美理想、审美观念和审美情趣。音乐在给人以美的享受的同时，能提高人的审美能力，净化人们的灵魂，陶冶情操，提高审美情趣，树立崇高的理想。

音乐是社会行为的一种形式，反映社会生活，又给予社会以深刻的影响。通过音乐人们可以互相交流情感和生活体验。这在歌曲中这种作用表现得最为突出。

二、音乐基本要素

音乐的基本要素是指构成音乐的各种元素，包括音的高低、音的长短、音的强弱和音色。由这些基本要素相互结合，形成音乐的常用的“形式要素”，例如：节奏、曲调、和声，以及力度、速度、调式、曲式、织体、音色等。构成音乐家的形式要素，就是音乐的表现手段。音乐的最基本要素是节奏和旋律。

1. 节　奏

音乐的节奏是指音乐运动中音的长短和强弱。音乐的节奏常被比喻为音乐的骨架。节拍是音乐中的重拍和弱拍周期性地、有规律地重复进行。我国传统音乐称节拍为“板眼”，“板”相当于强拍；“眼”相当于次强拍（中眼）或弱拍。

2. 曲　调

曲调也称旋律。高低起伏的乐音按一定的节奏有秩序地横向组织起来，就形成曲调。曲调是完整的音乐形式中最重要的表现手段之一。曲调的进行方向是变幻无穷的，基本的进行方向有三种：水平进行、上行和下行。相同音的进行方向称水平进行；由低音向高音方向进行称上行；由高音向低音方向进行称下行。曲调的常见进行方式有：同音反复、级进和跳进。依音阶的相邻音进行称为级进，三度的跳进称小跳，四度和四度以上的跳进称大跳。

3. 和　声

和声包括“和弦”及“和声进行”。和弦通常是由三个或三个以上的乐音按一定的法则纵向（同时）重叠而形成的音响组合。和弦的横向组织就是和声进行。和声有明显的浓、淡、厚、薄的色彩作用；还有构成分句、分乐段和终止乐曲的作用。

4. 力　度

音乐中音的强弱程度。有常规力度如：ff、f、mf、mp、p、pp 等，还有渐变力度，如渐强、渐弱等；还有突变力度，如突强、突弱等等。

5. 速　　度

音乐进行的快慢称为速度，速度是一个有参照物的相对概念。有常规速度如：慢速（庄板、广板、慢板等）、中速（行板、中板等）、快速（小快板、快板、急板）等，还有渐变速度，如渐快、渐慢等。

6. 调　　式

音乐中使用的音按一定的关系连接起来，这些音以一个音为中心（主音）构成一个体系，就叫调式。如大调式、小调式、五声调式等。调式中的各音，从主音开始自低到高排列起来即构成音阶。

7. 曲　　式

音乐的横向组织结构。有单乐段结构、大型曲式结构（奏鸣曲、协奏曲、回旋奏鸣曲）等。

8. 织　　体

多声音乐作品中各声部的组合形态（包括纵向结合和横向结合关系）。

9. 音　　色

音色有人声音色和乐器音色之分。在人声音色中又可分童声、女声、男声等。乐器音色的区别更是多种多样。在音乐中，有时只用单一音色，有时又使用混合音色。

三、创新思维与音乐

（一）创新思维与音乐的关系

创新思维是人们创造性地解决问题与发明创造过程中特有的思维活动，是一切具有崭新内容的思维形式的结合，是能够产生前所未有的思维成果的特定范畴。社会的发展、人类的进步需要一大批具有开创性的各级各类人才。研究发现接受过良好音乐教育的各级各类人才在社会中普遍体现出成绩卓著贡献突出的特点。科学研究也表明音乐对培养学生创新思维极为有利。

1. 音乐促使形成高尚的道德品质，端正了创新思维的方向

古今中外人们历来重视人才的品德素质。宋代司马光说“才者德之资也　德者才之帅也”。他认为“德”不但是人才构成的基本内容而且在人才成长过程中具有统帅和导向的作用。相对论的创立者爱因斯坦也认为一个人道德的影响力量远比他的成就大得多。培养创造型人才也不例外。一个人如果品质败坏，再好的气质和风度也会黯然失色，再多的学识和才华也会无用武之地，相反的，还会给社会带来极大危害。优秀的音乐作品通过刻画人物或叙述故事塑造具有高尚情操、优秀品质的音乐形象，对学生进行潜移默化的熏陶和感染。使学生逐步形成优良品德。例如《歌唱二小放牛郎》以悠扬的民歌风味的旋律叙说了小英雄王二小机智勇敢地把日本侵略军引入我军埋伏圈最后献出了自己宝贵生命的可歌可泣的故事。学生们在略带悲凉的情感色彩中受到教育，树立了为祖国、为人民的共同利益贡献自己聪明才智的信念。

2. 音乐磨练顽强的意志，奠定了创新思维的基础

在日常生活中我们每个人都会遇到困难情境或难以解决的问题，这需要我们凭借自己坚忍不拔的毅力去克服它并最终战胜它。这种决心与毅力所产生的内心巨大力量支配着一个人行为的心理过程指向一个人的行为目标，这就是我们所说的意志。如果一个人没有了意志，没有了决心和毅力，那么他就什么事情都做不成。马克思有句名言：“在科学上面是没有平坦的大道可走的，只有在崎岖小路的攀登上不思劳苦的人有希望到达光辉的顶点。”陈景润攀摘数学王冠上的明珠哥德巴赫猜想，靠的就是写几麻袋草稿的毅力、吃苦耐劳的精神和顽强的意志。学习音乐也必须有不怕吃苦、百折不挠的精神。任何一位音乐家不论是歌唱家、演奏家，抑或是作曲家，无不是靠着冬练三九夏练三伏取得非凡的成就的。有句行话说“台上一分钟台下十年功”。成功的音乐家在艺术的道路上不畏艰难艰苦跋涉，不管条件多么恶劣，不管遇到什么困难和阻碍，他们都咬定青山不放松，终于用汗水和泪水换来了鲜花和掌声，实现了人生价值。学过乐器的人都知道要想成功地完成一首乐曲非得练上几十遍、几百遍甚至上千遍。惊天动地的大事能锻炼意志，像学习音乐这样点滴的小事同样能够锻炼一个人坚强的意志。

（二）创新思维的两个重要形式

音乐拓展求异思维形成创新思维的必备品质。创新思维的两个重要形式是求异思维和求同思维。

1. 求异思维

求异思维又叫扩散思维或发散思维，是为达到某一确定目标而设想出全部的或相当多的可能性，以供选择的思维过程。它表现出现有的体系的不调和性。求异思维通常是不循常规、不合常理、从多方面探索答案。它不受现成知识的束缚，不受消极定势的桎梏，不受传统观念的局限，因而能够产生超常的构思，提出不落俗套的独到见解。所以不少学者认为求异思维是创新思维的重要标志之一。

音乐界倡导百花齐放、百家争鸣。表演艺术家为了更好地表现一首音乐作品，给听众带来尽善尽美的音乐享受，既要对音乐作品进行认真的研读和准确的解释，作为表演的依据又要发掘音乐作品中的种种情感和思绪、音乐运动的内在韵律和微妙变化，使音乐作品重新获得生命，把乐谱变成有血有肉的活的音乐，这是一种求异。作曲家创作的每一部作品也都存在求异思维。贝多芬的《升C小调四重奏》保存下来的草稿有一大堆。该作品第四乐章的开头一段留下了六种方案。歌剧《费德里奥》中的一首合唱曲他构思出十种方案。另一首男主角咏叹调竟然是从十八首完整的乐曲中选择出来的。这一切都说明学习音乐需要做创造性的选择，实际上体现的就是求异思维。

2. 求同思维

求同思维又叫集中思维、聚合思维，是对各种创造性设想进行分析、比较、归纳、判别，概括出一个最好的解决方法、最正确的观点、最佳方案。也就是培养思维的深刻性和缜密性。一个创造的全过程是发散思维和集中思维两者最佳的结合。忽视发散思路就狭窄，“不识庐山真面目，只缘身在此山中”；忽视集中考虑问题，就不深刻、不透彻，如蜻蜓点水。

“百花齐放、百家争鸣”是以更丰富的内容、更多彩的形式繁荣我国的文化艺术，服务社会。表演艺术家潜心研究设计和艺术加工最终形成了各自独特的艺术表现风格。作曲家们经过分析、整理，最终也完成了自己满意的作品。从而体现了“求异”与“求同”的辩证统一关系。在学习和接触音乐的过程中逐步养成了可贵的创新思维的习惯。

（三）创新思维的拓宽

1. 音乐形象思维丰富、壮实了创新思维的认识支柱

（1）想象就是在现实刺激物的作用下人脑中的旧表象重新配合从而构造出与原有事物基本相符甚至完全崭新的形象。创新思维区别于一般思维的特点之一就是有想象的参与。要从大量感性材料中把握事物的内在联系就需要运用想象力去设想、去构思事物内部的结构联系。

（2）想象是形象思维的一个重要成分。爱因斯坦曾说：“想象比知识更重要因为知识是有限的而想象力概括着世界上的一切推动着知识的进化并且是知识进化的源泉。”1895 年十六岁的他想到了一个新奇的问题，假设有人能够追上光速将会看到什么现象呢，对此他思考了十年，想象之花终于结出了丰硕的科学之果 —— 狭义相对论问世了。

（3）想象又是艺术创作最重要的心理因素，也是一个艺术家才华的体现。音乐创作比任何其他艺术创作更需要想象，因为它在现实中找不到模本。作曲家要现实与音乐之间建立联系只能依靠想象作为中介。

想象还是贯穿在音乐表演过程中的另一种心理要素。音乐作品情感的体验意境的领会都离不开想象的作用。音乐的一切艺术表现都是通过声音与表现对象之间的比拟、象征以及模仿的关系来实现的。而想象就是使这些关系得以实现的中介桥梁。在音乐审美活动中也必须依靠人们听觉经验对音乐的强弱长短、高低等变化产生想象来实现。综上所述音乐创作、音乐表演、音乐欣赏都依靠想象来完成。

2. 联想是思维经常使用的一种连动思维方式，是培养创造性心智机能的一种思维活动，它是形象思维的又一重要组成部分

展开联想可以驱使人们发挥知识的积极性，采取多种研究角度，寻求多方面的解答。从而把创新思维活动提高到一个新水平。

我们欣赏唢呐曲《百鸟朝凤》时，细腻的演奏会让我们联想到各种飞禽的啼鸣；唐代流传至今的古琴曲《大胡笳》中胡笳吹出悠扬婉转的旋律，让人联想到空旷辽阔草原上马群在哀鸣，猎号声引人联想起山林胜景和猎手英姿，等等。几乎所有的音乐都能使人产生联想。总之音乐实践活动离不开联想和想象的参与，学生学习接触音乐，久而久之会极大地丰富形象思维，提高创新思维能力。

（四）音乐本身富有创造性

事实上不论是音乐创作、音乐表演，还是音乐欣赏，音乐实践本身就是一种实实在在的创造性活动。

一度创造其实就是音乐创作。它依据作曲家们自身的想象力，把内心经验与要造成欣赏者能够听懂的具体音响形态相结合，并以乐谱的形式保存下来。

二度创造是指音乐表演。它能使音乐作品重新获得生命，是把作曲家的乐谱通过演唱与演奏的创造，变成有血有肉的流动的音乐的行为。

三度创造是指音乐欣赏。欣赏者在欣赏过程中，不可避免地要把自己的主体意识渗入到欣赏对象中，从而在某种程度上改变着音乐作品本身的面貌。完成了“一千个观众就有一千个哈姆莱特”的创造性活动。

第三节 创造创新与音乐教育

一、创造创新是发展的需要

我国的中长期发展规划明确提出，全党、全国人民共同努力，把我国建设成为一个创新型国家。显然，创新型国家的建设，需要具有各种专业知识的创新型人才。要培养具有创新能力的学生，作为教育工作者的我们责无旁贷。什么是创新、创造力？首先，创造是提供新的、首创的、具有社会意义的产物的活动。而创造力是指产生新思想、发现和创造新事物的能力。它与一般能力的区别在于它的新颖性和独创性。

从广义上讲创造性地完成工作，或在具有独创性的工作中注入个人的创新成分，都被称为创造。

二、音乐教育的创造创新

音乐教育是基础教育的重要组成部分，是素质教育不可或缺的内容，是实施美育的主要途径之一，是培养学生创新能力的阵地。音乐教师的任务之一就是要提高学生的音乐素养、培养学生的创新能力。

音乐教育是一种富有强烈艺术感染力的审美教育，它借助聆听来感知音乐美，借助歌唱来表现音乐美，借助表演来发展音乐美。它对于丰富学生的想象力，增强对音乐及外界事物的感知力，培养具有个性化创造力的一代新人具有不可低估的作用。在富有创意的中小学音乐教育实践中，教师必须从学生的实际出发，确立学生的实践主体地位，鼓励学生求异、求新，不断培养学生敢于创新的意识、勤于创新的思维和善于创新的能力。

近年来，随着素质教育的不断向前推进，我国的中小学音乐教育也取得出令人瞩目的成绩，但音乐创造力方面却令人堪忧。有资料显示目前中小学生会简单作曲的只占18%，不会的占82%；可见创作教学是中小学音乐教学的最薄弱环节。我国少年儿童能在国际大赛上获奖而成年后却很难获奖，这一现象不能不引起我们的深思。这是因为我们的学生从小在学校总是依照教育传达的指令被动完成任务，而教师没有帮助学生发展理解、鉴赏、创造音乐的兴趣和潜力，所以阻碍了学生探求音乐内涵、再创造音乐的能力。

三、音乐教育培养学生创造创新能力

音乐课堂教学是培养学生创新能力的主阵地之一，培养学生创新精神和创新能力是当今素质教育的重要内容，如何培养学生的创新能力，激发学习兴趣是首要前提，学习兴趣是学生积极主动地进行创新思维的内部动力和基本条件。

爱因斯坦曾经说过：“兴趣是最好的老师。”夸美纽斯也指出：“兴趣是创造一条欢乐和光明的教学环境的主要途径之一。”实践证明，激发学习兴趣的首要前提是学生积极主动地进行创新思维。当学生对音乐产生浓厚的兴趣时，就会使之产生强烈的求知欲望，学生就愿学、爱学、乐学。而且学得活、学得好，能获得较大的成功。在教学中如何激发学生学习音乐的兴趣？

第四节　音乐教学中培养学生创造创新能力的途径与方法

一、音乐教学与创新思维

在音乐教学中，只要教师每一节课都能给学生创设一定的思索空间、实践空间，时时营造培养创新能力的氛围，让他们感到学习音乐不仅是一种艺术的享受，而且是一个快乐的过程，从而产生爱学、乐学的动机，并积极、主动参与音乐实践活动全过程，大胆自觉地置身于多向思考、质疑问难的境界中，学生的创造性思维就会得到良好的训练，创新能力的培养就会取得事半功倍的效果。

1. 激发学生音乐兴趣，增强创造性思维的动力

美国心理学家布鲁纳指出："学习的最好的动力，是对学习材料的兴趣。"兴趣是人的一种带有趋向性的心理特征，一个人对某种事物发生兴趣时，他就会主动地、积极地、执着地去努力、去探索。激发兴趣的方法很多，如制造悬念，引发好奇利用巧妙的导语、新奇的课堂教学形式，赋予抽象的教学内容以生动的故事情节。发挥学生的主体作用等。激发学生学习音乐的兴趣，使他们不把学习音乐当作苦差事，才能愿学、善学、会学、乐学，才能形成学习音乐、学好音乐的内在动力。因此，这是音乐教学要解决的首要问题。在教学过程中，通过多种方法培养、提高、激发学生的学习兴趣，可以大大提高学生的学习效率，可以使教师的教学收到事半功倍的效果，可以全面提高学生的思维能力、欣赏推理、表现能力，全面提高学生分析

问题、解决问题的能力，真正做到让学生在学会中会学。

2. 鼓励学生探索求异，培养学生音乐多向思维

创造性思维是一个善于发现问题、勇于大胆实践、乐于表现反思、在积极地思考和艺术实践中追求完美的过程。发现问题和大胆实践是艺术表现的重要前提，它的重要性正如爱因斯坦所说："提出一个问题往往比解决一个问题更重要。因为解决问题也许仅仅是音乐上的或实验上的技能而已。而提出新的问题，新的可能性，从新的角度去看旧问题，却需要创造性的想象力。"在音乐教学中，要鼓励学生奇思妙想质疑问难，勇于寻根究底推陈出新，让学生发表不同的见解，提出富有创见的表现方案，在音乐作品与艺术表现等方面培养他们的创新精神。学生系统地、主动地思考问题，有助于诱发其跳跃思维，加快音乐知识结构的形成过程，培养其多向思维的音乐能力。

3. 进行音乐发散教学，训练学生求异思维

求异思维是创造思维的核心。在音乐教学中采用发散教学是培养学生求异思维的有效途径。发散思维是学生根据自己已有的音乐经验与信息，从不同的角度、不同的方向思考，以寻求多样艺术结果的思维方式。美国心理学家吉尔福特认为："发散性思维是创造性思维的主要特点。"因此，在教学中，要注意培养学生发散思维，鼓励学生对同一音乐可从不同层面、不同角度进行思考与创作，注意多向思维，不求统一的模式、表现与结果，鼓励艺术的创造与创新。通过音乐艺术绚丽的变化，让学生思维活动始终处于积极、兴奋、探索、求新的最佳状态，求异思维能力就可以在音乐的世界里得到较好的训练与发展。

4. 强化音乐训练，发展学生开放思维

开放性思维是创新能力的成因之一，在音乐中实施开放式教学无疑就是发展开放性思维的有效途径。它能创新地为学生的艺术发展和素质培养拓开广阔的空间。在中小学音乐教学中，精心设计音乐教学的主题与环节，强化训练与音乐相关的思维技能，是培养学生在音乐创造创新过程中，善于求异、转化变化等能力的手段，也是培养学生创新能力的重要途径。因此，在音乐教学实践中应多设计一些不是只有唯一的答案与要求而是具有开放性的音乐练习活动。这种练习也可以分组进行实

践与讨论，以便学生在实践与交流中更好地发展自己的音乐开放思维。通过以上类似的音乐艺术活动与练习，使学生能够在音乐欣赏、音乐表现、音乐创造中找到多种技能与方法。在学生掌握了多种艺术实践方法的实际训练活动中，达到培养学生创造性思维能力和创造性思维运用能力的目的。

5. 挖掘音乐潜能，激活学生直觉思维

直觉性思维是创新能力的灵感体现，即未经仔细分析就能快速对问题的答案做出合理的猜想。音乐艺术是感性的艺术，这两者有很多的共同之处。中小学阶段的学生正是人生征途中创新潜能最为活跃的时期，作为面临这个年龄段学生的教师，要善于帮助学生抓住这个契机，坚持以人为本、以音乐为本、以音乐艺术作为激活与唤醒学生创造创新能力的第一原则。在艺术实践与音乐教学过程中，教师应抓住课内课外的一切有利时机，致力营造一种开放的、亲和的、自由的情境，让学生在音乐艺术领域产生强烈的情绪冲动，让学生情不自禁地乘着歌声的翅膀展开大胆想象飞翔，敢于在艺术创造创新中提出具有个性特点的见解，勇于在音乐艺术实践中大胆表现。

6. 启发音乐想象，锻炼学生创新思维

新课程提倡学生初步学会从音乐的角度提出问题、理解问题，并能综合应用所学的知识和技能解决音乐艺术领域的新问题，鼓励学生的创新发展应用意识。爱因斯坦指出："想象力比知识更重要，因为知识是有限的，而想象力概括着世界上一切，推动着进步，并且是知识进化的源泉。"学生创新思维能力的发展依赖于想象力的提高。中小学生的想象力是十分丰富的，只要音乐教师善于创造条件，正确引导与启发学生，学生就能展开想象的翅膀，学生的创新思维能力就能得到很好的发展。通过启发音乐想象，锻炼学生创新思维，不仅可以在艺术实践中解决很多新问题，也能使学生的创新创造能力得到了锻炼，收到了良好的教学效果。

二、音乐教学与创造性思维

21 世纪是创造性的世纪，"我们必须把增强民族创新能力提到关系中华民族兴衰存亡的高度来认识，教育在民族创新精神和创造性人才培养方面，肩负着特殊的使命”。在全面实施素质教育的今天，如何引导学生在音乐教育实践中培养学生创造力，是我们不断深思和探索的课题。

音乐创造力是高层次的音乐能力，这里的创造是指创作者运用想象力对大脑记忆的音乐材料进行新的组织和创造，产生新的音乐形象的能力，创造性思维是创造力的核心因素。因此，培养学生创造力即培养学生创造性思维能力。

（一）器乐教学中培养学生创造思维

器乐教学是音乐教学的重要内容之一，对培养学生音准和读谱能力有着特殊功效，能促进学生音乐素质的提高。在音乐教学中，将器乐（竖笛）引进课堂，引导学生尝试“音乐创作”，通过这一训练，有利于培养学生创造性思维。

1. 运用器乐，进行旋律创作

在学生已积累了一定的音乐知识，有了一定的旋律和调性感的情况下，可以给学生出示简单的节奏如：×× × | ×× × | ×× ×× | ×× × |，来让学生进行旋律创作。可先要求学生用竖笛，手按唱名“5”进行节奏练习，让他们体会拍节奏强弱分明，观察并发现这个4小节的乐句，其中一、二小节相同等特点。引导学生用“do、mi、sol”三个音给节奏配简单的旋律。再要求学生把自己创作的曲子用竖笛演奏出来，吹着自己的创作的乐曲，这样，让学生通过乐器演奏不仅感受了旋律的特点，同时还初步体会到了创作乐趣，活跃了课堂气氛，发展了创造性思维。

2. 运用器乐，进行歌曲伴奏

和声具有丰富的表现力和感染力，在器乐教学中通过让学生演奏单声部和多声部歌曲，并加以比较和体会和声效果，激发学生为歌曲配伴奏及和弦创作欲望。教学中，在进行竖笛训练时，把大三和弦分解，让学生分成四组，分别吹“do、mi、sol”，音的力度可以由强渐弱，引导学生仔细倾听四个声部的和声效果，多么丰富而饱满，让他们感受这四个音的协和性与和谐美。如果将这和声与优美旋律融合起来，将会是怎样的效果呢？从而，激发他们创作欲望。如大调式歌曲捷克民歌《跳吧，跳吧》，先让学生用竖笛吹奏此旋律，体会曲调的活泼、欢快，启发学生配以色彩相吻合的大、小三度音程。接着让学生吹奏三度音程，全班分两组，一组吹根音，一组吹冠音，相互倾听两声部间是否和谐稳定，学生们都高兴地回答：“很好听。”最后启发学生配二部和声，再用竖笛进行合奏训练，学生们初步体验到“多声部”作品的乐趣，既培养了他们团结协作精神，又发展了创造思维，为以后的创作打下基础。

（二）歌唱教学中培养创造思维

歌唱课是学校音乐教学的最重要形式，它是根据学生年龄及心理发展特点，采用活泼多样的教学形式和富于趣味的教学手段，通过歌唱让学生在活动中充分发展他们的想象力和创造力。

1. 设计游戏，唱编歌词

在歌唱课中，对学生进行乐谱知识教学时，可以用音乐游戏来帮助学生认识音的高低，感受上、下行音的走向，启发学生展开联想来改编歌曲。如《上楼梯》的教学，先跟琴模唱音阶，让学生们闭上眼睛想想音阶模唱一个音比一个音高，像上楼梯台阶一样，学生们歌唱兴趣高涨，唱唱跳跳中完成不同的歌词。这样，既训练了音准，学生的语言能力得到提高，同时也培养了学生的创造性思维。

学生用不同的方式，从不同的角度，展开丰富的联想，表达了自己真实的感情，一堂生动有趣的创作课在无穷的回味中下课了。通过以上创编歌词的思维训练，促进辨证思维的发展，形成思维的新颖性与独创性，这也是创造性思维最本质的属性。同时，大大激活学生学习兴趣和丰富了学生的创造思维。

2. 根据形象，唱编动作

音乐课中要改变旧的一首歌一堂课的教学模式，提倡愉快、生动的“综合型”的课堂教学，这样既发展学生的音乐想象力，又激发他们的创作兴趣，引导他们有意识地进行创作尝试，从而提高他们的音乐创造力。

歌唱动作大多来源于生活，如火车叫“咔嚓咔嚓”响，《上学歌》

里面“见了老师，敬个礼”都反映的是小学生身边熟悉的内容，老师引导他们细心观察，启发他们积极思维，鼓励他们大胆创编，如教《种瓜》一课时，老师启发学生：“瓜长熟的过程中，我们需要表演哪些动作呢？”学生答：“每天浇水，施肥，看瓜最后还要抱瓜。”接着老师示范了这几个运作，加上丰富的表情，在老师感染、启发下，学生活跃起来，分成小组创作设计表演动作。

又如教学《火车开啦》时，可以运用电教手段，创设氛围，播放火车“咔嚓咔嚓”开动由近及远的画面，启发学生体会火车开啦，有的学生手握方向盘表演开火车，有的一只手举起，另一只手做轮转画圆圈等动作。根据这一具体形象，在老师的启发引导下，鼓励学生发挥想象、参与活动、培养创造性思维。

（三）音乐欣赏教学中培养创造性思维

想象是一种创造性的思维活动。创造性思维是思维与想象的有机统一。创造想象是学生进行创造性学习与活动的必要条件。在欣赏教学中，注重对学生进行创造性想象的培养，有助于提高学生的想象力，进而促进学生创造性思维的发展。

1. 提供材料，丰富想象

在欣赏一段乐曲之前，要先给学生介绍这首歌所反映内容，提示它的主题并且运用现代化的教学手段等，再现典型形象，丰富学生的思维，激活他们的想象。如欣赏童声独唱《听妈妈讲那过去的事情》时，老师先给学生讲这是一首在 20 世纪 80 年代初家喻户晓的童声叙事性歌曲，介绍作者的生平、创作意图等。接着利用录音、投影片、录相等电教手段，创设情景，启发学生们听这首乐曲你想到了什么？有的学生说：“我看到了勤劳的妈妈在地里干活，汗珠湿透衣衫。”有的学生说：“凶神恶煞的地主用皮鞭抽打妈妈，它昏倒在血泊中”等等。学生通过老师的讲解和聆听乐曲，加深了对乐曲的理解，丰富了想象。又如欣赏《快乐的哆嗦》时，老师先编辑大量有关彝族风土人情的录像，让学生边看边想。学生想象可真谓丰富，有的说:“我仿佛看到了美丽的彝族姑娘围着篝火载歌载舞；我仿佛置身于彝族的火把节中。”这样，学生不仅容易理解作品，而且在欣赏课中还了解了地理和人文知识，提高学生思维能力。

2. 激发情感，丰富想象

老师在课堂中要善于引导与点拨，注意激发学生的情感，丰富学生的想象。如欣赏《保卫黄河》时，老师用生动形象的语言，叙述作品历史背景以及情感等，再运用电教手段，播放黄河奔流直下、波浪滔天、一泄千里的壮观景象的录像，使他们融入乐曲所表现的意境。老师让学生谈谈自己的感受。有的学生说：“我仿佛看到无数中华儿女浴血奋战前赴后继的情景。”有的说：“我仿佛看到柯受良飞越黄河壮观的场面。”同学们触景生情，如临其境，爱国之情油然而生。又如欣赏《卖报歌》时，老师启发学生想象报童手握报纸，衣衫褴褛，在风雨中奔跑叫喊的场景，同今天我们的幸福生活做对比，激发他们不要忘了过去，珍惜今天幸福生活的使命感和自豪感。因此，在教学中注重对学生提供知识与情感等方面培养，学生的创造想象才会奔流驰骋。

三、音乐课堂教学中学生创新能力的培养

1. 启发想象，唤发创新能力

想象力是人在过去知觉基础上构建新形象的创造能力。如教唱歌曲《牧歌》的练声环节设计中，可以运用启发性的语言：“闭上眼睛，想象自己变成云，身体越来越轻松，往天上飘去，看着蓝天下的羊群……”引导学生运用想象进入身临其境的云海之中。接着，让学生选用象声词“哞”、“咩”、“哒”来表现不同情景下的云，一位学生用轻柔的“哞”声来唱白云下的牛叫；另一位学生说，阳光下的云很亮丽，云的周围金边环绕，用明亮、流畅的“咩”唱，表现羊群在蓝天白云下幸福地跟着主人玩耍、吃草；还有许多学生赞成表现白云马跑应该用短促、有弹力的“哒”声来唱，表现了放牧的主人愉快豪放的心情。他们充分发挥自己的想象力，在尝试了小小的创意之后，表现出来的是无比快乐的心情。

2. 主体参与，激励创新能力

现代课堂教学观认为，在课堂上学生是学习的主体，主动参与是创新教育观的真谛所在。在音乐课堂教学中，教师必须在学生的实践活动中使其主体地位不断得到提高，尊重学生意愿，通过师生之间、学生之间的多向交流，激励学生主动积极参与到学习创新中去。例如：歌曲《划船曲》的学习过程中，教师先提问：“用什

么表现方式能使歌曲听起来更热闹？”学生展开了热烈的讨论。有的学生提出，可以一部分学生唱歌，一部分学生当“啦啦队”，全带韵律地喊“加油！加油！”，一部分学生表演划船。学生很来劲，个个跃跃欲试，教师顺势将学生分成三组，一起来感受这种表现形式的实际效果，歌曲听起来层次感丰富了，也热闹了许多。接着教师又激励学生畅想：“赛船的场面可激烈了，大家争先恐后，一会儿你快，一会儿我快，同学们能不能试着改变它演唱形式来表现激烈的比赛场面？”有的学生说可以用轮唱的方法，还有的认为边唱边做划船的动作更好。教师请全体学生分别尝试两种方法，果然赛船情景更激烈更热闹了。教师适时肯定了学生的创意，从而使学生对自己的创新活动充满信心和热情。这时，教师提议：“中国民间习俗常用锣鼓等打击乐器来表现喜庆与比赛的热闹场面，这首歌可以加入怎样的锣鼓节奏型来演奏？”学生极有兴致尝试，教师允许学生自由讨论创编，有疑难处请教师帮助。在自由、宽松、和谐的氛围中，学生们无拘无束，灵感激发，编出了许多节奏，如：“××|××|”“×××|×××|”“○××|○××|”……教师引导学生根据歌曲的情绪，选择最佳的节奏型为歌曲伴奏。最后教师综合所有具有创意的表现形式，让学生选择自己的喜好：或唱歌、或担任“啦啦队”、或表演、或打击乐器。人人参与，尽情尽兴地表现歌曲。这时，教师无须解说，学生在游戏般的音乐活动中感受到了赛船激烈欢腾的场景，也在愉快自由的集体活动中充分发挥了主体作用，创新意识也得到了增强。

3. 捕捉时机，诱导创新能力

在歌曲教学中，有好多内容适宜于学生开展模拟性实践，进行发散性创编，教师必须善于捕捉这种时机。但创新的时机并不是处处都存在的，往往是稍纵即逝的。如果教师不能做有心人，不能充分挖掘教材因素，或不注意音乐与其他学科之间内在的联系，就不能捕捉住这种机会，学生也就会丧失一次创新的实践。在课堂实践中，教师必须从学生的年龄特点出发，因势利导，诱导学生创新。如教唱《云》时，结合这首歌曲中自然科学知识的学习，适宜引导学生创新。教师可抓住这一有利时机，有目的地培养和发展学生的创造力，教师先运用直观、感性的多媒体手段，给学生展现“水在大自然中循环”的动感画面，随着轻轻的背景音乐，教师如解说员般描述：“地上的小水珠受到太阳的照射以后变成水蒸汽冉冉地上升，它们越积越多，变成了云，云在空中飘呀飘呀，遇冷后化作小雨点落下来。”接着，教师问：“小雨点落下来除了能浇麦田，还能浇什么？”学生的答案各不相同：蔬菜、瓜果、树木……然后，一段极富动感的前奏音乐又一次打开了学生的想象大门，学生仔细倾听这段音乐后，教师鼓励他们把自己的感受转化成动作表现出来。学生们感到音乐在“上升”，创编了许多优美、新颖的动作表现音乐：“花朵在绽放”，“小树在长高”，“水蒸汽在上升”……在创编中，学生不仅学会了歌曲、懂得了雨点来自云这一科学道理，还在自然状态下得到了创造性、发散性思维的培养，激发了学生的探索精神。

4. 设置情景，引发创新能力

音乐作为最富有情感的艺术，只有创设一种与音乐情境相和谐的环境、气氛，才能使学生很快地进入音乐，把自己的理解、感受用音乐语言表达出来。创设情境的手段多种多样，如讲故事、观看绘画和音像资料、即兴表演、运用电脑多媒体等，只要灵活运用，定能营造美好的创新教学情境，激发学生创新。例如，在学习《下雨真好》这一课时，教师先请学生闭眼听一段描绘雨声的录音，淅淅沥沥的雨声一下了把学生融入大自然。教师问道：“同学们，你愿意告诉我你雨中的心情，并让我知道你雨中的故事吗？”有学生说：“我最喜欢下雨了，因为下了雨我可以在水塘里玩水，可有趣了。”还有的学生讲了雨天发生的故事……接着，教师运用多媒体电脑显示一幅幅极富诗意又带生活气息的连续画面：“池塘里的小雨点”，“戴斗笠的男孩”，“打荷伞的女娃”……伴随着歌曲的旋律、小雨的“唰唰声”，教师又问：“如果这是首歌曲，你能给它起个什么歌名？”学生对歌曲的感受各不相同，所以他们的回答也是各具特点：“雨中小唱”、“童年的雨天”、“下雨真好”……学生的思绪在雨景中延伸、想象在雨景中扩展、创造在雨景中体现。就在这一情境中，教师引导学生根据旋律节奏的特点，联系自己的经历，为歌曲编配歌词，可以独立创编，也可以多人合作完成。在填词创作的过程中，学生们很兴奋，也很投入，创编的歌词富有个性色彩，真实贴近生活，充分体现了他们的创造力。最后师生共同参与比较、分析、评价，并试唱体验。在教师设置的富有情感的意境中学生用心去唱自己编的歌，再次感受到创新的愉悦。

四、音乐课堂教学中学生创造能力的培养

我国传统的中小学音乐教育目标主要是为了传播音乐知识，培养音乐技能和陶冶情操。随着人类社会的发展，现今许多世界发达国家，根据社会发展需要，提出在音乐教育中培养儿童的探索精神和创造力。

音乐是一门培养学生创造能力的重要学科。在音乐教学中，尝试着把创造性的思想用于课堂实践中，努力对学生进行创造能力的培养。实践证明，这不仅能充分发挥音乐教育的长处，还有利于开发学生的智力潜能，激励学生的开拓精神。

1. 在发声练习中培养学生的创造能力

发声练习即练声，常使用于一堂课音乐课的开始阶段。练声不但可以训练学生的声音，还能激发起学生学习音乐的兴趣，烘托课堂欢快的气氛，为以后的音乐教学奠定一个较好的基础，是唱歌教学中不可缺少的环节之一。

音乐课上，可以有意识地选择一些有利于进行创造性思维的简单练声曲，让学生大胆发挥想象力，利用所掌握的知识去创编不同情绪的曲子，常常能够取得较好的教学效果。练声曲要唱得连贯、圆润，通过联想和视唱学生会想到在音符上方添加“连音线”；练声曲要变得活泼、跳跃学生会想到用顿音记号唱出跳跃的感觉。这样通过一次小小的创造性尝试，学生们个个兴致勃勃，因为他们创造出了两条不同情绪、不同唱法的新练声曲，产生了成功的喜悦。与此同时，他们也从中真正理解了这些音乐符号的作用和唱法，进一步掌握了有关的音乐知识和技能。

2. 在节奏创作上培养学生的创造能力

万物之始，先有节奏。奥尔夫更是提出了“节奏第一”的口号。节奏是由许多相同或不同的音符组成的，是组成乐曲旋律的要素之一，它可以使学生直接感受到歌曲所表达的喜怒哀乐等情绪。

在传统的教学过程中，教师常常是让学生先读会歌曲的节奏，然后再学习曲谱。这样表面上看，学生们把歌曲学会了，但让他再读一读节奏，还是有一部分学生不会读，也就是说，教师并没有达到教会学生的目的。为了避免出现这种情况，可以

着重在节奏创作上培养学生的创造力。可以把歌曲中的重点节奏提出来练习，还要提供一些动手动脑让学生再创造的机会。多样化教学是培养学生创造力的重要手段，这样学生的视野不断扩大，思维不断活跃，敢于想象，既激发了学生学习音乐的兴趣，又使学生牢记了歌曲中的重难点，达到了很好的教学效果。

3. 在歌词创编上培养学生创造能力

歌词教学是学习歌曲的重点。歌词表达的是歌曲的内容及情绪，是音乐教育中对学生进行思想教育的重要环节。歌曲学会以后，让学生自己深入理解歌曲，去挖掘教材中的内容，因此，歌词创编过程也成为一种音乐创造性的活动。如：在学生已经学会了歌词的情况下，可以启发学生，让每个学生都动脑，展开想象，也可以结合自己的学习生活重新编写一段歌词，看谁创编得好？这样学生不仅能创作出很好的歌词，而且放声唱起来时音调也很准。还可以请个别学生把自己编写的歌词唱给那些创作得不太理想的同学听，并鼓励他继续创作，成为一名优秀的词作家。

这种在歌词教学中不拘一格，在教学方法中注意表扬和肯定学生创造的积极性，一定可以有效激发学生的自信心，使学生从敢于表现到善于表现，从而更好地提高学生的创造能力。

4. 在表演和打击乐器上培养学生的创造能力

打击乐器为歌曲伴奏，不但可以表达歌曲情绪，烘托课堂气氛，还能展现孩子们的内心喜悦。可以通过几个简单的编配小方案，就能把歌曲的情绪表现得更加惟妙惟肖，这样做，也符合孩子们好奇好动的心理。

对于一些情绪优美、抒情的歌曲，可以要求学生选择适合歌曲伴奏的打击乐器。如：三角铁、碰钟、铃鼓，等等。然后再请同学们为歌曲设计合适的伴奏型，

歌曲《过新年》表现了过年时热闹、喜庆、祥和的场面和气氛。同学们会联想到放鞭炮、踩高跷、扭秧歌等活动。加上歌词中出现了“咚咚呛”的词语，学生们听出这就是民族的锣鼓声，马上想到《过新年》这首歌可以用打击乐中的锣、鼓来伴奏就再合适不过了。于是，学生们便可以随着歌词中“咚呛”的出现，用手中的锣鼓配合着给大家听觉上的音响。老师还可以进一步引导和启发学生，创设一些过年的气氛，拿着事先准备好的彩带，边唱歌边随着节奏扭动身体。仿佛看到了身着

节日盛装的秧歌队翩翩起舞的场面，活生生地表现了歌曲内容。许多学生便主动要求到前面进行秧歌舞表演。

实践证明，在中小学音乐教学中，教师应充分尊重和发挥学生的主体性，营造轻松愉快的音乐教学，扎扎实实地上好每一节课，抓住每一个可以利用的教学环节，充分调动学生学习的积极性，从而激发学生创造的灵感。音乐的本质与价值就在于激发人的创造性，在中小学音乐教学中培养学生的创造力，将为培养全面发展的创造性人才产生积极的深远的影响！

参考文献

《辞海》（艺术分册） 上海辞书出版社（1980）
《音乐欣赏讲话》钱仁康编著 上海文艺出版社（1982）
《外国音乐曲名词典》郑显全编 上海辞书出版社（1982）
《音乐欣赏心理分析》张 前著 人民音乐出版社（1983）
《中外名曲欣赏》孙继南主编 山东教育出版社（1987）
《外国通俗名曲欣赏词典》罗传开编 上海辞书出版社（1987）
《交响音乐通俗讲座》薛金炎 李近朱撰稿 内部发行（1987）
《古典作曲家排行榜》菲尔·古尔丁著 雯 边译 海南出版社（1998）
《走进音乐》谢嘉幸著 四川人民出版社（1999）
《李岚清音乐笔谈》李岚清著 高等教育出版社（2004）
《音乐辞典》王沛纶编 文艺书屋印行
《器乐曲主题字典》
（《A dictionary of musical themes》） 美国纽约印行
《声乐教程》徐青如 崔春荣著 山东文艺出版社（2010）
《声乐教学艺术》沈湘著 上海音乐出版社（1998）
《教育新理念》袁振国著 教育科学出版社（2006）
《论音乐教育》廖乃雄著 中央音乐学院出版社（2010）
《音乐教学新视角》吴文漪著 人民教育出版社（2007）
《音乐欣赏教程》王伟任，王顺通 人民音乐出版社（2002）
《音乐杂志》 2003 年第 8 期
《中国音乐教育》张建勋 2013 年第 12 期

《义务教育音乐课程标准》(2011版) 北京师范大学出版社(2012)
《中学音乐教学法》邵祖亮著 上海音乐出版社(1993)
《音乐欣赏入门》邵祖亮著 花城出版社(2009)
《合唱学》马革顺著 上海文艺出版社(1963)
《合唱与指挥》秋里著 上海文艺出版社(1984)
《合唱指挥法》周沛然著 人民音乐出版社(1985)
《中小学生合唱曲集》北京市教育局编 人民音乐出版社(1990)
《童声合唱训练》孟大鹏编著 高等教育出版社(1997)
《世界合唱歌曲》薛范主编 武汉出版社(1998)
《音乐辞典》王沛纶编 文艺书屋印行
《音乐学习与教学心理》曹理 上海音乐出版社(2000)
《音乐教育展望》戴定澄 华东师范大学出版社(2001)
《音乐教育的实践与理论研究》刘沛 上海音乐出版社(2004)
《培养音教学生教学能力的实践与探究》王伟平 艺术教育(2006)
《艺术教育论》郭声健 暨南大学出版社(2012)
《生态心理学》秦晓利 上海教育出版社(2006)
《音乐知识辞典》高天康 甘肃人民出版社(2003)

后　　记

音乐是人类最古老、最具普遍性和感染力的艺术形式之一，是人类通过有组织的音响实现思想和感情的表现与交流必不可少的听觉艺术，是人类精神生活的有机组成部分。作为人类文化的一种重要形态和载体，音乐蕴含着丰富的文化和历史内涵，以其独特的艺术魅力伴随人类历史的发展，满足人们的精神文化需求。对音乐的感悟、表现和创造，是人类的一种基本素质和能力。

21 世纪是我国物质文明和精神文明发展的关键时期，在构建社会主义和谐社会、完成中华民族伟大复兴实现中国梦的同时，要求人们全面提高自身素质，而学生音乐素质的培养教育也是其中重要的一环，音乐教育是进行素质教育不可忽视的内容和途径之一。学生音乐素质的培养是人自身全面素质发展的要求。学生音乐素质关乎到未来人才的素质与质量，不仅与自身发展有关，而且与国家发展、社会进步紧密相连。

有关学生音乐素质发展与培养方面的观点文章不少，但真正就这一主题来进行研究的书籍著作不多，特别是在学生音乐发展的黄金期，即中小学时期，针对乐感训练与音乐素质教育进行深入系统全面研究的理论就更少了。

本人在 20 多年的中小学音乐教育实践中积累了比较丰富的经验，在音乐基础知识、音乐欣赏、器乐教学、歌唱表演、合唱合奏、音乐创造等方面对学生音乐素质的培养有较深的研究。

本书根据学生年龄特点，结合了中小学音乐教育实际，抓住乐感及音乐素质培养这一核心，很好地填补了学生音乐素质培养在中小学阶段研究的理论空白，对学生全面发展、家庭教育、学校教育、音乐教学、艺术实践等都有很好的指导。希望这本书能在这方面起点基础性的促进和推动作用。

由于个人写作的局限性，有不妥、片面之处，请读者和同行不吝赐教。

周立清

2017年元旦于珠海